BIBLIOGRAFIE OVER HET JODENDOM EN ISRAËL

INSTRUMENTA THEOLOGICA: ISSN 0773-4433

Uitgegeven door de Bibliotheek van de Faculteit der Godgeleerdheid van de K.U.Leuven (Ed. M. Sabbe)

1. Tijdschriftencatalogus 1984 van de Bibliotheek van de Faculteit der Godgeleerdheid van de K.U.Leuven, 1984.
2. Lijst van de dissertaties en proefschriften voorgelegd aan de Faculteit der Godgeleerdheid van de K.U.Leuven. 1970-1984, 1985.
3. Thomas a Kempis. De imitatione Christi en andere werken. Een short-title catalogus van de 17de en 18de eeuwse drukken in de bibliotheken van Nederlandstalig België, 1985
4. Lexicon pseudonymorum jansenisticorum; Répertoire de noms d'emprunt employés au cours de l'histoire du jansénisme et de l'antijansénisme, 1989.
5. Tijdschriftencatalogus van de Bibliotheek van de Faculteit der Godgeleerdheid van de K.U.Leuven, 1989.
6. Conseil International des Associations de Bibliothèques de Théologie, 1961-1990.
7. Frans Rosenzweig, A Primary and Secondary Bibliography, 1990.
8. Sources locales de Vatican II, 1990.
9. À la veille du Concile Vatican II, 1992.
10. Bibliografie over het Jodendom en Israël, 1992.

Bibliografie over het Jodendom en Israël voor het Nederlandse taalgebied

Samengesteld door

Hanna Blok & Devorah Hersch

Leuven
Bibliotheek van de
Faculteit der Godgeleerdheid
1992

Voor België: ISBN 90-73683-07-6
Voor Nederland: ISBN 90-23901-91-6

St.-Michielsstraat 6, B-3000 Leuven (Belgium)
D/1992/4484/2

WOORD VOORAF

In 1983 verscheen bij het *Nederlands Bibliotheek en Lektuur Centrum* in Den Haag als deel v in de serie *Bibliografische Verkenningen*: *Jodendom, bibliografie over het Jodendom en Israël voor het Nederlandse taalgebied.* Deze bibliografie omvatte meer dan 1350 titelbeschrijvingen met annotaties van publikaties over een of meer aspecten van het Jodendom. Ze kwam tot stand onder leiding van dr. K.A.D. Smelik, de huidige hoogleraar Oude Testament aan de *Universitaire Faculteit voor Protestantse Godgeleerdheid* te Brussel, in die tijd secretaris van het *Christelijk Lectuur Centrum* in Den Haag. Er werd aan meegewerkt door een groep deskundigen op het gebied van Jodendom en bibliotheekwezen.

De *Bibliografie Jodendom* richtte zich tot de lezers van de openbare bibliotheek en had daarbij ook de serieuze gebruiker van de zogenaamde achtergrondcollecties op het oog. Als uitgangspunt voor de op te nemen literatuur werd ongeveer het jaar 1960 aangehouden; voor de schaarse jeugdboeken werd er een uitzondering gemaakt en werden boeken opgenomen die vanaf omstreeks 1900 gepubliceerd werden. De bibliografie vond haar weg naar bibliotheken en particulieren en is reeds enige tijd uitverkocht.

Na 1983 groeide het aantal boeken over dit onderwerp gestaag. De samenstellers van de bibliografie realiseerden zich daardoor des te meer hoezeer deze publikatie een momentopname was geweest. Sommige aspecten van het Jodendom kwamen in toenemende mate in de belangstelling zoals: 'joods-christelijke contacten', 'de hulpvraag van oorlogsslachtoffers en hun kinderen' en 'de politieke en culturele ontwikkelingen in Israel'.

De behoefte aan een systematische voortzetting van de bibliografie groeide. Het was daarom verheugend dat dr. P.W. van Boxel bij de nieuwe opzet van het kwartaalblad *Ter Herkenning,* een uitgave van het Boekencentrum het plan opvatte om de bibliografie als halfjaarlijkse rubriek in het tijdschrift op te nemen. Twee voormalige medewerksters aan de eerste bibliografie waren bereid het plan uit te voeren. Voor de indeling werd uitgegaan van het systeem van deze eerste bibliografie. Daarin was rekening gehouden met de uiteenlopende aspecten van het jodendom; er bleek met deze systematische opzet goed te werken. Vanaf 1985, (jrg.13/3), verschijnen in *Ter Herkenning* elk halfjaar nieuwe afleveringen van de bibliografische verkenningen op het gebied van het Jodendom. In het begin was er sprake van een kleine inhaalmanoeuvre, een overbrugging van de vorige uitgave naar het heden, waarin ook omissies uit de vorige uitgave werden aangevuld. Daarna bleef het aantal boeken per halfjaarlijkse aflevering stabiel, steeds tussen de 70 en 80 publikaties.

Na een aantal jaren ontstond de behoefte om het geheel te bundelen; het overzicht over de samenhang van de bibliografische gegevens ging verloren in de steeds maar nieuwe series boeken. Dankzij de efficiënte hulp van de *Faculteit der Godgeleerheid* van de K.U. Leuven werd het mogelijk de twaalf afleveringen te bundelen en uit te geven in de serie *Instrumenta Theologica* van de *Bibliotheek van de Faculteit der Godgeleerdheid.*

In deze tweede *Bibliografie over het Jodendom en Israël* vindt men in principe de titels uit de jaargangen 13 t/m 19 (1985 t/m 1991) van *Ter Herkenning.* Om van deze nieuwe uitgave een volwaardige bibliografie te maken, zijn enkele standaardwerken, die in de eerste bibliografie voorkomen, opnieuw opgenomen. Hiertoe behoren ook boeken in het Engels en in het Duits. De rubrieken met tijdschriften zijn aangepast en up to date gemaakt. Hoewel specifieke artikelen over joodse onderwerpen in grotere algemene werken vaak van belang zijn, is er in deze uitgave toch slechts spaarzaam gebruik van gemaakt; alleen als over een onderwerp nauwelijks andere publikaties bestonden, hebben we zo'n titel opgenomen. Hetzelfde geldt voor de niet-Nederlandstalige literatuur. Als men hieruit een enigszins representatieve keuze zou willen maken, is het einde niet in zicht.

De bibliografie is verdeeld in zeven hoofdstukken; 1. Jodendom -algemene informatie; 2. Joodse Godsdienst 3. Joodse geschiedenis, antisemitisme en de ontwikkelingen in Israël; 4. Joodse Cultuur in het algemeen en in het Nederlands vertaalde literatuur; 5. Joodse geschiedenis en literatuur in Nederland; 6. de relatie tussen Jodendom en christendom, met aandacht voor de dialoog; deel 7. bevat nieuwe jeugdliteratuur met joodse thema's; ook vindt men in deze rubriek het hele oeuvre van en over Anne Frank. De rubriek audiovisueel die deel uitmaakte van de eerste bibliografie is niet meer opgenomen. Dit materiaal is vluchtig en is soms net zo snel weer verdwenen als het is ingevoerd. Wel zullen we in de afleveringen van *Ter Herkenning* van tijd tot tijd aandacht blijven schenken aan interessante audiovisuele produkties.

Zelfs bij een goed doordacht en fijnmazig systeem zoals dat in de bibliografie wordt gehanteerd, rijzen door de complexiteit van het materiaal van tijd tot tijd toch vragen. Voor publikaties die zowel de tijd voor als na de Tweede Wereldoorlog betroffen, was in de oude bibliografie eigenlijk geen rubriek. We plaatsen die voornamelijk bij 5.2: Nederlandse geschiedenis - vanaf 1945 tot heden. Door de groeiende joods-christelijke contacten blijken ook niet-joden met kennis van zaken over joodse onderwerpen te schrijven. Horen die nu in hoofdstuk 2 onder 'joodse godsdienst', of in hoofdstuk 6 onder 'joods-christelijke dialoog' thuis? We hebben ze naar beste weten ingedeeld. Omvangrijke rubrieken, of rubrieken met nogal verschillend materiaal zijn onderverdeeld in kleinere eenheden. Wanneer de systematische indeling voor sommige werken ontoereikend zou zijn, biedt de personenindex de gebruiker een aanvullende toegangsweg tot de bibliografische gegevens.

We hadden dit werk niet kunnen voltooien zonder de hulp van anderen en danken iedereen die ons door de jaren heen heeft geholpen met het verzamelen van gegevens. In Amsterdam waren er de boekwinkels die ons behulpzaam waren en met raad en daad ter zijde stonden. Dankbaar maakten we gebruik van de grote verzameling joodse literatuur in de Bibliotheca Rosenthaliana waar we bij het persklaar maken van deze uitgave hulp hebben kregen van drs. F.J. Hoogewoud. En tenslotte gaat onze dank uit naar B. Pattyn en G. Ginneberge die instonden voor de technische aspecten van het boekwerk.

Wij hopen dat deze bibliografie vele gebruikers zal vinden.

Hanna Blok
Devorah Hersch
Diemen, 20 maart 1992

INHOUD

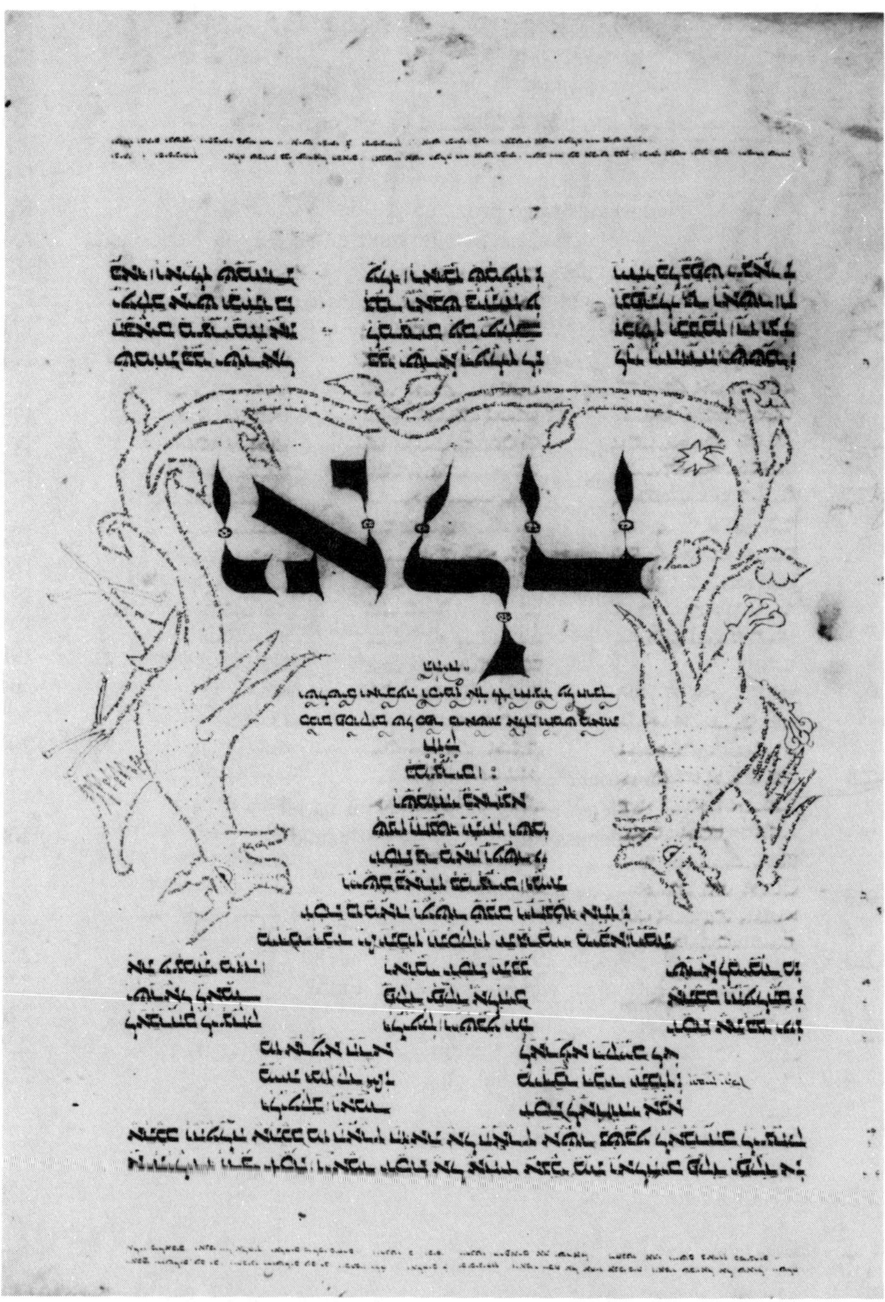

Fig. 1: Micrografie uit een handschrift uit Deventer
Deventer Athenaeum Bibliotheek, Hs. III, 1 (74 A 4)

1 *Jodendom — algemene informatie*

1.1 Algemeen

In deze rubriek worden een aantal belangrijke encyclopedieën op het gebied van Jodendom genoemd. Daarnaast zijn enkele algemene werken op dit gebied opgenomen en titels door middel waarvan men aan adressen van joodse instellingen kan komen, zowel binnen Nederland als daarbuiten.

1.1.1 Encyclopedieën

Encyclopaedia Judaica
Jeruzalem, Keter Publishing House, 1971-1972. 16 dln., afbn., krtn. Index in deel 1; Standaardwerk over het Jodendom. Ter aanvulling van de encyclopedie worden jaarboeken gepubliceerd. Tot nu toe zijn verschenen: *Yearbook* 1973 (1973); 1974 (1974); 1975/6 (1976), 1977/8 (1979), 1983/5 (1985), 1986/7 (1987) en 1988/9 (1989). In 1982 verscheen tevens een *Decennial book* 1973-1982.

Kurzweil, A. and M. Wiener (ed.)
The Encyclopedia of Jewish Genealogy; Vol. I, Sources in the U.S. and Canada; Jason Aronson, Northvale, New Jersey/London, 1991, 226 blz., afbn.; Eerste deel van een driedelige serie met informatieve artikelen en practische aanwijzingen, gerangschikt naar staat en stad. De niet-Amerikaanse bronnen, waaronder de Nederlandse en thema's als sjoah, komen in de volgende delen ter sprake.

Jüdisches Lexikon
Ein enzyklopädisches Handbuch des jüdischen Wissens in vier Banden.
Berlin, Jüdischer Verlag, 1927-1930, 1983². 5 dln. afbn., krtn.; Een encyclopedie van hoge kwaliteit, met bijdragen over de Joden in Nederland.

Lexikon des Judentums
Gütersloh, Bertelsmann, 1967. 922 kol., afbn. krtn.; De beste ééndelige encyclopedie van het ogenblik over het Jodendom.

1.1.2 Overige werken

Algemene Catalogus van het Pedagogisch Centrum van de Stichting Tarboet
Amsterdam, Stichting Tarboet, 1981. 80 blz., afbn.; Overzicht van het materiaal

dat de Stichting ter beschikking heeft met informatie over het Jodendom en de Staat Israël. Dit materiaal omvat audiovisueel materiaal, tentoonstellingsmateriaal, brochures, boeken en grammofoonplaten.

American Jewish Yearbook
prepared by The American Jewish Committee. New York enz., The American Jewish Committee enz.; In dit jaarboek, dat elk jaar verschijnt sinds 1899/1900, vindt men niet alleen actuele informatie over de Joden in Amerika, maar ook in de rest van de wereld, inclusief Nederland.

Finkelstein, L. (ed.)
The Jews: their history, culture and religion
third ed. New York, Harper, 1960. 2 dln., XXXVI/VII-1895 blz. afbn., krtn.; Van dit standaardwerk is ook een paperback editie in drie delen bij Schocken Books, New York in 1970-1971 onder de titel 'The Jews' verschenen, welke in 1978 is herdrukt.

Friesel, E.
Atlas of modern Jewish History
revised from the Hebrew Edition (1983); Oxford, Oxford University Press, 1990. 159 blz.; Minutieus uitgevoerde atlas met historische en demografische gegevens over het joodse volk. De nadruk ligt op de 19e en 20e eeuw. Veel aandacht voor de grote centra van het Jodendom als Europa en Islamitische landen en nieuwe vestigingen na 1945.

Molen, H. van der
Met de Joden op weg
van de wieg tot het graf, van feest tot feest, van eeuw tot eeuw.
Meppel, Edu'Actief, 1991[2], 414 blz., afbn.; Een overzicht van joodse gebruiken, feesten en gedenkdagen, gevolgd door uitgebreide informatie over de joodse geschiedenis te beginnen bij Abraham. Met een Ten Geleide van S. Schoon en rabbijn D. Lilienthal. Journalistiek geschreven, met veel verhalend materiaal. Van belang als naslagwerk voor o.a. onderwijsgevenden.

Jewish Studies
Research collections on microform
Switzerland, Interdocumentation Company AG (IDC). 106 blz., afbn.; Catalogus van een enorme collectie van belangrijke werken op het gebied van Judaica, Hebreeuwse en Jiddische taal en literatuur, joodse geschiedenis, filosofie, godsdienst, die zorgvuldig door experts zijn geselecteerd voor een microfiche verzameling. Alle Nederlands-joodse tijdschriften tot 1940 zijn hierin opgenomen.

Joanes, F.
Het Jodendom; ontstaan, ontwikkeling, verspreiding, invloeden; vert. en bew. door Th.J. Koeckhoven; (Spectrum paperback) Utrecht/Antwerpen, Het Spectrum,

1983, 1983. 96 blz., afbn. (Conoscere le religioni Ebraismo).

Jodendom
Bibliografie over het Jodendom en Israël voor het Nederlands taalgebied (Bibliografische Verkenningen 5). Samengest. in samenwerking met de Werkgroep Bibliografische Verkenning het Jodendom door K.A.D. Smelik, 's-Gravenhage, Nederlands Bibliotheek en Lektuur Centrum, 1983. 167 blz., afbn.; Een systematisch gerangschikte bibliografie van Nederlandstalige titels over het Jodendom en Israël. De verschillende rubrieken worden voorafgegaan door een inleiding. Elk boek is voorzien van een korte annotatie.

Kedourie, E. (red.)
De joodse wereld. Openbaring, profetisme en geschiedenis
vert. uit het Engels, Antwerpen, Mercatorfonds, 1980. 382 blz., afbn., krtn.; Fraai uitgevoerd overzicht van de joodse cultuur en geschiedenis met vele illustraties en bijdragen van 19 verschillende specialisten op dit terrein.

Kolatch, A.J.
Complete Dictionary of English and Hebrew First Names
New York, Jonathan Dvid Publishers, 1984. 488 blz.; Een verzameling van meer dan 11.000 namen, Engelse zowel als joodse. Joodse namen zijn ook in Hebreeuwse transciriptie opgenomen, gevolgd door de betekenis. Voor ouders die een kind een Engelse en een Hebreeuwse naam willen geven met dezelfde betekenis is een speciaal katern toegevoegd, gerangschikt naar betekenis, bijvoorbeeld: Blond, Gave, Groot.

Lange, N. de
Atlas van de joodse wereld
vert. uit het Engels en bew. door E.W. v.d. Poll en P.J. Booij; Amsterdam enz., Elsevier, 1985. 240 blz., afbn., krtn. (Atlas of the Jewish world); Een imposant naslagwerk met overzichten over de geografie, de geschiedenis en de cultuur van het Jodendom van Abraham tot de inval in Libanon in 1982, verteld aan de hand van kaarten. In het laatste deel vindt men informatie over de landen met een joodse gemeenschap.

Loeach
Uitgave van het Nederlands-Israëlietisch Kerkgenootschap en het Portugees-Israëlietisch Kerkgenootschap, Amsterdam.; Deze Loeach (agenda) verschijnt jaarlijks en volgt de indeling van het joodse jaar: de christelijke jaarindeling is toegevoegd. Behalve een agenda-gedeelte omvat de Loeach ook een uitvoerige adreslijst van joodse instellingen en organisaties in Nederland en een overzicht welke producten toegestaan zijn volgens de joodse rituele wet (Kasjroet-lijst). Adressen i.v.m. het Verbond van Liberaal Religieuze Joden in Nederland zijn niet opgenomen.

Stemberger, G.
Geschichte der jüdischen Literatur, Eine Einführung
München, Beck, 1977. 257 blz.; Beknopt overzicht van de gehele joodse literatuur vanaf het Oude Testament tot en met de moderne Israëlische schrijvers, met een bijzonder hoofdstuk gewijd aan de Joden in de Duitse literatuur.

Stilma, L. (eindred.)
Woordenlijst van het Jodendom
Nijkerk, Callenbach, 1988. 128 blz.; Meer dan 750 trefwoorden, alfabetisch gerangschikt, met summiere informatie over zaken en begrippen die in de wereld van het joodse geloof een rol spelen.

Studia Rosenthaliana
Tijdschrift voor joodse Wetenschappen en Geschiedenis in Nederland
20 (1986) nr. 2, Assen, Van Gorcum, 1986. 278 blz., afbn.; Uitgave ter gelegenheid van het 20-jarig bestaan van het tijdschrift, met een overzicht van collecties en archieven in de Rosenthaliana; inventarissen van Hebreeuwse, Portugese en Spaanse handschriften die door de Rosenthaliana werden verworven; bibliografische activiteiten van de conservatoren gevolgd door bibliografieën van J.M. Hillesum, L. Hirschel en L. Fuks. Tot besluit indices op de twintig jaargangen.

The Jewish Travel Guide
Ed. by S. Lightman; Londen, Jewish Chronicle Publications; In deze reisgids, die jaarlijks uitkomt, vindt men een grote hoeveelheid informatie en adressen van joodse instellingen, musea, synagogen, boekwinkels, hotels, restaurants, etc. over de gehele wereld. De informatie over Nederland is in de gids van 1992 up to date.

Tigay, A.M.
The jewish traveller
New York, Doubleday, 1988. 400 blz., afbn.; Een reisgids met joodse bezienswaardigheden van 48 steden, verspreid over de hele wereld waaronder Amsterdam. Bij elke plaats worden tevens kosjere winkels en restaurants vermeld.

Universiteitsbibliotheek van Amsterdam
Systematische Catalogus van de Judaica der Bibliotheca Rosenthaliana
Amsterdam, Hertzberger, 1936-1966. 9 dln., 1233 blz.; In deze negen delen vindt men de volledige systematische catalogus van de belangrijkste Nederlandse bibliotheek voor judaica afgedrukt. Door raadpleging van deze bibliografie kan men oudere nederlandstalige werken als ook meer gespecialiseerde en buitenlandstalige boeken en brochures op het spoor komen. In 1971 verscheen een supplementdeel, waarin de rubieken Algemene Werken en Taalkunde zijn bijgewerkt tot 1970.

Who's Who in World Jewry, A Biographical Dictionary of Outstanding Jews
Ed. by J.T. Rosenblatts, Baltimore/ New York, 1987, XIX-631 blz.; De eerste

Who's Who in World Jewry verscheen in 1955. Toegespitst op de situatie in de Verenigde Staten.

1.2 Hebreeuws — Jiddisch

Het Hebreeuws, de taal van het joodse volk, heeft een lange geschiedenis doorgemaakt. Er bestaan verschillen tussen de taal zoals die uit bijbelse tijd bekend is: Bijbels of Klassiek Hebreeuws, het Rabbijns Hebreeuws uit de tijd van de Misjna, en het Modern Hebreeuws zoals dat nu in Israël wordt gesproken. Daarnaast zijn geschriften bekend in het Aramees en het Jiddisch. Naast recent verschenen werken zijn ook in deze rubriek enkele standaardwerken opgenomen.

1.2.1 Woordenboeken en grammatica's

1.2.1.1 Bijbels Hebreeuws

Heikens, H.
Er staat geschreven, verkenningen van het Bijbels Hebreeuws
2e dr., Hilversum, NCRV, Educatieve Programma's, 1984, afbn.; Schriftelijk materiaal bij 24 door de NCRV uitgezonden lessen bijbels Hebreeuws. Informatie over schrift en grammatica, verder leesteksten en algemene gegevens over de indeling en lezing van TeNaCH. Een eerste verkenning.

Heikens, H., P. Booij
Er staat geschreven, verdere verkenning van het Bijbels Hebreeuws
Hilversum, NCRV, 1987. ca 200 blz., afbn.; Schriftelijk materiaal bij de voortzetting van het gelijknamig radioprogramma. In deze tweede serie wordt aandacht geschonken aan het werkwoord.

Koehler, L. en W. Baumgartner
Hebräisches und Aramäisches Lexicon zum Alten Testament
3e Aufl.; neu bearbeitet von W. Baumgartner; unter Mitarb. von B. und E.Y Kutscher; Leiden, Brill, 1967 - 90. 4 dln.; Bijzonder uitvoerig en gedetailleerd woordenboek voor het Bijbels Hebreeuws, waarin de bij betekenis van trefwoorden de oude vertalingen en de aan het Hebreeuws verwante Semitische talen worden betrokken.

Lettinga, J.P.
Grammatica van het Bijbels Hebreeuws
8e herz. dr., Leiden, Brill, 1976. 2 delen. deel 1: 200 blz., deel 2: 90 blz. + 23 blz.; Elementaire grammatica, descriptief en verklarend. Naast de schrift-, klank- en vormleer bevat deel 1 een beknopt overzicht van de syntaxis. Deel 2 is een hulp- en oefenboek. Eerste druk 1936.

1.2.1.2 Rabbijns Hebreeuws

Hausdorff, D.
Lema'an Jaroets, Leerboekje voor beginnende studie van misjna en gemara
2e dr., Amsterdam, Nederlands-Israëlietisch Kerkgenootschap, 1981. 73 blz.; Een uitgave van het Nederlands-Israëlietisch Kerkgenootschap, waarin men enkele grammaticale aanwijzingen en een woordenlijst vindt om vanuit kennis van het Bijbels-Hebreeuws te beginnen met het lezen van de Misjna en eenvoudige teksten uit de Talmoed.

Jastrow, M.
A Dictionary of the Targumim, the Talmud Babli and Yerushalmi, and the Midrashic Literature: with an Index of Scriptural Quotations
Herdr. New York, Jastrow Publishers, 1967. 2 dln. in 1 band. XVIII-1736 blz.; Het meest handzame woordenboek voor de rabbijnse literatuur, waarin niet alleen betekenissen, maar ook voorbeelden worden gegeven. Het behandelt zowel Misjna-Hebreeuws als Aramees.

Segal, M.H.
A Grammar of Mishnaic Hebrew
Herdr., Oxford, Clarendon, 1970. XLI-248 blz.; Grammatica van het Misjna-Hebreeuws, waarbij de verschillen met het Bijbels Hebreeuws steeds worden aangegeven. Voor wie Bijbels Hebreeuws kent, zelfstandig te gebruiken.

1.2.1.3 Modern Hebreeuws

Alcalay, R.
The complete Hebrew-English dictionary
Jeruzalem, Massada, 1963. 12-1442 blz.; Van dit uitgebreide woordenboek Modern-Hebreeuws-Engels bestaat een editie in vier delen en ook één in één band.

Alcalay, R.
The complete English-Hebrew dictionary
Herdr., Jeruzalem, Massada, 1973. 2 dln. 16-2135 blz.; Het woordenboek van Alcalay geeft een zeer volledig overzicht van de woordenschat van het Modern - Hebreeuws en is onmisbaar voor wie zich grondig in deze taal wil verdiepen.

Ben-Yehuda, E. & D. Weinstein
Ben-Yehuda's pocket English-Hebrew Hebrew-English dictionary
12th. printing, New York, Washington Square Press, 1970. XXVIII-306-XXIV-320 blz.; Zeer handzaam Modern-Hebreeuws-Engels, Engels-Modern-Hebreeuws pocketwoordenboek. Sindsdien herdrukt.

Bolle, M. en J. Pimentel
Woordenboek Nederlands-Hebreeuws
Naarden, Strengholt, 1984. 974 blz.; Woordenboek Nederlands-Modern Hebreeuws. Het Hebreeuws wordt zowel in Hebreeuwse letters als in transcriptie

weergegeven. Aandacht voor de vertaling van Nederlands idioom.

Ellemers - Etzioni, T.
Hebreeuws, Alledaags-Israëlisch Hebreeuws, Nederlands-Hebreeuws, Hebreeuws-Nederlands, Leiden, LOI, 1989. 447 blz. (Te bestellen bij LOI, afd. talen, Leiden); Woordenboek ten behoeve van cursisten Hebreeuws. Veel woorden die worden gebruikt in de omgangstaal en in de media. Aandacht voor idiomatisch gebruik en grammaticale bijzonderheden van zelfstandige naamwoorden en werkwoorden.

Gebhard, A.
Habajit sjelanoe, een verhaal dat in Nederland begint ..., leesboek voor Nederlandssprekenden, die Modern-Hebreeuws willen leren. Muiderberg, Coutinho, 1979. II-141 blz., afbn.; Leesboek horend bij de grammatica van dezelfde auteur 'Melet'; de teksten zijn levendig en gaan in op de hedendaagse situatie en taal. "Habajit sjelanoe" betekent "Ons huis".

Gebhard, A.
Melet
Een grammatika voor het moderne Hebreeuws voor beginners en gevorderden Muiderberg, Coutinho, 1979. 215 blz.; Grammatica van het Modern-Hebreeuws, opgezet volgens nieuwere linguistische inzichten en daardoor afwijkend van de opzet van de gebruikelijke grammatica van het Bijbels Hebreeuws. In tussenlessen worden wetenswaardigheden over de Hebreeuwse taal- en letterkunde geboden. "Melet" betekent "cement".

Hebreeuws
vertaald door B. Bosveld-Wulfson e.a.; (Kosmos taalgids. — Wat en hoe?), Utrecht, Kosmos, 1985. 144 blz.; Een taalgids ten behoeve van toeristen naar Israël. De lijsten met Hebreeuwse woorden zijn zowel met Hebreeuwse letters als in transcriptie weergegeven.

Ktav-Kol
Intensieve cursus Modern-Hebreeuws door middel van correspondentie en cassettes. Amsterdam, Nederlands-Israëlietisch Kerkgenootschap, 1977. Deze cursus bestaat uit 10 cassettes en 20 afzonderlijk geïllustreerde lessen. Bewerkt voor Nederland.

Pimentel, J.
Woordenboek Hebreeuws-Nederlands
Naarden, Strengholt, (1991[4]). 480 blz.; Woordenboek Modern-Hebreeuws-Nederlands, samengesteld door een van oorsprong Nederlandse leraar aan een kibboetsschool.

1.2.1.4 Jiddisch

Weinreich, U.
Modern English-Yiddish Yiddish-English dictionary

New York, McGraw-Hill, 1968. 43-789-16 blz.; Uitgebreid woordenboek van het hedendaagse Jiddisch (het Jiddisch is in Hebreeuwse letters weergegeven, zoals dat gebruikelijk is), maar dat bij de gebruiker een zekere kennis van deze taal vooronderstelt.

Weinreich, U.
College Yiddish: An Introduction to the Yiddish Language and to Jewish Life and Culture; 5e dr.; New York, YIVO Institute for Jewish Research, 1971. 399 blz.; Leerboek voor modern Jiddisch. Tevens introductie in de traditionele joodse levenswijze. Eerste druk: 1949.

1.2.1.5 Overige werken

Deurloo, K.A. en F.J. Hoogewoud (red.)
Beginnen bij de letter Beth
Opstellen over het Bijbels Hebreeuws en de Hebreeuwse Bijbel voor Dr. Aleida G. van Daalen. Kampen, Kok, 1985. 205 blz., afbn.; Een bundel met opstellen van twee-en-twintig hebraïsten en oudtestamentici over onderwijs in Hebreeuws, het vertalen ervan en bijdragen over uitleg en nieuwe benaderingen van de tekst van de Hebreeuwse bijbel.

Hospers, J.H. (ed.)
A basic bibliography for the study of the Semitic languages
Volume 1. Leiden, Brill, 1973. XXV-396 blz.; Bibliografie voor wetenschappelijke studies en handboeken voor de Semitische talen (waaronder Hebreeuws en Aramees); het tweede deel van deze uitgave betreft het Arabisch .

Mielziner, M.
Introduction to the Talmud
5e dr. New York, Bloch, 1968. 415 blz.; Een informatief overzicht van historische en literaire achtergronden van de Talmoed, geschikt als eerste verkenning. Veel aandacht wordt geschonken aan terminologie en methoden. Eerste druk 1894.

Roos, J. de, A. Schippers en J.W. Wesselius
Driehonderd jaar oosterse talen in Amsterdam, een verzameling opstellen. Amsterdam, Universiteit van Amsterdam, 1986. 107 blz.; In november 1686 werd aan het Athenaeum Illustre in Amsterdam een leerstoel voor beoefening van de studies van het Nabije Oosten ingesteld. Ter gelegenheid van het 300-jarig bestaan hiervan verscheen een bundel met opstellen over de geschiedenis en literatuur van de Hebreeuwse taal.

1.3 Joodse periodieken

1.3.1 Algemeen

Hieronder treft men in alfabetische volgorde een selectie van tijdschriften en andere periodieken over het Jodendom. Van de periodieken die in de Bibliografische Verkenningen deel 1 zijn opgenomen, zijn alleen de uitgaven opnieuw vermeld waarvan de gegevens sindsdien zijn veranderd.
Een uitvoeriger, zij het niet volledige lijst is te vinden in:
Directory of World Jewish Press and Publications; maart 1984.
POB 7699, Jeruzalem 91076, Israël.

Allgemeine, jüdische Wochenzeitung
Administratie: Rüngsdorferstr. 6, Postf. 200763, 5300 Bonn 2, Duitsland.

L'Arche, le mensuel du judaisme francais
Administratie: 36, Rue de Picpus, 75012 Paris, Frankrijk.

Commentary
published by the American Jewish Committee. Verschijnt maandelijks. Administratie: 165E. 56th St. New York, N.Y. 10022 V.S.

European Judaism
Verschijnt 2 keer per jaar; Administratie: Pergamon Press plc, Headington, Hill Hall, Oxford OX 3 OBW, Groot Brittanië.

Jewish Chronicle: The organ of British Jewry
Verschijnt wekelijks. Administratie: 25 Furnival Street, London EC4A IJT, Groot-Brittanië

The Jewish Quarterly
Administratie: POB 1148, London NW5 2AZ, Groot-Brittanië

Judaism
A Quarterly Journal published by the American Jewish Congress
Administratie: 15 East 84th Street New York, NY 10028-458, V.S.

Lilith: The Jewish Women's Magazine
Verschijnt 4 keer per jaar. Administratie: PB 3000, Dept. LIL, Denville, New Yersey 07834. V.S.

Midstream
A Monthly Jewish Review published by The Theodor Herzl Foundation
Verschijnt 9 keer per jaar. Administratie: 110 E 59th Str. 5th Floor; New York, NY 10022, V.S.

Tikkun: A Bimonthly Jewish Critique of Politics, Culture and Society
Administratie: Tikkun, P.O.Box 332, Mt Morris, IL 61054-0332. V.S.

Tradition: A Journal of Orthodox Jewish Thought
Verschijnt 4 keer per jaar. Administratie: Rabbinical Council of America, 275 Seventh Av.; New York, NY 10001, V.S.

1.3.2 Joodse periodieken — Nederland

Hieronder vindt men in alfabetische volgorde joodse periodieken in het Nederlandse taalgebied. Naast enkele nieuwe bladen die sinds de uitgave van de Bibliografische Verkenningen deel 1 zijn verschenen, is een keuze gemaakt uit de belangrijkste algemene bladen op joods gebied. Plaatselijke periodieken die in deel 1 zijn vermeld, worden niet herhaald. Joodse periodieken uit de periode 1674-1940 zijn beschikbaar op microfiche. Uitgave: Inter Documentation Company, A.G., Poststrasse 14, 6300 Zug, Zwitserland. Adres voor Nederland: Hogewoerd 151 -153, 2311 HK Leiden. Op dit adres is ook een brochure verkrijgbaar onder de titel: 'The Jewish Press in the Netherlands 1674-1940.

Alef Beet, Tijdschrift van de vereniging tot Bevordering van de kennis van Hebreeuws. Verschijnt enige malen per jaar; het wordt aan de leden van de vereniging gratis toegestuurd. Administratie: Verdamstr. 40; 2313 PN Leiden

Aleh, Orgaan van de Irgoen Olei Holland (Vereniging van immigranten uit Holland). Verschijnt ca. 4 keer per jaar. Administratie: Melchett Street 23, Kiryat-Ono 55000, Israël

Belgisch Israëlietisch Weekblad
Administratie: Pelikaanstraat 106-108, 2000 Antwerpen

Blanes, Joods kritisch kwartaalblad
Administratie: A.Frank, Westerstraat 351, 1015 MH Amsterdam

De joodse Wachter, Orgaan van de Nederlandse Zionistenbond
Verschijnt ongeveer 10 keer per jaar. Administratie: Joh. Vermeerstraat 22, 1071 DR Amsterdam

De Centrale, Orgaan van het Centraal Beheer van joodse Weldadigheid en Maatschappelijk Hulpbetoon
Verschijnt ongeveer 10 keer per jaar. Administratie: Jacob Jacobsstraat 2, 2000 Antwerpen

Doar Lechaweriem Tikwat Jisraeel, Orgaan van Ichoed Haboniem beHolland
Administratie: Willemsparkweg 18, 1071 HE Amsterdam

Ha-binjan — De Opbouw
Orgaan van de Portugees-lsraëlietische gemeente te Amsterdam
Verschijnt in de regel 2 keer per jaar. Administratie: Mr. Visserplein 3, 1011 R D Amsterdam

Hakehilla, Orgaan van de joodse Gemeente (NIHS) Amsterdam
Verschijnt 8 keer per jaargang. Administratie: Van der Boechorststraat 26, 1081 BT Amsterdam

ICODO — Info
Kwartaalblad over de hulpverlening bij de problematiek van oorlogsgetroffenen
Administratie: Stichting ICODO, Maliebaan 83, 3581 CG Utrecht.

Infokrant, Joods maatschappelijk Werk, Samenlevingsopbouw
Administratie: De Lairessestraat 145 - 47, 1075 HJ Amsterdam

Informatiebulletin van de Janusz Korczak Stichting
Verschijnt 4 keer per jaar. Administratie: Postbus 42, 3738 ZL Maartensdijk

Joods Historisch Museum: Nieuwsbrief, een uitgave van de Stichting Vrienden van het Joods Historisch Museum
Verschijnt 4 keer per jaar. Administratie: Postbus 16737, 1001 RE Amsterdam

Joods Museum van België = Musée juif de belgique
Verschijnt 4 keer per jaar.

Judaica Bulletin, Mededelingenblad van de Stichting Judaica Zwolle
Verschijnt 4 keer per jaar. Administratie: Postbus 194, 8000 AD Zwolle

Levend Joods Geloof, Maandblad van het Kerkgenootschap Verbond van Liberaal Religieuze Joden in Nederland
Verschijnt ongeveer 10 keer per jaar. Administratie: Jacob Soetendorpstraat 8, 1079 RM Amsterdam

Misjpoge, uitgave van de Nederlandse Kring voor joodse Genealogie
Verschijnt 4 keer per jaar; leden van de Vereniging krijgen het blad gratis toegezonden. Administratie: Da Costalaan 21, 3743 HT Baarn.

Nederlands Auschwitz Comité
Verschijnt 6 keer per jaar. Administratie: De Weer 88, 1503 WH Zaandam

Nieuw Israëlietisch Weekblad
Administratie: Rapenburgerstr. 109, 1011 VL Amsterdam

Oi, nieuwsblad voor joodse homo- en bisexuele vrouwen en mannen
Verschijnt enkele malen per jaar. Administratie: Stichting Shalhomo, Postbus 2536, 1000 CM Amsterdam.

Studia Rosenthaliana, Tijdschrift voor joodse wetenschappen en geschiedenis in Nederland; Journal for Jewish Literature + History in the Netherlands and Related Subjects
Verschijnt 2 keer per jaar. Administratie: Van Gorcum Postbus 43 9400 AA Assen. Indices vols. I - XX opgenomen in vol. XX (1986) 2.

Zeraim, Officieel orgaan van de joodse Jeugdbeweging Bné Akiwa Holland
Verschijnt enkele malen per jaar. Administratie: Mo'adon Bné Akiwa, Amstelveenseweg 665, 1081 JD Amsterdam.

1.3.3 Periodieken aangaande de staat Israël

Hieronder zijn periodieken opgenomen die (aspecten van) de Staat Israël specifiek als onderwerp hebben. Periodieken in het Modern Hebreeuws zijn niet opgenomen.

Ariel, A Quarterly Review of Arts and Letters in Israël
Administratie: Israëlische Ministerie van Buitenlandse Zaken. Incidenteel verschijnen er nummers in het Nederlands. Inlichtingen: Israëlische Ambassade, Buitenhof 47, 2513 AH 's-Gravenhage.

Israël Nieuwsbrief, Cidi-periodiek over Israël en de joodse wereld
Verschijnt twintig keer per jaar. Administratie: Centrum voor Informatie en documentatie Israël, Postbus 11646, 2502 AP 's-Gravenhage

The Jeruzalem Post
Verschijnt wekelijks. Administratie: 6 Oholiastr., Jeruzalem 91000, Israël

The Jeruzalem Report
Voor nieuws over het Midden Oosten, Israël en de joodse wereld.
Verschijnt wekelijks. Administratie: P.O.Box 2101, 91020 Jeruzalem, Israël.

Koemie Orie, Orgaan van Poale Zion voor een progressief Israël.
Verschijnt 6 keer per jaar. Administratie: Van Oldenbarneveldtstr. 2-3, 1052 KA Amsterdam

Mabat, Cultuur, kunst en wetenschap in Israël
Verschijnt enige malen per jaar. Administratie: Ambassade van Israël, Buitenhof 47, 2513 AH Den Haag.

New Outlook, Middle East Monthly.
Verschijnt 10 keer per jaar. Administratie: 9 Gordonstr., Tel Aviv 63458; Israël

Vrede nu, Informatiebulletin van de Stichting Vrienden Vrede Nu Nederland
Verschijnt minstens 3 keer per jaar. Administratie: Postbus 7054,
1007 JB Amsterdam

1.3.4 Periodieken over de verhouding Jodendom-christendom

Hieronder vindt men periodieken, zowel uit het Nederlands taalgebied als uit andere landen, die de verhouding tussen Jodendom en Christendom specifiek tot onderwerp hebben.

Christian Jewish Relations: A Documentary Survey
Verschijnt 4 keer per jaar. Administratie: Institute of Jewish Affairs, 11 Hertfordstr., London WIY 7DX, Groot-Brittanië

Driemaandelijks Tijdschrift van de Documentatiedienst voor Joods-Christelijke betrekkingen.
Administratie: Zusters van Zion F. Delhassestraat 2, 1060 Brussel

Gesprekken in Israël — Nes Ammim lezingen
Verschijnt 8 keer per jaar. Administratie: Stichting Nes Ammim Nederland, Jac. van Ruysdaelstraat 62 3583 CG Utrecht

Hadderech, Maandblad van de Nederlandse Vereniging van Jesjoea Hammasjiach belijdende Joden.
Verschijnt maandelijks. Administratie: Aart van der Leeuwlaan 62, 2624 LD Delft

Immanuel, A Bulletin of Religious Thought and Research in Israël
Verschijnt 2 keer per jaar. Administratie: Ecumenical Theological Research Fraternity in Israël, P.O.B. 249 Jeruzalem, 91002, Israël

Kerk en Israël
Uitgave van het Deputaatschap voor Kerk en Israël van de Gereformeerde Kerken in Nederland, de Raad voor de verhouding van Kerk en Israël van de Nederlandse Hervormde Kerk en van de Commissie Kerk en Israël van de Evangelisch-Lutherse Kerk in het Koninkrijk der Nederlanden.
Verschijnt vier maal per jaar. Adminstratie: Postbus 202, 3830 AE Leusden; De Horst 1, 3971 KR Driebergen; Jan de Bakkerstr. 13-15, 3441 ED Woerden.

Kirche und Israël
Verschijnt 2 keer per jaar. Administratie: Neukirchener Verlag, Postfach 1161, D-4133 Neukirchen-Vluyn

OJEC-periodiek
Uitgave van OJEC, Overlegorgaan van Joden en Christenen in Nederland. Verschijnt 4 keer per jaar. Het blad wordt aan vrienden van OJEC gratis toegezonden. Administratie: Secretariaat OJEC, Keizersgracht 104B, 1015 CV Amsterdam.

SIDIC, Service International de Documentation Judéo-Chrétienne
English edition. Verschijnt 3 keer per jaar. Administratie (voor Nederland): Br. J.v. Hoek, Graaf Hermanstr. 23, 5431 Cuyk

Ter Herkenning, Tijdschrift voor christenen en Joden
Verschijnt 4 keer per jaar. Twee maal per jaar bevat het tijdschrift de rubriek 'Bibliografie Jodendom' met recent verschenen uitgaven op dit gebied. Administratie: Boekencentrum. PB 29, 2700 AA Zoetermeer.

Vrede over Israël, Tweemaandelijks orgaan
Uitgegeven door Deputaten van de Chr. Geref. Kerken in Nederland. Administratie: K.A.B., Postbus 334, 3900 AH Veenendaal

Werkschrift, Essays, interviews gedichten, columns en boekbesprekingen over joodse en christelijke godsdienst en cultuur
Uitgave van de Stichting Leerhuis en Liturgie. Verschijnt maandelijks. Administratie: Keizersgracht 104, 1015 CV Amsterdam.

2 *Joodse godsdienst*

In deze rubriek zijn titels opgenomen over de joodse godsdienst. Naast de inspiratie en de bestudering van Tora en Tenach is ook de rabbijnse literatuur van groot belang geweest voor de ontwikkeling van de traditionele joodse religie, zoals die sinds de middeleeuwen bestaat. Het is vaak moeilijk een scheiding te maken tussen godsdienst en geschiedenis. Naast een godsdienst is het Jodendom tevens een leefwijze.

Sinds de uitgave van de Bibliografische Verkenningen in 1983 zijn er verschillende boeken verschenen met nieuwe vertalingen van rabbijnse teksten, die daarmee voor een groter publiek toegankelijker werden gemaakt.

2.1 Joodse godsdienst — Algemeen

De volgende titels geven een overzicht van de joodse religie en de traditionele levensstijl, thuis en in de synagoge. Eerst algemene overzichtswerken; vervolgens titels over historische stromingen binnen het Jodendom: Kabbala, Chassidisme en de huidige belangrijkste groeperingen. Daarna deelonderwerpen zoals kasjroet, de vrouw in het Jodendom, en studies over joodse bijbeluitleg. Tenslotte volgt een overzicht van de belangrijkste tweetalige uitgaven van gebedenboeken en bijbeluitgaven ten behoeve van de joodse godsdienstoefening en bijbelstudie.

2.1.1 Algemeen

Donin, Ch.H.
To be a jew: a guide to jewish observance in contemporary life
Selected and compiled from the Shulchan Aruch and responsa literature and providing a rational for the laws and traditions. New York, Basic Books Inc., 1972. xv-336 blz.; Wat betekent het om Jood te zijn? En dan niet alleen bij bijzondere gebeurtenissen, maar elke dag opnieuw. Uitvoerige informatie over de joodse traditie en het dagelijks leven.

Greenberg, B.
How to run a traditional Jewish household
New York, Simon and Schuster Inc., 1985. 525 blz.; Een gedetailleerd overzicht van de vele zaken die een rol spelen in de traditionele joodse huishouding. De geciteerde Hebreeuwse gebeden zijn ook fonetisch weergegeven.

Honing, P.A.
Levend joods geloof
Amsterdam, Ark-boeken, 1988. 95 blz., afbn.; Eenvoudig geschreven, beknopte, ter zake informatie over het joodse leven in Nederland, het joodse geloof, de joodse feesten en gebruiken, onderwijs en traditie. De auteur gaat niet in op de relatie met andere godsdiensten.

Lo jamoesj
Opstellen van docenten en vrienden van het Nederlands Israëlietisch Seminarium
Amsterdam, NIS, 1989. 110 blz.; Negen opstellen van joodse docenten, oud-docenten en oudleerlingen van het NIS. Zeven gaan over de betekenis van de joodse traditie voor de hedendaagse levenspraktijk. Twee behandelen aspecten van de geschiedenis van het NIS.

Maier, J.
Geschichte der jüdischen Religion, Von der Zeit Alexander des Grossen bis zum Aufklärung mit einem Ausblick auf das 19./20 Jahrhundert.
Berlin enz., Walter de Gruyter, 1972. 641 blz.; Deze overzichtelijke geschiedenis van de joodse godsdienst sluit aan op Georg Fohrers *Geschichte der Israëlitischen Religion* (1969) en bevat veel verwijzingen naar andere boeken en artikelen.

Mayer-Hirsch, N.
Jodendom
(AO 2349). Lelystad, Stichting IVIO, 1991. 24 blz.. afbn.; Eenvoudig geschreven overzicht waarin allerlei aspecten van de geschiedenis en leefwijze van het orthodoxe Jodendom in Nederland ter sprake komen. De aard van de uitgave brengt met zich mee, dat er over de meeste onderwerpen slechts enkele inleidende opmerkingen gemaakt kunnen worden.

Peli, P.H.
De Tora vandaag, 54 korte essays
Vert. uit het Engels door E. Meir. Kampen, Kok, 1988. 200 blz. (Tora today; a renewed encounter with the scriptures); Professor Pinchas Peli schreef gedurende enkele jaren wekelijks in de Jeruzalem Post onder de titel 'Tora today' een veel gelezen uitleg over de parasjat ha sjawoe'a — de afdeling van de week, d.w.z. het gedeelte van de Tora dat op sjabbat wordt gelezen. Deze bundel bevat de teksten die hij schreef in 1984/5.

Poppers, M.M.
Over Jodendom
Met een voorw. van H. Bloemendal. Amsterdam, NIK, 1989/5750. 142 blz., afbn.; Bloemlezing van eerder gepubliceerde artikelen over de joodse feest- en gedenkdagen, joodse geleerden, joodse leefsituaties. Publikatie ter nagedachtenis aan de in 1986 overleden auteur, die o.a. bekendheid genoot als voorzitter van het Genootschap voor Joodsche Wetenschap.

Reisen, A.M. van
Een weg om te gaan, ... naar een godsdienst van volwassenen
dl.1: In de leer bij Mozes en al de profeten. Kampen, Kok, 1986. 154 blz., afbn.; Een leerboek voor volwassenen waarin de auteur de joodse bronnen voor christenen toegankelijk wil maken. Voor een heroriëntatie van het eigen geloof is het van belang in contact te komen met de joodse wortels en het bevrijdend effect daarvan te ervaren. Dit eerste deel gaat over het Oude Testament.

Sartory, G. en T.
Een wegwijzer naar vreugde, uit de joodse overlevering
vert. uit het Duits door G. Grasma. 's-Gravenhage, East-West Publications, 1988. 128 blz., afbn. (Weisung in Freude; aus der jüdischen Ueberlieferung); Een inleiding over de betekenis van de Tora voor het Jodendom, de leer die tegelijk een belofte, een weg en een geschenk is. Toegelicht met teksten uit joodse bronnen.

Sluis, D.J. van der, e.a. (samenst.)
Elke morgen nieuw, Inleiding tot de joodse gedachtenwereld aan de hand van een van de centrale joodse gebeden, Achttiengebed; 4e dr. Arnhem, B. Folkertsma Stichting voor Talmudica, 1983. XII-445 blz.; Tekst en vertaling van het Achttiengebed met didactisch opgezet commentaar. Het Achttiengebed is één van de belangrijkste gebeden in het Jodendom.

Soetendorp, J.
Symboliek van de joodse religie
Met een voorw. van A. Soetendorp; 3e herz. dr. 's-Gravenhage, BZZTôH 1990. XXVI-232 blz., afbn. (eerste dr. De Haan, 1958, oorspr. titel: Symboliek der joodse religie; beschrijving en verklaring der gebruiken in het joodse leven); Uitgebreide versie van het bekende boek van de liberaal-joodse rabbijn Jacob Soetendorp. Zijn zoon Awraham, eveneens rabbijn, schreef een inleiding, waarin hij zijn vader herdenkt, en de aandacht vestigt op nieuwe joodse stromingen en herdenkingsdagen als Jom Hasjoa, Jom Ha'atsmaoet en Jom Jeroesjalajiem

Steinsaltz, A.
The Talmud: the Steinsaltz Edition, a reference guide
New York, Random House, 1989. 323 blz; Rabbijn A. Steinsaltz werkt aan de Hebreeuwse Universiteit in Jeruzalem aan een nieuwe uitgave van de talmoed. Tegelijkertijd met deel 1 verscheen deze gids met richtlijnen voor de bestudering van de talmoed en verklaringen van talmoedische terminologie en halachische begrippen.

Stilma, L.
God is daar waar men Hem binnenlaat, joodse feesten en hoogtijdagen
Nijkerk, Callenbach, 1987, 112 blz.; Lize Stilma is een christelijke auteur die in de liberaal joodse gemeente van Amsterdam de feesten en hoogtijdagen meebeleefde. Haar boek bevat een beschrijving hiervan met veel aandacht voor de betekenis en

de achtergrond van wat zij zag en hoorde. Rabbijn A.Soetendorp schreef een waarderend woord vooraf.

Tora met hart en ziel
Artikelen aangeboden aan Jehuda Aschkenazy bij zijn 65ste verjaardag
Hilversum, Gooi en Sticht, 1989. 379 blz.; Artikelen o.a. over joodse godsdienst, joodse traditie, Tora in het christendom, geschreven door leraren, vrienden en leerlingen van rabbijn Jehuda Aschkenazy. De bundel werd samengesteld in opdracht van de Katholieke Theologische Universiteit van Amsterdam en de B. Folkertsmastichting voor Talmudica in Hilversum.

Unterman, A.
Dictionary of Jewish Lore and Legend
London, Thames and Hudson, 1990. 240 blz., afbn.; Handig alfabetisch op trefwoorden gerangschikt naslagwerk waarin up to date informatie wordt gegeven over namen en begrippen uit de joodse traditie: bijbelse namen, namen uit de rabbijnse traditie, rabbijnse literatuur en begrippen uit de Kabbala en joodse mystiek.

Voolen, E. van
Joods leven thuis en in de synagoge
Baarn, Ten Have, 1991. 132 blz.; Eenvoudige inleiding tot het joodse godsdienstige leven, zoals dat zich thuis en in de synagoge afspeelt: de feestdagen, interieur en eredienst in de synagoge, de voorschriften met betrekking tot het dagelijks leven. Voor een deel is het boek is een bewerking van twee brochures die eerder verschenen in de reeks *Verkenning en Bezinning*; de beschrijvingen van de levenscyclus en het dagelijks leven zijn nieuw.

Voolen, E. van
Synagoge en joodse eredienst
Verkenning en bezinning 21 (1987) 3. Kampen, Kok, 1987. 38 blz.; De liberaal-joodse rabbijn Van Voolen geeft informatie over de inrichting van de synagoge en de betekenis die daaraan verbonden is. Daarna volgt een overzicht van de liturgie: de gebeden, lofzangen en lezingen die bij de synagogale diensten horen.

Voolen, E. van
joodse Feestdagen
Verkenning en Bezinning; 3de dr. Kampen, Kok, 1985. 34 blz.; Een overzicht waarin achtergronden, bijbelse viering en latere ontwikkeling beknopt worden besproken.

Whitlau, W.
Niet in de hemel, verkenningen in de wereld van de joodse traditie
Baarn, Ten Have, 1985. 256 blz.; Een bundel opstellen over thema's uit de joodse traditie en uitleg van Tenach, zoals feesten, gebeden, liturgie.
De artikelen verschenen voor een groot deel eerder in Levend Joods Geloof, het

orgaan van de Liberaal joodse Gemeente.

Whitlau, W. (red.)
Tenachon, de Tora meegelezen met de grote joodse verklaarders van de Middeleeuwen tot op heden; met aandacht voor archeologische, historische en literaire gezichtspunten; afl. 1. (...). Hilversum, Folkertsma Stichting voor Talmudica (Burg. Lambooylaan 18, 1217 LD), 1987. 8 blz.; Volgens de joodse traditie wordt in de synagoge de hele Tora in een jaar in vijftig vaste afdelingen doorgelezen. Deze afdelingen worden achtereenvolgens in Tenachon besproken. Er zullen zes katernen per jaar verschijnen. De tekst van Tenach wordt niet opgenomen. Het doel is om zowel Joden als niet-joodse belangstellenden te informeren over de uitleg in de joodse traditie. Kennis van het Hebreeuws wordt aangemoedigd, maar is niet vereist

Zuidema, W.
Gods partner, ontmoeting met het Jodendom
5e herz. dr. Baarn, Ten Have, 1988. 317 blz.; Inleiding tot het Jodendom met veel informatiue over de dagelijkse praktijk. In deze vijfde druk zijn naast enkele kleinere wijzigingen de hoofdstukken IV en XII geheel herzien en aangevuld met recente gegevens over de joodse gemeenschap in Nederland en de verhouding tussen Joden en christenen. Nieuw is ook het overzicht van de 613 mitswot.

2.1.2 Stromingen

2.1.2.1 Kabbala

Bischoff, E.
De Kabbala, inleiding tot de joodse mystiek en geheime wetenschap
Vert. uit het Duits door H. Geurink. Amsterdam, Schors, (1985). 155 blz., afbn.; Herdruk van de eerste uitgave (1906) van een populair-wetenschappelijk vragenboekje, geschreven door de godsdiensthistoricus en judaïst Erich Bischoff. Wat betreft vorm en inhoud gedateerd.

Scholem, G.
Kabbala
Jeruzalem, Keter Publ. House Ltd, 1974, 492 blz.; Een onmisbaar overzicht in het Engels met hoofdstukken over de historische ontwikkelingen van de Kabbala, over de belangrijkste ideeën, onderwerpen en personen. De indeling is gebaseerd op die van de Encyclopaedia Judaica.

Sepher Yezirah
Het boek van schepping, de joodse metafysika van zeer grote ouderdom Nederlandse bewerking [naar het Engels] door AMORC-Nederland. 's-Gravenhage, De Ro-

zenkruisersorde AMORC, 1987. 54 blz. (*Sepher Yezirah; a book on creation*, 15th ed. 1981, oorspr. Engelse uitg. 1877). Vertaling van één van de geschriften van de Kabbala, een mystieke stroming binnen het Jodendom. Op grond van de 22 letters van het Hebreeuwse alfabet worden het ontstaan en de structuur van de schepping verklaard. De Hebreeuwse tekst is naast de Nederlandse vertaling afgedrukt.

Steinsaltz. A.
De dertienbladige roos, de essentie van het joodse geloof
Amsterdam, Karnak, 1983. 123 blz. (*The thirteen petalled rose*); De Jeruzalemse talmoedgeleerde Steinsaltz behandelt de essentie van het joodse geloof zoals die wordt verwoord in de Zohar, het standaardwerk van de joodse mystiek. Daarin is de roos het symbool van de gemeenschap van Israël, omhuld door 13 kenmerken van mededogen.

Uchelen, N. A. van
joodse mystiek: Merkawa, tempel en troon
Een historische en literaire inleiding. Amstelveen, Amphora Books, 1983. 134 blz. Naast de mystiek van de Kabbala en het Chassidisme kende het Jodendom tussen ca. 300 en 1000 ook de Merkawa-mystiek, gericht op het aanschouwen van de Merkawa — de goddelijke troonwagen. In dit boek wordt ingegaan op vele aspecten die hierbij een rol spelen: de tempel in Jeruzalem, teksten met betrekking tot de Troon, belevenissen, visioenen en mystieke teksten.

2.1.2.2 Chassidisme

Harris, L.
Bezield bestaan, de wereld van een chassidische familie
Vert. uit het Amerikaans door M. Krekel. Baarn, Bosch en Keuning, 1987. 217 blz. (*Holy days*); De journaliste Lis Harris volgde in New York gedurende vier jaar het leven van een familie van Lubawitzer Chassidiem. Ze beschrijft de rituelen en de feesten zoals die in deze kringen worden beleefd met veel oog voor détails.

Meijers, D.
De revolutie der vromen, ontstaan en ontwikkeling van het Chassidisme
Hilversum, Gooi en Sticht, 1989. 250 blz.; De auteur, docent culturele anthropologie, behoort tot de Lubavitscher Chassidiem. In dit proefschrift beschrijft hij van binnenuit het ontstaan en de geschiedenis van het Chassidisme. Naast wetenschappelijke beschouwingen brengt hij in een verhaal over de fictieve reb Dan Isj-Tom, de eeuwige reiziger door de tijd, het individuele Chassidisme dichterbij.

Meijers, D.
Reb Gedalja, de huwelijksmakelaar en andere verhalen
Apeldoorn/Leuven, Garant, 1990. 166 blz.; Verhalen die zich afspelen in chassidische kringen. Ze zijn gebaseerd op gesprekken en observaties van de auteur bij zijn onderzoek als anthropoloog onder de verschillende chassidische groeperingen in

Israël, Europa en de Verenigde Staten.

2.1.2.3 Moderne stromingen

Gioer, Opname van proselieten in het Jodendom
Amsterdam, Rabbinaat van het Verbond van Liberaal-Religieuze Joden in Nederland, 1988. 13 blz.; Brochure met voorwaarden waaraan iemand dient te voldoen om te kunnen toetreden tot één van de Liberaal-joodse gemeenten in Nederland.

Meyer, M.A.
Response to modernity: a history of the Reform Movement in Judaism
New York, Oxford University Press, 1988. 494 blz.; De geschiedenis van het liberale Jodendom, vanaf het ontstaan van de Reformbeweging aan het eind van de 18e eeuw in Duitsland tot en met de laatste ontwikkelingen in de V.S. Het boek bevat ook een overzicht van de verschillende stromingen binnen het liberale Jodendom.

2.1.3 Deelonderwerpen

Chalier, C.
De aartsmoeders, Sara, Rebekka, Rachel en Lea
Vert. uit het Frans door J. Engelen en C.H. Nauts. Hilversum, Gooi en Sticht, 1987. 208 blz. (*Les matriarches; Sarah, Rebecca, Rachel et Léa*); Chalier schrijft over aartsmoeders in het boek Genesis, maar ook zoals ze hen tijdens haar onderzoek herkende in getuigenissen van duizenden jaren joods monotheïsme.

Drijvers, P. en P. Schilling
Hoeder van mijn broeder? Ik? Het verhaal van Kaïn en Abel.
Hilversum, Gooi en Sticht, 1988. 158 blz.; Aan de hand van oude joodse overleveringen lezen de auteurs het verhaal van Kaïn en Abel, dat een verrassende actualiteit blijkt te bezitten.

Emden, R. van (samenst. en red.)
Die mij niet gemaakt heeft tot man...
joodse vrouwen tussen traditie en emancipatie
Kok, Kampen, 1986. 203 blz. Interviews met elf in Nederland wonende joodse vrouwen uit verschillende generaties, over de rol die de joodse traditie in hun leven en ontwikkeling heeft gespeeld. De inleiding behandelt de geschiedenis van de joodse vrouw tot 1900.

Kushner, H.
Geroepen om te leven
Vert. uit het Engels door R. Vink.
Baarn, Ten Have, 1988. 127 blz. (*Command to live*).

Een bundel preken, uitgesproken tijdens de joodse feesten, waarin de Amerikaanse rabbijn Kushner zijn gemeenteleden oproept om vast te houden aan de joodse traditie en zo hun kinderen een goed voorbeeld te geven.

Mayer-Hirsch, N.
Het huis van de levenden — Beth Hachajiem, joodse gebruiken bij de dood
Baarn, Ten Have, 1989. 111 blz.; Beschrijving en verklaring van de joodse talrijke tradities, riten en gebruiken rondom sterven en begraven. De informatie wordt aangevuld met verhalen en voorbeelden die de auteur vanuit haar joodse achtergrond kent. Ook bedoeld voor verplegers en verzorgers.

Mayer-Hirsch, N.
Een kroon voor Esther
Kampen, Kok, 1988. 106 blz.; Studie over de plaats van het bijbelboek Esther in de joodse traditie. Als toelichting daarvoor gebruikt de schrijfster citaten uit de Midrasj. Zij schildert het decor van het Estherverhaal op grond van joodse en niet-joodse bronnen. Ook wijdt ze aandacht aan het Poerimfeest.

Scheepstra, S.E.
Het leerhuis, Aspecten van het onderwijs in het klassieke Jodendom
(Kamper cahiers, dl. 50). Kampen, Kok, 1983. 35 blz.; De auteur, docente Judaïca aan de Geref. Theologische Hogeschool in Kampen, gaat in op de oorspronkelijke betekenis van het joodse leerhuis. Uit rabbijnse geschriften toont zij aan dat men daar groot belang hechtte aan het onderwijs aan kinderen, vooral jongens, tussen 6 en 13 jaar. Tenslotte wijst zij op het perspectief van het leerhuis voor de verhouding Jodendom-christendom.

Tijn, M. van
Niemand zal heersen over de vrouw, De positie van de vrouw in Genesis 1, 2 en 3
's-Gravenhage, Basis Lektuur Dienst, 1988. 76 blz.; Een originele uitleg van de positie van de vrouw geïnspireerd op de joodse wijze van schriftuitleg van deze hoofdstukken.

Wagschal, S.
Wegwijs in Kasjroet
Vert. uit het Engels door B. Mozes. Amsterdam, Samechboeken, 1986. X-123 blz. (*Practical guide to Kasruth: the dietary laws*); Een voor de Nederlandse situatie aangevuld overzicht van de voorschriften met betrekking tot de aanschaf en het bereiden van koosjer voedsel.

Weinreb, F.
De wortels van het woord
Sint-Baafs-Vijve. Oranje/de Eenhoorn, 1981. 78 blz. (Das Buch Jonah); De auteur ontleent aan het boek Jona twee thema's die kunnen dienen als een eerste inleiding tot de Kabbala: het wezen van de mens streeft naar eenwording met God, en woor-

den kunnen meer betekenen dan men aanvankelijk zou denken.

Wijbenga, P.
De loofhut van uw vrede
Verkenning en bezinning 18 (1984) nr. 1. Leusden, Bureau Kerk en Israël, 1984.; Verhandeling over het loofhuttenfeest in Oude en Nieuwe Testament en Talmoed. In dat verband wordt ook ingegaan op christelijke boete- en vastendagen bij de wisseling der seizoenen.

2.1.4 Gebedenboeken en bijbeluitgaven

Cohen, A. (ed.)
The Soncino Books of the Bible
14 dln. The Soncino Press, London etc., 1947-1952 (sindsdien regelmatig herdrukt); Alle boeken van het Oude Testament in het Hebreeuws met Engelse vertaling, introducties en aantekeningen vanuit joods gezichtspunt voor de algemene lezer. Zowel de uitleg van een vijftal van de meest bekende klassieke verklaarders als moderne schrijvers zijn erin verwerkt.

De Pentateuch met Haftaroth
Vert. uit het Hebreeuws door I. Dasberg; 2 dln.; 2e herz.dr. Amsterdam, Van Gennep, 1970 en 1972, 249 en 292 blz.; Uitgave van de eerste vijf bijbelboeken in het Hebreeuws met Nederlandse vertaling, in de eerste plaats bestemd voor het gebruik in de synagogedienst. Vandaar dat ook de Haftarot zijn toegevoegd, de gedeelten uit de Profeten, die wekelijks na het lezen van de Tora worden voorgedragen.

Donin, Ch.H.
To pray as a Jew: a guide to the prayerbook and the synagogue service
New York, Basic Books, 1980. XXVII-384 blz.; Uitleg van de gebeden aan de hand van de Siddoer, waarbij achtereenvolgens de dagelijkse gebeden, de gebeden voor Sjabbat en de gebeden voor de feestdagen worden besproken. Aansluitend volgt informatie over het interieur en de liturgie in de synagoge.

Ellbogen, I.
Der jüdische Gottesdienst in seiner Geschichtlichen Entwicklung
3e verbesserte Aufl. Hildesheim, Olms, 1967. XV-635 blz.; Fotomechanische herdruk van de 3e druk van dit oorspronkeljk in 1931 verschenen standaardwerk. Gedetailleerde studie over de joodse godsdienst en de gebeden, met aandacht voor de ontwikkelingsgeschiedenis van de gebeden en voor het verloop van de dienst in de synagoge.

מעשה ברבי אליעזר ורבי יהושע ורבי אלעזר בן עזריא ורבי עקיבא ורבי טרפון שהיו מסבין בבני ברק והיו מספרים ביציאת מצרים כל אותו הלילה · עד שבאו תלמידיהם ואמרו להם רבותינו הגיע זמן קריאת שמע של שחרית

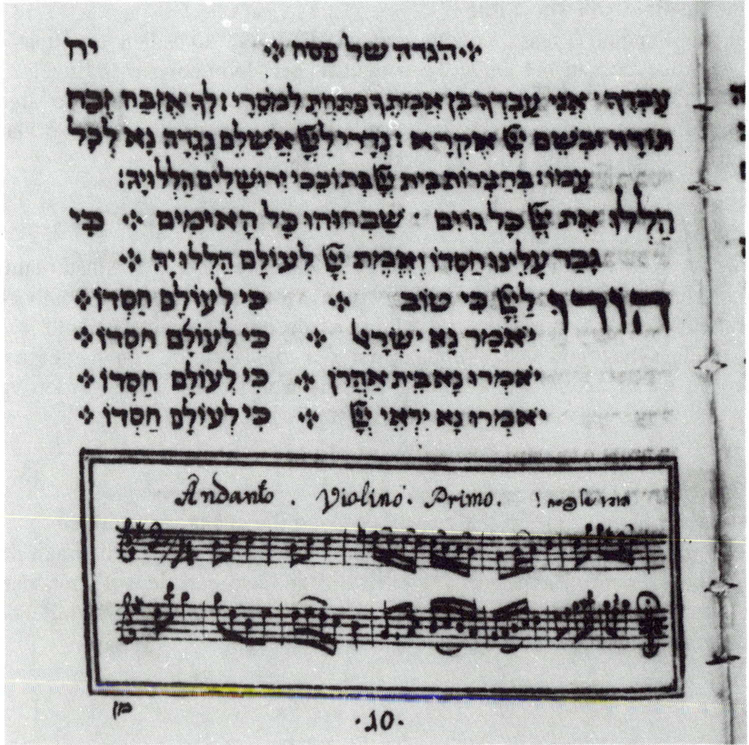

הגדה של פסח — יח

עבדך אני עבדך בן אמתך פתחת למוסרי: לך אזבח זבח תודה ובשם ה' אקרא: נדרי לה' אשלם נגדה נא לכל עמו: בחצרות בית ה' בתוככי ירושלים הללויה:

הללו את ה' כל גוים · שבחוהו כל האומים · כי גבר עלינו חסדו ואמת ה' לעולם הללויה ·

הודו לה' כי טוב · כי לעולם חסדו ·
יאמר נא ישראל · כי לעולם חסדו ·
יאמרו נא בית אהרן · כי לעולם חסדו ·
יאמרו נא יראי ה' · כי לעולם חסדו ·

Fig. 2: Twee pagina's uit de *Pesach-Haggada*
geschreven en geillustreerd door Meir ben Moses Kornik, 5554 (1794)
a. Discussiërende geleerden in Bené Berak
b. Psalm 136, die wordt gelezen op de Sederavond met melodie
Bibliotheca Rosenthaliana — UB Amsterdam, Hs. Ros. 491

Frankfort, S.
Sefer chajim lanefesj, Handleiding bij ziekte en overlijden en op de begraafplaats
Bew. en opn. vert. door A. W. Rosenberg. Amsterdam, Het joodse begrafeniswezen, 5749 (1989). 319 + 39 blz.; Oorspronkelijk uit 1703 daterende handleiding, bewerkt en aangevuld met een vertaling van de Hebreeuwse teksten in hedendaags Nederlands. Een overzicht van wat de joodse gebruiker in deze omstandigheden moet weten.

Gebeden der Portugees-Israëlieten
Met Nederlandse vertaling van B. Israël Ricardo. Amsterdam, (Portugees-Israëlietisch Kerkgenootschap), 1950. 233 blz. (Hebreeuws) + 234 blz. (Ned.).; Meest recente tweetalige uitgave van de gebeden voor de werkdagen en de Sjabbat met een aantal gelegenheidsgebeden bij de Portugezen in Amsterdam in gebruik.

Hausdorff, D. (vert. en toel.)
Haggada
4e dr. Amsterdam, Nederlands-Israëlietisch Kerkgenootschap, 5747/1986, 100 blz., afbn.; Originele tekst met vertaling en toelichting van het verhaal dat op Seideravond wordt gelezen. De originele teksten zijn geschreven in het Hebreeuws en Aramees. Verder enige liederen en toepasselijke teksten. Eerste druk: 1959.

Heide, A. van der en E. van Voolen (ed.)
The Amsterdam Mahzor: history, liturgy, illumination
(Litterae textuales). Leiden, Brill, 1989. 83 blz., afbn.; Reproductie, gedeeltelijk in kleur, van een deel van een uit 1240 daterend Machzor (een gebedenboek voor de feestdagen en bijzondere sjabbatot). De uitgave bevat tevens inhoudelijke informatie over de oorsprong van het Machzor en een beschrijving van de inhoud. Met bibliografie en indexen.

Machzor le-Jom Kippoer, Gebeden voor de Verzoendag
Vert. en bew. door I. Dasberg. Amsterdam, Nederlands-Israëlisch Kerkgenootschap, 1983. XXV-980 blz.; Tweetalige uitgave van de tekst van alle gebeden en gezangen, die in orthodox-joodse gemeenten in de diensten van de Grote Verzoendag worden gebruikt.

Machzor le-Rosj ha Sjana, Gebeden voor het Nieuwjaarsfeest
Vert. en bew. uit het Hebreeuws en Aramees door I. Dasberg; waaraan toegevoegd: Bloemlezing van toepasselijke Rosj Hasjana gedachten voor Sjoel en thuis onder red. van rabbijn I. Vorst. Amsterdam, Nederlands-Israëlietisch Kerkgenootschap, 1981. XIX-498-56 blz.; Tweetalige uitgave van de tekst van alle gebeden en gezangen die in orthodox-joodse gemeenten in de joodse Nieuwjaarsdienst worden gebruikt. De verschillende gebeden worden ingeleid, en in het Nederlands vertaald of geparafraseerd.

Megillat Esther — Het boek Esther
Met Nederlandse vert. en verklaring door U.M.Ph. Hillesum en met toevoeging van enige Dieniem. Amsterdam, Samech Boeken, 1988, 48 blz. (Overdruk uit: A.S. Onderwijzer, Pentateuch, deel II, Amsterdam, Van Creveld & Co, 1902).; Deze uitgave is bestemd voor gebruik tijdens Poeriem, en bevat de Hebreeuwse tekst van het boek Esther met daarnaast in kolomdruk de Nederlandse vertaling. Uitleg en commentaar bij elk vers zijn op de bladzijde bij de betreffende tekst opgenomen. Achterin staan de lofzeggingen die voor en na het lezen van de megilla uitgesproken dienen te worden en tevens enige dieniem (voorschriften) voor Poeriem.

Musaph-Andriesse, R.C.
Ester, het oude verhaal opnieuw verteld en ingeleid
Baarn, Ten Have, 1986. 79 blz.; Een originele vertaling van de Esterrol, afgedrukt met de Hebreeuwse tekst ernaast. De auteur heeft geprobeerd zonder de grondtekst geweld aan te doen aan te sluiten bij het huidige taalgebruik. In een inleiding worden historiciteit, oorsprong en literair karakter van het verhaal besproken. Ook is er aandacht voor de viering van het Poeriemfeest,

Onderwijzer, A.S.
Nederlandsche vertaling van den pentateuch benevens eene Nederlandsche verklarende vertaling van Rashie's pentateuchcommentaar
2e herdruk; 5 dln. Amsterdam, Nederlands-lsraëlietisch Kerkgenootschap, 1977. 8-652, 587, 405, 455 en 34 + 406 blz. Herdruk van de tweetalige (Hebreeuws-Nederlands) uitgave van de Tora met het maatgevende commentaar van de middeleeuwse joodse bijbelgeleerde Rasji, *R*abbi *Sj*elomo ben *I*saak (1040-1105). Rasji heeft in zijn commentaar veel exegese uit de rabbijnse literatuur opgenomen.

Petuchowski, J.J.
Aan uw erbarmen is geen einde, joodse gebeden
Vert. uit het Duits door R. Vink. Baarn, Ten Have, 1987. 128 blz. (*Gottesdienst des Herzens, eine Auswahl aus dem Gebetsschatz des Judentums*); Een keuze uit de gebeden die voorkomen in de joodse liturgie. De in het Nederlands vertaalde gebeden zijn gerangschikt naar onderwerp en van een korte verklaring voorzien.

Plaut, W.G. (ed.)
The Torah: a modern commentary
4th ed. New York, Union of American Hebrew Congregations, 1985. XXXV-1787 blz. De wekelijkse Toralezingen met Haftaroth — de lezingen uit de Profeten die na de Tora worden voorgelezen — en commentaar, geschreven vanuit het standpunt van de Amerikaanse Reformbeweging.

Seder tov lehodot, Gebeden voor Rosj Hasjanah en Jom Kipoer ten gebruike in de Liberaal-joodse gemeenten in Nederland
3e dr. Amsterdam, Verbond van Liberaal Religieuze Joden in Nederland, 1976.

570 blz.; Tweetalige uitgave van de gebeden die op joods Nieuwjaar en Grote Verzoendag in de liberaal-joodse gemeenschap in gebruik zijn. Eerst de Hebreeuwse (c.q. Aramese) tekst, dan de Nederlandse vertaling.

Seder tov lehodot, Gebeden voor Sjabbat en Feestdagen ten gebruike in de Liberaal-joodse gemeenten in Nederland
4e dr. Amsterdam, Verbond van Liberaal Religieuze Joden in Nederland, 1982. 256 blz.; Tweetalige uitgave van de gebeden die op Sjabbat, Pesach, Wekenfeest, Loofhuttenfeest en Vreugde der Wet in de liberaal-joodse gemeenschap in gebruik zijn en van de bijzondere schriftlezingen op deze feestdagen; aangevuld met gebeden voor Tisja' Be'av, Chanoeka en Poeriem. Eerst de Hebreeuwse (c.q. Aramese) tekst, dan de Nederlandse vertaling. Eerste druk: 1964.

Siach Jitschak — Gebed van Jitschak
Siddoer, de geordende gebeden voor het gehele jaar
Vert. uit het Hebreeuws en Aramees door J. Dasberg; 3e dr. Amsterdam, Nederlands-lsraëlietisch Kerkgenootschap, 1986. XXI + 799 blz.; Tweetalige uitgave (Hebreeuws/Aramees-Nederlands) van de gebeden die bij de orthodoxe Joden in Nederland in gebruik zijn voor de gewone weekdagen en de sabbat. Hierin is ook de Hebreeuwse tekst met vertaling opgenomen van het meest gelezen tractaat van de Misjna: Pirke Awot, Spreuken der Vaderen.

Stilma, L. en A.J. den Tonkelaar
joodse gebeden
Kampen, Kok, 1989. 60 blz.; Verzameling gebeden en lofprijzingen uit de joodse traditie, samengesteld met het oog op de ontmoeting tussen Joden en christenen. "Zij richten zich immers menigmaal met dezelfde woorden tot hun Schepper".

The Rosenthaliana Leipnik Haggada
Tel Aviv, Turnowsky, 1987.; Fraaie facsimile uitgave van een van de beroemdste manuscripten van de Bibliotheca Rosenthaliana in Amsterdam, Hs Ros 382, een Haggada, geschreven en geïllustreerd door Joseph ben David van Leipnik, Altona 1738. Los bijgevoegd een Engelse vertaling en een inleiding.

Vredenburg, J.
De Tora met Nederlandse vertaling en verklaring
5 delen; 2e dr., Amsterdam, Nederlands-Israëlitisch Kerkgenootschap, 1991/5751. 119, 134, 129, 159, 122 blz.; De eerste druk van deze vertaling verscheen in 1899. De indeling volgt de wekelijkse Toralezingen. De lezingen uit de profeten die volgen op het voorlezen uit de Tora, zijn per deel gerangschikt. Rabbijn Joël Vredenburg heeft zijn nog steeds goed leesbare vertaling van een eigen commentaar voorzien waarin hij verklaringen van oude en jongere schrijvers voor joods en niet-joods publiek toegankelijk maakt.

Zuiden, M. van (samenst.)
Potéäch 'et-Jadéga, oemasbiéäng leg'ol-ch'aj rats'on; het tafelgebed bij de Nederlands Portugese Joden; vert. uit het Hebreeuws door B. Israël Ricardo. Amsterdam, Da-Rom Publications, 1990. 66 blz., afbn.; Tafelgebeden en andere berachot (zegenspreuken) die worden gebruikt binnen de Portugees-Israëlitische Gemeente in Nederland. De Hebreeuwse teksten zijn voor het merendeeel overgenomen uit Tefilot Kol Pe, Gebeden der Portugees-Israëlieten met een Nederlandse vertaling naar het nagelaten handschrift van I. Ricardo, Amsterdam 1950.

2.2 Rabbijnse literatuur

Deze rubriek is gewijd aan literatuur van en over rabbijnse bronnen. In de Misjna en de Talmoed staan de discussies over de uitleg van de Tora; over de tradities en voorschriften voor het dagelijks leven. Vooral de Babylonische Talmoed omvat omvangrijk materiaal. Er zijn van deze boeken weinig vertalingen in het Nederlands, wel werden enkele Misjnatractaten vertaald en twee ervan recentelijk uitgegeven.

Hieronder worden eerst werken genoemd die als *inleiding* tot deze omvangrijke literatuur kunnen dienen. Vervolgens *vertalingen* in het Nederlands, Engels en soms Duits, waaronder verschillende tweetalige met Hebreeuwse tekst. Het meest toegankelijk is voor velen de verhalende literatuur die soms verschijnt onder aanduidingen als *joodse sprookjes*. Zulke *parafrasen* zijn ook ondergebracht in deze rubriek. Tenslotte enkele *deelstudies*, bijvoorbeeld over het gebed of over personen als Rasji of Maimonides.

2.2.1 Inleidingen

De Talmoed (Wat ieder van het Jodendom moet weten nr. 4)
Leusden, Interkerkelijk Contact Israël (Postbus 202), 1982. 8 blz.; Uiteenzetting over het ontstaan en karakter van de Talmoed.

Gradwohl, R.
Wat is de talmoed? Inleiding in de mondelinge traditie van het Jodendom
Ingel. door I. Zuidema. Baarn, Ten Have, 1985. 96 blz. (*Was ist der Talmud? Einführung in der 'Mündliche Tradition' Israëls*); Bewerking van een serie lezingen die de auteur hield voor de Zwitserse radio over aspecten van geschiedenis en inhoud van de Talmoed. Geschikt voor studie in leerhuizen.

Kuyt, A., N.A. v. Uchelen (eds.)
History and form: Dutch studies in the Mishnah
Papers read at the workshop 'Mishnah' (Publications of the Juda Palache Institute, IV). Amsterdam, Universiteit van Amsterdam, 1988. 107 blz., afbn.; Bundel met

vijf lezingen die gehouden werden tijdens een Mishnah-workshop in februari 1988 georganiseerd door het Juda Palache Instituut van de Universiteit van Amsterdam. Toegevoegd is een bibliografie van Misjna-vertalingen die zijn verschenen in Nederland.

Palache, J.L.
Inleiding tot de talmoed
3e vermeerderde druk. Amstelveen, Amphora Books, 1980. XIV + 209 blz. Beeldend geschreven inleiding tot de rabbijnse literatuur. Eerste druk verscheen in 1922. De derde druk bevat een nieuwe bibliografie van meer recente titels.

Strack, H.L. en G. Stemberger
Einleitung in Talmud und Midrasch
Siebente völlig neu bearbeitete Auflage. Mit einem Vorwort und einem bibliographischen Anhang von Gunter Stemberger. München, Beck, 1982. 341 blz.; Vrijwel volledige inleiding tot de rabbijnse literatuur. De eerste druk van dit werk verscheen in 1887. Deze geheel vernieuwde uitgave bevat verschillende registers en een moderne bibliografie.

Tijn, M. van
Een historische inleiding op de Misjna, Vrede! Er is geen vrede naar Jer. 6:14, 8:11
's-Gravenhage, Boekencentrum, 1988. 248 blz.; Volgens de auteur is het voor zowel Jood als niet-Jood van levensbelang een beter begrip van de Misjna te krijgen, omdat de Misjna ons toont hoe mensen kunnen overleven in een bijna onleefbare wereld. Ze beschrijft de ontstaansgeschiedenis van deze 'tweede helft van de hele Tora' vanaf de terugkeer van het joodse volk uit de ballingschap in 538 v.C.

Zuidema, W.
Op zoek naar Tora, verkenningen in de rabbijnse traditie
Baarn, Ten Have, 1986. 138 blz.; Inleiding over ontstaan en ontwikkeling van de schriftelijke en mondelinge Tora. Aan de hand van teksten en voorbeelden uit de rabbijnse traditie wordt de weg van Tora naar Misjna duidelijk gemaakt.

2.2.2 *Vertalingen*

Blackman, Ph.
Mishnayoth
Pointed Hebrew text, English translation, etc.; 2nd ed., 7 delen. Gateshead, Judaica Press, 1964, 1983^{2}.; Overzichtelijke tweetalige uitgave van de zes misjnatractaten, met achtergrondinformatie. Deel zeven bevat indexen, trefwoorden e.d.

De Misjna
Hebreeuwse gepunctueerde tekst met vertaling, verklaring en inleidingen in het Nederlandsch; bewerkt door S. Hammelburg; deel 2: Seder Mo'ed; herdr. Amster-

dam, Nederlands-Israëlietisch Kerkgenootschap, 1977. 7 + 620 + 8 blz. Originele tekst met Nederlandse vertaling en commentaar van één van de zes hoofddelen van de Misjna, welke met het Oude Testament (Tenach) de basis voor de joodse wet vormt. Seder Mo'ed is het tweede deel van de Misjna en behandelt (in principe) de joodse feesten. Deze uitgave verscheen oorspronkelijk in 1939.

De Misjna
Hebreeuwse gepunctueerde tekst met vertaling, verklaring en inleidingen in het Nederlands; bewerkt door S. Hammelburg; deel 3: Seder Nasjiem. Amsterdam, Nederlands-Israëlietisch Kerkgenootschap, 1987. XII + 740 blz.; Originele tekst met Nederlandse vertaling en commentaar van één van de zes hoofddelen van de Misjna, welke met de Tenach (Oude Testament) de basis voor de joodse wet vormt. Seder Nasjiem is het derde deel van de Misjna en behandelt onder meer de joodse huwelijkswetgeving en de voorschriften inzake geloften. De auteur heeft in het begin van de oorlog dit manuscript voltooid.

De Misjna
Hebreeuwse gepunctueerde tekst met vertaling, verklaring en inleidingen in het Nederlands; bewerkt door S. Hammelburg; deel 4: Seder Nezikien: tractaten Baba-Kama en Baba-Metsia. Amsterdam, Nederlands-Israëlietisch Kerkgenootschap, 1990. 8 + 204 blz.; Originele tekst met Nederlandse vertaling en commentaar van twee tractaten uit deel 4 van de Misjna. Nezikien telt tien tractaten. Deze twee tractaten behandelen vragen op het gebied van het burgerlijk recht. De auteur maakte deze vertaling in 1942/43. In 1978 kwam het manuscript ter beschikking van het Nederlands Israëlietisch Kerkgenootschap; in 1990 is het voor het eerst in gedrukte vorm verschenen.

Hebrew-English edition of the Babylonian Talmud
Transl. into English, with notes, glossary and indices, by S.M. Lehrman, M.H. Segal, J. Israëlstam e.a.; 30 delen. New York-City, Traditional Press, 1982. Tweetalige uitgave; tegenover de traditionele Talmoedpagina wordt steeds de vertaling van de Talmoedtekst gegeven en voorzien van aantekeningen.

Landman, A. (samenst.)
Messias-interpretaties in de Targumim
Ingel. en vertaald door A. Landman. Kampen, Kok, 1986. 118 blz.; Na een inleidend gedeelte over Targumim en Messiasverwachting in het rabbijnse Jodendom volgen in vertaling een groot aantal targumteksten waarin sprake is van de Messias. De oorspronkelijke Tenachtekst wordt daarbij in de vertaling van het NBG afgedrukt.

Loopik, M. van
De Tien Woorden in de Mekhilta
Vert., ingel. en voorzien van commentaar door M. van Loopik. (Sleutelteksten in

godsdienst en theologie, dl.4). Delft, Meinema, 1987. 160 blz.; Mekhilta is de naam voor een verzameling halachische teksten. In de Mekhilta van rabbi Jismaeel (3de eeuw van de chr. jaartelling) worden gedeelten uit Sjemot (Exodus) woord voor woord behandeld. In deze vertaling staat het gedeelte uit hoofdstuk 20 centraal. Van belang als voorbeeld van joodse exegese.

Loopik, M. van
De wegen der wijzen en de weg van de wereld — Derekh eretz rabbah, Derekh eretz zuta en Perek ha-shalom (een hoofdstuk over vrede)
Vert. uit het Hebreeuws, en van aant. voorz. door M. van Loopik; (Na de schriften, nr.5). Kampen, Kok, 1989. 107 blz. Drie zogenaamde 'kleine tractaten' uit de Babylonische Talmoed, met gedachten en discussies van de vroege wijzen en een beschrijving van de gewoonten en leefregels van vrome thorageleerden.

Mekhilta de Rabbi Jismaeel
Drie delen. Philadelphia, Jewish Publication Society, (1933, 1976²). Hebreeuwse en Engelse tekst van een rabbijns commentaar uit de 4e eeuw op gedeelten uit Sjemot — Exodus. Met een vertaling en een inleiding over het ontstaan van de Mechilta van J.Z. Lautenbach.

Midrasjim
Vert. (uit het Hebreeuws), ingel. en toegel. door M. van Tijn. Kampen, Kok, 1986. Deel 1: *Over de uittocht uit Egypte van onderdrukking en verzet. Rabbijnse schriftuitleggingen over Exodus 1-17,* 111 blz. De hebraïste Maartje van Tijn vertaalde deze teksten en plaatste ze met een terzake kundige toelichting in een overzichtelijk kader; Deel 2: *De tocht door de wildernis; gevaarlijke groei naar lastige vrijheid,* 140 blz. Uitleg bij episoden uit de tocht door de woestijn zoals die wordt verteld in de boeken van Exodus tot en met Deuteronomium. Dit deel behandelt de gave van de Tora op de berg Sinaï en eindigt bij de dood van Mozes.

Misjno, Traktaat Berogous
Met Bertinoro's vertaling en met Nederlandsche vertaling van beide en noten door J. Tal; herdr. Amsterdam, Nederlands-Israëlietisch Kerkgenootschap, 1956. 134 blz. Herdruk van de tweetalige uitgave van het eerste tractaat van de Misjna, Berachot (Misjno en Berogous berusten op de Asjkenazische uitspraak; tegenwoordig houdt men zich in het algemeen aan de Sefardische: Misjna, Berachot). Behalve de (ongevocaliseerde) Hebreeuwse tekst en vertaling met noten, is in deze uitgave ook het bekende commentaar van Obadja di Bertinoro (ca. 1450-1516) opgenomen, zowel in het origineel als in vertaling. Voor het benutten van deze uitgave is kennis van het Hebreeuws vereist. Eerste druk: 1927.

Schenderling, J.G. en L. Cozijnsen (vert. en inl.)
Het testament van Job, een document van joodse vroomheid uit het begin van onze jaartelling. — **Het testament van Salomo,** een document van joodse magie uit de eerste eeuwen van onze jaartelling

Vert. uit het Grieks. Kampen, Kok, 1990. 132 blz. (Na de schriften, 6).; Vertaling met toelichting van twee joodse tractaten uit het begin van de jaartelling waaruit een geheel andere Job naar voren komt en waarin Salomo als een bedreven magiër en exorcist wordt afgeschilderd.

Steinsatz, A.
The Talmud
The Steinsaltz Edition; Vol.1: Tractate Bava Metzia, part 1. New York, Random House, 1989. 304 blz.; Gevocaliseerde uitgave van de Hebreeuws/Aramese tekst van het eerste deel van het Tractaat Baba Metsia uit deel 4 van de Misjna: Nezikien. De tekst is tevens voorzien van een vertaling en uitgebreide historische, religieuze en taalkundige achtergrondinformatie.

The Mishnah
Vert. uit het Hebreeuws door H. Danby; 16e dr. Oxford University Press, 1987. 844 blz.; Volledige vertaling van de Misjna door een christelijke geleerde. Een uitvoerig personen- en zakenregister, alsmede een register van onvertaalde Hebreeuwse standaardtermen is opgenomen. Eerste druk: 1933.

Tijn, M.v.
De verwarring van goed en kwaad
Midrasjim over Kain en Abel, Noach en de torenbouwers van Babel
Ingel., vertaald en toegel. door Maartje van Tijn. 's-Gravenhage, Boekencentrum, 1988. 116 blz.; Rabbijnse exegese over de hoofdstukken 4-11 van het boek Genesis, waarin de auteur ook haar persoonlijke opmerkingen plaatst.

2.2.3 Parafrase

Barnard, W. en P. van 't Riet
Als een duif naar het land Assur, Het boek Jona verklaard vanuit Tenach en de Rabbijnse traditie tegen de achtergrond van de tijd
Kampen, Kok, 1988. 72 blz., afbn.; Verbindingslijnen tussen Jona en andere verhalen in Oude Testament en rabbijnse literatuur, met vertaling en commentaar.

Buber, M.
Chassidische vertellingen
Vert. door L.S. Blom; 8e dr. Cothen, Servire, 1989[6]. 574 blz. (*Die Erzählungen der Chassidim*). Recente herdruk van Bubers vrije bewerking van de verhalen over en spreuken van de eerste chassidische leiders.

Fuks-Mansfeld, R. (inl.)
De veelkleurige mantel
Vert. uit het Engels door D. Veldhuizen. Amsterdam, Prometheus, 1991. 213 blz. afbn. (Bloemlezing uit L. Ginzberg, *The Legends of the Jews*, 1947); In de He-

breeuwse Midrasjiem vindt men in verhalende vorm vaak verklaringen bij bekende verhalen uit het Oude Testament; veel van dit materiaal werd verzameld in de zevendelige uitgave *The Legends of the Jews*. Professor R. Fuks-Mansfeld stelde hieruit een interessante bloemlezing samen en voorzag die van een inleiding.

joodse sagen en verhalen
(Geschiedenis en cultuur paperbacks). Houten, Fibula, 1988. 163 blz., afbn.; Sagen en verhalen uit de bijbelse en na-bijbelse periode. Veel verhalen zijn gebaseerd op de joodse tradities en gebruiken en spelen zich af in en rondom de synagoge.

Kanner, I.Z.
Oude en nieuwe joodse sprookjes en verhalen
Vert. uit het Duits door H. Jarausch en T. Bos. Hoogeveen/Gent, Advena, 1988; Twee delen in één band; dl. I 189 blz., dl. II 186 blz., afbn. (*Jüdische Marchen; Neue Jüdische Marchen*). Geparafraseerde verhalen op grond van oude joodse overleveringen. Eerder verschenen bij Elmar, Delft.

Pavlát, L.
joodse sprookjes, de acht lichten van de kandelaar
Vert. uit het Duits naar de oorspr. Tsjechische uitg. door M. Bakker.
Deventer, Ankh-Hermes, 1988. 212 blz., afbn. (*Jüdische Märchen*, 1985); Sprookjes, fabels en korte vertellingen uit de joodse traditie verdeeld over acht onderwerpen, die verwijzen naar de acht lichtjes van de Chanoeka-kandelaar. Elk lichtje verhaalt van een andere tijd en een ander land. Met sfeervolle illustraties van Jiri Behounek.

Petuchowski, J. J.
De stem van de Sinaï, Een rabbijns leesboek bij de Tien Geboden
Vert. uit het Duits door H. v.d. Vinne. Baarn, Ten Have, 1984. 85 blz. (*Die Stimme von Sinai*); De Amerikaanse joodse geleerde Petuchowski geeft aan de hand van teksten aangaande de Tien Geboden een inleiding in de wijze waarop de oude rabbijnen hun gedachten vorm gaven en met elkaar discussieerden. Het materiaal is vooral ontleend aan de Mechilta (1-3de eeuw) en de Pesikta Rabbati (6de, 7de eeuw). Veel van deze teksten zijn hier voor het eerst in het Nederlands beschikbaar.

Petuchowski, J. J.
Zoals onze meesters leerden... Rabbijnse vertellingen
Vert. uit het Duits door R. Vink; met een inl. van W. Zuidema. Baarn, Ten Have, 1986. 128 blz. (*Es lehrten unsere Meister...; rabbinische Geschichten*); Bloemlezing van rabbijnse verhalende haggadische literatuur, gegroepeerd om thema's als: god en goden; mens en wereld; openbaring en Tora. Veel van dit materiaal is voor het eerst uit het Hebreeuws en Aramees in het Nederlands vertaald.

Ris, G.
Mozes en de profeten
Verklaring van Num. 11,35 — 12,1-16 vanuit de rabbijnse geschriften
Kampen, Kok, 1990, 101 blz.; Bespreking van de teksten in de Targoemiem over het verhaal van Mirjams melaatsheid nadat zij Mozes heeft toegesproken naar aanleiding van zijn Kusjitische — Ethiopische vrouw.

Schwartz, H. (samenst.)
joodse sprookjes uit de verstrooing
Vert. uit het Engels door H. Lichtendahl. 's-Gravenhage, Sirius en Siderius, 1985. 237 blz., afbn. (*Elijah's violin*); De samensteller verzamelde uit nabijbelse joodse literatuur verhalen waarin veel sprookjesachtige motieven voorkomen. Naast verhalen over bijbelse thema's — de toverring van Salomo — en enkele sprookjes uit de Talmoed bevat de verzameling veel Middeleeuwse literatuur. In een inleiding verantwoordt de samensteller zijn keuze.

Tijn, M. van
'Maak gebeden van mijn verhalen', Verhalen van Rabbi Nachman van Bratzlav
's-Gravenhage, Boekencentrum, 1989. 210 blz.; Dertien verhalen van rabbi Nachman (1772-1811), die door zijn chassidische volgelingen in Kiev en de Oekraïne als Tsaddiek werd beschouwd. Bekende sprookjesmotieven verwijzen naar joodse thema's zoals het verlangen naar de Messias en naar de verlossing.

Whitlau, E., en P. Klaasse
Een vleugje paradijs, chassidische vertellingen
Vert. uit het Hebreeuws door E. Whitlau. Amsterdam, Becht, 1986. 120 blz., afbn.; Verhalen, waarvan sommige al eerder verschenen in een vertaling van Bubers chassidische vertellingen, maar andere nog niet eerder waren vertaald. Ze vormen een samenspel met de magnifieke tekeningen van Piet Klaasse, en houden zo de herinnering levend aan de wereld van het Oosteuropese Jodendom van voor de Tweede Wereldoorlog. De verhalen volgen de joodse kalender.

2.2.4 Deelstudies

Boxel, P. van
Sjabbatskind, vroegjoodse tradities over leven en dood.
Hilversum, Gooi en Sticht, 1987. 96 blz.; Een studie over de inspiratie van de sjabbath — het vieren en genieten — en de gedragsregels die daarbij horen. Met teksten uit o.a. de gemeenschap van Qumran, uit het N.T., maar vooral uit de rabbijnse literatuur.

Drijvers, P.
Op zoek naar de Alef, verkenning op het gebied van de joods-christelijke schriftbenadering

2de dr. Hilversum, Gooi en Sticht, 1985. 128 blz., afbn.; Een door een roomskatholieke oudtestamenticus geschreven meditatieve bijbeluitleg, waarin de rabbijnse wijze van schriftbenadering centraal staat.

Gradwohl, R.
Uit joodse bronnen, verklaring bij vijf Genesisteksten
Vert. uit het Duits door P. van 't Riet. 's-Gravenhage, Boekencentrum, 1988. 110 blz. (selectie uit: *Bibelauslegungen aus jüdischen Quellen*); Uitleg van vijf bekende gedeelten uit het begin van Genesis (hoofdstuk 3 t/m 12) aan de hand van citaten uit Misjna, Talmoed en Midrasj, uit de Middeleeuwen en uit het recente verleden. Met een inleiding over de geschiedenis van joodse commentaren.

Gradwohl, R.
Uit joodse bronnen 2, verklaring van enkele teksten uit Genesis en Exodus
Vert. uit het Duits door P. van 't Riet. 's-Gravenhage, Boekencentrum, 1990. 128 blz.; Een tweede serie commentaren op gedeelten uit de Tora, gekozen uit de vier delen '*Bibelauslegungen aus jüdischen Quellen*'. Met adviezen van W. Zuidema over de transcriptie van het Hebreeuws, die aansluit bij de Nederlandse weergave van de klanken.

Levie, L. (red.)
Niemand als Mozes, Een bundel opstellen ter gelegenheid van de herdenking van de 850ste geboortedag van Rabbi Mozes Ben Maimon (Maimonides)
Met bijdragen van I. Jacobovits e.a. Leiden, Joods Studiecentrum, 1987. 49 blz.; Vier bijdragen, oorspronkelijk gehouden als lezingen op een studiedag, die handelen over verschillende aspecten van Maimonides' veelomvattende activiteit.

Pearl, Ch.
Rasji, een middeleeuws joods denker
Vert. uit het Engels door W. Reedijk, Hilversum, Gooi en Sticht, 1989. 144 blz. (Rashi). Levensbeschrijving van Rasji (*R*abbi *Sj*elomo ben *J*itschak, 1040-1105) werd vooral bekend door zijn verklaring en uitleg van Tenach en zijn commentaar op de Talmoed.

Peli, P.H.
Weet tegenover wie je staat, enkele facetten van het joodse gebed
Vert. en bew. door R. Munk. Verkenning en Bezinning, 22 (1988)3. Kampen, Kok, 1988. 27 blz.; Bewerking van lezingen van de bijbelgeleerde Pinchas Peli, waarin hij spreekt over het nabijbelse joodse gebed, over de Siddoer, met als voorbeeld het Shema en de Amida, het achttiengebed.

2.3 Theologie en filosofie

In de nu volgende rubriek vindt men titels over de theologische en veelal daarmee samenhangende filosofische bezinning binnen het Jodendom. De volgorde is alfabetisch. Omdat de scheidslijnen niet altijd scherp te trekken zijn, wordt aangeraden eventuele ontbrekende titels in rubriek 2.2. te zoeken en gebruik te maken van het auteursregister achterin.

Baeck, L.
Een licht breekt door
Vert. uit het Duits en uit het Eng. door J. Vos en C. Adang; verz. en ingel. door J. Vos. Kampen, Kok, 1987. 144 blz.; Om de aandacht te vestigen op het belang van de joodse geleerde Baeck, bekend van '*Das Wesen des Judentums*', verzamelde J. Vos artikelen uit tijdschriften waarin Baeck zich tot een breder publiek richt. Het boek bevat artikelen over moreel verzet in het Derde Rijk, het wezen van het Jodendom en de dialoog met christendom en islam.

Bekkum, W. van
Mozes onze leraar
Kampen, Kok, 1988. 96 blz.; Mozes en Pesach, Mozes en Sjavoeot, Mozes en Tora, zijn drie hoofdstukken in dit boek waarin de auteur ingaat op de gestalte van Mozes in het joodse denken en de joodse traditie. Hij wijst tevens op het beeld dat christendom en islam van Mozes schetsen.

Blue, L.
Gods vingerafdruk overal, Oefeningen in de spiritualiteit van het dagelijks leven
Baarn, Ten Have, 1987. 96 blz. (*Bright Blue: the wise and witty confessions of a unique rabbi*); Het boek bevat de tekst van 41 korte radiolezingen over uiteenlopende onderwerpen, die deze 'tegendraadse' liberale rabbijn voor de BBC heeft uitgesproken.

Cohen, A.A. en P. Mendes-Flohr.
Contemporary Jewish religious Thought
Original essays on critical concepts, movements, and beliefs
New York/London, The Free Press/Collier Mac Millan Publishers, 1987. 1163 blz.; Korte hoofdstukken over de belangrijkste theologische en filosofische ideeën en begrippen, zoals die door hedendaagse joodse geleerden worden geformuleerd. De onderwerpen zijn alfabetisch gerangschikt.

Engelen, J.
Het Gelaat: jij die mij aanziet
Een eerste inleiding in de filosofie van Emmanuel Levinas
Hilversum, Gooi en Sticht, 1986. 112 blz.; Het denken van de joodse filosoof Levinas cirkelt om thema's als mens, medemens en leven in de wereld. Zijn ideeën zijn verhelderend zijn voor mensen in het omgaan met elkaar; thuis, op school en

in het werk.

Gay, P.
Een goddeloze Jood, Freud, het atheïsme en het ontstaan van de psychoanalyse
Vert. uit het Amerikaans door F. Hille; (De Haan essay).; Houten, de Haan, 1988. 160 blz. (*A godless jew*); De stelling van professor Gay is, dat voor Freud wetenschap en religie niet verenigbaar zijn. Freuds psychoanalytische theorieën moet men zien in samenhang met zijn atheïstische opvattingen en niet met zijn jood-zijn.

Gelderblom-Lankhout, H., S. Schoon en N. de Wilde (red.)
Gerechtigheid, vrede en heelheid van de schepping in joods perspectief
2e gew. en verm. dr. Amsterdam/Hilversum, OJEC/B.Folkertsma-Stichting, 1989. 123 blz.; Bundel met verschillende bijdragen vanuit de joodse traditie, gerubriceerd naar de drie kernthema's van het conciliair proces. De artikelen, o.a. geschreven door D. Flusser, J. Frishman, P.H. Peli, S. Schoon, zijn ontleend aan eerder verschenen boeken en tijdschriften.

Guttman, J.
Philosophies of Judaism: The history of Jewish philosophy from Biblical times to Franz Rosenzweig
Vert. uit het Hebreeuws door D.W. Silverman. Londen, Routledge & Kegan Paul, 1964. x-464 blz.; Standaardwerk over de joodse filosofie, oorspronkelijk in het Duits verschenen onder de titel '*Die Philosophie des Judentums*' (1933); de Engelse vertaling berust echter op de herziene en vermeerderde Hebreeuwse editie.

Heering, H.J. e.a.
Vier joodse denkers in de twintigste eeuw
Rosenzweig, Benjamin, Levinas, Fackenheim.
Kampen, Kok Agora, 1987. 135 blz.; Vier tot artikelen omgewerkte lezingen die werden gehouden voor het werkgezelschap *Philosophia Judaica*. Vervolgens schrijft Heering over de vraag wat men moet verstaan onder joodse filosofie. F.J. Hoogewoud geeft een overzicht van de activiteiten van het werkgezelschap

Heschel, A.J.
In het licht van zijn aangezicht
De betekenis van het gebed in de joodse gedachtenwereld
Vert. uit het Engels door D. v. Uden. Utrecht, Bijleveld, 1986. 160 blz. (*Man's quest for God*, 1954); De uit Duitsland afkomstige Amerikaanse hoogleraar in joodse mystiek en ethiek gaat in op elementen uit het gebed in de joodse godsdienst: de noodzaak van 'kawwana', innerlijke toewijding, de diepte en de inhoud van de woorden, continuïteit en symboliek.

Heschel, A.J.
God zoekt de mens, een filosofie van het Jodendom

Vert. uit het Engels door H. de Bie. Houten, Den Haan, 1986. 478 blz. (*God in search of man*); Heschel (1907-1972) was een van de belangrijkste joodse denkers van deze eeuw. In dit boek zijn 'betrekking tot God' en 'betrokkenheid van de mens bij de mens' sleutelwoorden.

Heschel, A.J.
De sabbat, zijn betekenis voor de moderne mens
Vert. uit het Engels door H. de Bie. Houten, De Haan, 1987. 96 blz. (*The sabbath, its meaning for modern man*, 1951); De bijbel ziet de wereld in de dimensie van de tijd. Heiliging van de tijd is de centrale gedachte in dit essay over de sabbat.

Heschel, A.J.
De aarde is des Heren, de innerlijke wereld van de Jood in Oost-Europa Vert. uit het Engels door S. Bromet. Baarn, Ten Have, 1991, 112 blz. (*The Earth is the Lord's*, 1957); In de kleine joodse gemeenschappen in Oost-Europa voor de Tweede Wereldoorlog leefden de Joden een afgesloten bestaan waarin zij zich wijdden aan studie en overpeinzing. In hen ontstond een onbegrensde wereld van innerlijkheid, een 'Tora in het hart' naast de geschreven en mondelinge Tora.

Heschel, A.J.
Onzekerheid in vrijheid
Vert. uit het Engels door H. de Bie. Houten, De Haan, 1989. 351 blz. (*The insecurity of freedom: essays on human existence*, 1972); Twintig artikelen ingedeeld naar drie thema's: godsdienst en samenleving; theologie en filosofie; specifiek joodse onderwerpen. De auteur waarschuwt voor de gevaren van onverschilligheid en depersonificatie in de moderne samenleving. Daartegenover stelt hij waarden als vrijheid en gerechtigheid zoals die in de godsdienst gestalte kunnen krijgen.

Hubbeling, H.G.
Spinoza
(Ambo-wijsgerig); 3e dr. Baarn, Ambo, 1989. 144 blz.; Herdruk van een toegankelijke inleiding op de filosofie van Baruch de Spinoza.

Jongkind, B.
De heiliging van Gods Naam
Verzet en overgave in het lijden van het joodse volk
Kampen, Kok, 1991 123 blz.; De slachtoffers van de vervolging in de jaren 40-45 en hun kinderen vragen om hulp bij het proces van rouwverwerking. Vanuit het theologische concept van de Heiliging van Gods Naam, een centraal begrip in de joodse ethiek, worden de vragen over het lijden van onschuldigen benaderd.

Katz, R.L.
De stem uit de stilte, pasToraat in het Jodendom
Vert. uit het Engels door T. v.d. Stap. Delft, Meinema, 1988. 110 blz. (*PasToral*

care and jewish tradition; emphatic process and religious counseling); De titel verwijst naar het verhaal van Elia op de Horeb. De Amerikaanse rabbijn Katz constateert dat het pasToraat in het Jodendom een ondergeschikte rol speelt. Met zijn boek probeert hij een verbinding te leggen tussen de godsdienstige traditie en de menswetenschappen.

Kushner, H.
Als kinderen over God vragen, een joodse benadering
Vert. uit het Amerikaans door R. Vink. Baarn, Ten Have, 1987. 176 blz. (*When children ask about God*); Een boek voor ouders en opvoeders, waarin de auteur binnen de joodse traditie een visie wil geven op wat God voor ons en onze kinderen kan betekenen. Als uitgangspunt kiest hij beelden van God, zoals die bij kinderen bestaan.

Kushner, H.
Waarom zou je geloven?
Vert. uit het Amerikaans door R. Vink. Baarn, Ten Have, 1989. 159 blz. (*Who needs God?*); Kushner, rabbijn in de VS, schreef verschillende boeken, zowel op het gebied van het Jodendom als van algemene aard. De vraag in de titel van dit boek wordt in vele godsdiensten gesteld. In gesprekken met allerlei mensen, waarin hij als gesprekspartner vanuit zijn eigen identiteit reageert, probeert Kushner een antwoord te formuleren

Kushner, H.
Als 't kwaad goede mensen treft
Vert. uit het Amerikaans door R. Vink. Baarn, Ten Have, 1983. 139 blz. (*When bad things happen to good people*); Een boek over het kwaad, het lijden en het geloof in God, waarin het boek Job centraal staat. De schrijver, rabbijn in de V.S. weigert God te zien als de auteur van het kwaad. Hij houdt dit vol, ook als zijn zoontje aan een ongeneeslijke ziekte sterft.

Kwaadsteniet, J. de, N. de Wilde (red.)
Veel liefde hebt u ons bewezen, een commentaar bij Sjema Israël
Hilversum, B. Folkertsma Stichting voor Talmudica, 1990. 91 blz.; Vijf artikelen over de uitleg van het Sjema op grond van de rabbijnse commentaar Sifre Deuteronomium bij dit voor het Jodendom bij uitstek belangrijke tekstgedeelte. De artikelen werden geschreven door J. Aalders, J. Binnema, R. Busschers, R. Deen en A. Wieringa, allen medewerkers van de Folkertsma Stichting.

Leenhouwers, P.
Het doemdenken ondervraagd, scheppingsutopie als antwoord?
(Cahiers voor levensverdieping, 49). Averbode, Altiora, 1985. 185 blz.; De auteur is van mening dat de gedachten over de schepping van de joodse filosoof Levinas een antwoord kunnen bieden op het doemdenken van velen in deze tijd.

Levinas, E.
Aan gene zijde van het vers, talmoedische studies en essays
Vert. uit het Frans door J. Engelen en H. Naus. Hilversum, Gooi en Sticht, 1989. 250 blz. (*L'au-dela du verset*, 1982); Levinas onderneemt een zoektocht naar de diepste zin van bijbelse teksten. Naar aanleiding van talmoedgedeelten levert hij hierop filosofisch en religieus commentaar, via een methodisch proces van continue interpretatie en herinterpretatie. Het centrale thema in deze studies is, dat lezen in Tenach altijd opnieuw begint en een steeds voortgaande openbaring is.

Levinas, E.
Ethisch en oneindig, gesprekken met Philippe Nemo
Ingel. door R. Bakker; vert. uit het Frans door C.J. Huizinga. Kampen, Kok Agora, 1987. 95 blz. (*Ethique et infini*); Deze bundel bevat een tiental radiogesprekken van Philippe Nemo met Levinas. De dialogen geven op directe wijze inzicht in de kernthema's van Levinas' filosofie.

Levinas, E.
In de tijd van de volkeren
Vert. uit het Frans door J. Engelen m.m.v. H. v.d. Waal. Leuven/Apeldoorn, Garant, 1991. 223 blz. (*A l'heure des nations*);
De titel is ontleend aan die van het 27ste colloquium van Franstalige joodse intellectuelen. Welke betekenis hecht het Jodendom, dat bewust de heilige geschiedenis voortzet, aan de aanwezigheid in de universele geschiedenis ten opzichte van de volkeren en te midden van hen?

Levinas, E.
De tijd en de ander
Vert. uit het Frans door A. Kalshoven (Ambo-wijsgerig). Baarn, Ambo, 1989. 80 blz. (*Le temps et l'autre*). Vertaling van vier lezingen die Levinas in 1946 hield voor het *College Philosophique* in Parijs. Hij schetst daarin de hoofdlijnen die zijn terug te vinden in zijn boek: *De totaliteit en het Oneindige.*

Levinas, E.
Van het zijn naar het zijnde
Vert. uit het Frans door A. Kalshoven. Baarn, Ambo, 1988. 124 blz. (*De l'existence a l'existant*). Levinas geeft het relaas van zijn speurtocht op zoek naar de beweging die het zijnde op weg brengt naar het goede. Hij zoekt het goede, dat aan onze wereldse werkelijkheid absoluut vreemd is.

Levinas, E.
Vier talmoedlessen
Vert. uit het Frans door C. Quené. Hilversum, Gooi en Sticht, 1990. 144 blz. (*Quatre lectures talmudiques*). De tekst van vier voordrachten gehouden op symposia voor joodse intellectuelen. De verhalende stof uit de Talmoed werd gebruikt bij

problemen van algemene aard als de vergeving van een onvergeeflijke misdaad, het geweld van politieke constructies.

Meijer, F. de
Franz Rosenzweig, leven en werk
Verkorte vert. uit het Hebreeuws. Kampen, Kok/Agora, 1986. 209 blz.
De uit Nederland afkomstige auteur belicht de joodse achtergrond van Rosenzweig en zijn werk. Aandacht schenkt hij ook aan Rosenzweigs betekenis voor de verhouding Jodendom-christendom.

Neusner, J.
Grondslagen van het Jodendom, Tora, Misjna, Messias
Vert. uit het Engels door K.A.D. Smelik en L. Mok. Boxtel/Leuven, KBS/Tabor, 1990. 158 blz. (*Foundations of judaism*). Vertaling van een in het Engels gepubliceerde samenvatting van Neusner's trilogie. Op basis van de geschreven en mondeling overgeleverde Tora geeft Neusner een van het Jodendom.

Schechter, S.
Aspects of Rabbinic Theology
Herdr. New York, Schocken Books, 1961. XXVI-384 blz.; Interessante studie over de belangrijkste begrippen in de rabbijnse theologie. De eerste druk verscheen in 1909.

Schonfield, H.
Odyssee der Essenen
vert. uit het Engels door A. Kiekens. Katwijk, Servire, 1989. 216 blz. (*Essene Odyssey*, 1984); De auteur, een Brits historicus, meent een code te hebben gevonden die de Essenen gebruikten om hun profetische en medische kennis vast te leggen. Op grond hiervan zou kunnen worden vastgesteld hoe ver hun invloed in Europa en Azië reikte.

Soetendorp, A.
Als het niet nu is, wanneer dan wel?
Amsterdam, Balans, 1988. 94 blz. De liberaal-joodse rabbijn Awraham Soetendorp pleit ter gelegenheid van het 40-jarig bestaan van Israël voor het uitroepen van een 'jubeljaar' in 1995, om een begin te maken met vrede, voeding voor iedereen en de bescherming van de natuur. Nederland zou hiertoe het initiatief moeten nemen.

Soloveitchik, J.B.
De creativiteit van de Halacha
Inl. en samenst. R. Munk. Hilversum, Gooi en Sticht, 1989. 198 blz.; Drie artikelen geschreven tussen 1945-1965 over de betekenis en achtergronden van de Halacha, de leefregels van de joodse traditie, en de invloed ervan op de moderne joodse samenleving.

Stoicheia
Tijdschrift voor historische wijsbegeerte, 4(1989) 2
Amsterdam, 1989. 115 blz.; Themanummer over joodse filosofie, met bijdragen van o.a. H.J. Heering, R. Munk en B. Voorsluis. Zes artikelen die raken aan het eigene van joodse filosofie. Kan men met recht spreken van een joodse filosofie? Wat zijn daarin karakteristieke thema's ? Ook het joodse denken wordt gekenmerkt door pluriformiteit.

Susman, M.
Het boek Job en de lijdensweg van het joodse volk
Vert. uit het Duits door T. v.d. Spek-Begemann. Kampen, Kok, 1987. 127 blz. (*Das Buch Hiob und das Schicksal des jüdischen Volkes*, 1946); In het lijden van het joodse volk ziet de schrijfster, een joodse filosofe van Duitse afkomst, een duidelijke parallel met het lijden van Job, de rechtvaardige. Dit boek werd in 1946 geschreven als een poging om na de grote vernietiging het raadsel van dit lot van het joodse volk te verstaan.

Unen, Ch. van
Job, een nieuwe kijk op een oud boek
Kampen, Kok, 1987. 112 blz.; De joodse auteur tekent de vrienden van Job als slechte hulpverleners, die geen verstand hebben van communicatie. In de dialogen met Job staat de vraag centraal 'Wie is God?' Is God gebonden aan het schema zonde-straf, zoals de vrienden suggereren, of is Hij anders?

Urbach, E.E.
The Sages: their concepts and beliefs
Vert. uit het Hebreeuws door I. Abrahams. Jeruzalem, Magnes Press, 1975. 2 dln. XXII-1076 blz. Standaardwerk over de theologische opvattingen, die in de rabbijnse literatuur te vinden zijn. Uitgebreider en diepgaander dan de studies van Moore en Schechter, bovendien van recentere datum (de eerste druk van het Hebreeuwse origineel verscheen in 1969).

Vegt, H.M.
Mezbizh en Kotsk, over Abraham Joshua Heschel
Verkenning en Bezinning 22 (1988) 1. Kampen, Kok, 1988. 41 blz.; In Mezbizh in de Oekraïne woonde in de 17de/18de eeuw de Baal Shem Tov; ook de familie van de joodse filosoof Heschel kwam er vandaan. In Kotsk woonden Chassidiem die Heschel's denken beïnvloedden. In deze brochure vindt men informatie over Heschel's leven en een korte weergave van zijn denken aan de hand van karakteristieke voorbeelden.

Vries, Th. de
De gezegende, het leven van Spinoza in honderdzeven scènes
met tekeningen van Mart Kempers. Amsterdam, Querido, 1985. 131 blz., afbn.; Oorspronkelijk geschreven als werkboek voor een nooit gemaakte film over het

leven van Spinoza. In snel wisselende fragmenten wordt het beeld van Spinoza geschetst temidden van de landschappen, lotgevallen en troebelen van de Nederlandse Republiek in de zeventiende eeuw.

Wiesel, E.
Vijf bijbelse persoonlijkheden, Jozua, Saul, Elia, Jeremia, Jona
Vert. uit het Engels door J. Bongenaar. Hilversum, Gooi en Sticht, 1990. 123 blz.
(*Five biblical portraits*); Vanuit zijn joodse achtergrond brengt Wiesel vijf karakteristieke bijbelse persoonlijkheden tot leven. In zijn vertellingen maakt hij hen tot deelgenoot van actuele problemen.

Wiesel, E.
De wanhoop verdreven; eerbetoon aan negen chassidische meesters
Vert. uit het Frans door T. v.d. Stap. Hilversum, Gooi en Sticht, 1985. 206 blz.
(*Contre la mélancholie; célébration hassidique* II); Tegen de angst en ellende die de Joden in Midden-Europa in de achttiende eeuw bijna verpletterden, stelden de chassidische meesters zich teweer met een beroep op hoop, geluk en saamhorigheid. Rabbi Mosje Leib van Sassov zegt dat zo: Bent u op zoek naar vuur? Zoek dan onder de as.

Wiesel, E. en J. Eisenberg
Job of God in storm en wind
Vert. uit het Frans door F. v.d. Brande. Hilversum, Gooi en Sticht, 1989. 400 blz.
(*Job ou Dieu dans la tempète*); Neerslag van gesprekken die de schrijver Elie Wiesel en Jossy Eisenberg, opperrabbijn van Parijs, twee jaar lang wekelijks voerden over het boek Job.

Maimonides

Sarah Bernhardt

Manasseh ben Israel

Hayyim Nahman Bialik

Ahad Ha-Am

Moses Mendelssohn

Hayyim Joseph David Azulai

Marc Chagall

Israel b. Eliezer Na'al Shem Tov

Uriel da Costa

David Ben-Gurion

Benjamin Disraeli

Izhak Ben-Zvi

Theodor Herzl

Fig. 3: Handtekeningen van bekende figuren uit de joodse geschiedenis

3 Geschiedenis van het joodse volk

Het begin van de geschiedenis van het joodse volk ligt in oudtestamentische tijd. Boeken die specifiek over deze periode handelen zijn noch in deze noch in de vorige uitgave van de bibliografie opgenomen. Dat zou een zeer omvangrijke rubriek hebben opgeleverd en daarbij is deze periode zo verweven met de godsdienstige achtergrond van het joodse volk dat het onderwerp bij hoofdstuk 2 behandeling zou hebben verdiend. Wel zijn in de rubriek 3.1 een aantal werken opgenomen die de gehele geschiedenis van het joodse volk als onderwerp hebben. Ook vindt men daar historische atlassen die alle tijdperken van de joodse geschiedenis behandelen.

Antisemitisme en vervolging zijn vanaf bijbelse tijden (Egypte, Esther) het lot van het joodse volk. In rubriek 3.2.1 staan werken die zich specifiek met het antisemitisme bezighouden. Aan de Jodenvervolging ten tijde van de Tweede Wereldoorlog zijn de rubrieken 3.2.2. (studies) en 3.2.3. (getuigenissen) gewijd. Het is van belang erop te letten, dat in deze bibliografie een onderscheid is gemaakt tussen literatuur over de Joden in Nederland enerzijds en die over de Joden in de rest van de wereld anderzijds. Boeken over het Jodendom in het Nederlandse taalgebied zijn te vinden in rubriek 5. In rubriek 3 gaat het over de geschiedenis van de buiten Nederland wonende Joden.

Het land Israël heeft de hele geschiedenis door een belangrijke plaats ingenomen in het Jodendom. Boeken over het zionisme staan in rubriek 3.3; in 3.4. is een keuze gedaan uit publikaties die het land en de staat Israël betreffen. In 3.5. staan vooral monografieën over Joden in de diaspora of over de geschiedenis van een specifiek land. Deze rubriek zou natuurlijk makkelijk zijn aan te vullen met niet Nederlandstalige titels, maar ook dat zou een veel te omvangrijk geheel opleveren.

3.1 Geschiedenis van het joodse volk — algemeen

Eerst enkele algemene overzichtswerken en publikaties over perioden uit de joodse geschiedenis. Vervolgens, alfabetisch gerangschikt boeken uit de periode tussen het jaar 70 — de val van Jeruzalem — en het jaar 1789, de Franse revolutie. In de eeuwen daarna veranderde er veel in de joodse gemeenschap. Sommigen kozen voor assimilatie, anderen zochten naar een weg hun culturele en godsdienstige identiteit te bewaren.

3.1.1 Algemeen

Dequeker, L.
Geschiedenis van het Jodendom en het zionisme
2e herz. uitgave. Leuven, Acco, 1983. 141 blz., afbn. (Dossiers geschiedenis 10); Herdruk van een overzicht van de geschiedenis van het joodse volk vanaf bijbelse tijden. Met teksten, kaarten. Overzichtelijk en geschikt als lesmateriaal.

Potok, Ch.
Omzwervingen, de geschiedenis van het joodse volk
Vert. uit het Amerikaans door J. Bos. 's-Gravenhage, BZZTôH 1989. XI + 495 blz., afbn., krtn. (*Wanderings*, 1978, 1984); De romanschrijver Potok schreef een geschiedenis van het joodse volk, als achtergrond bij zijn boeken en vanuit de betrokkenheid met zijn volk. Hij vertelt verhalen over mensen die een rol speelden in de joodse geschiedenis, vanaf de tijd van Abraham tot in de 20ste eeuw.

Shamir, I. en S. Shavit (red.)
Encyclopedie van de joodse geschiedenis, het joodse volk door de eeuwen heen
Vert. uit het Engels door H.C. Endedijk. Kampen, Kok, 1989. 284 blz., afbn., krtn.; Oorspronkelijk Israëlische uitgave met veel rijk geïllustreerde en origineel ingedeelde informatie over gebeurtenissen, tijdperken en personen in de annalen van het joodse volk, vanaf het begin tot in onze tijd. Aparte hoofdstukken over het Hebreeuwse schrift, joodse symboliek, joodse kunst en kleding.

Steinen, H.
Van Abraham tot Ben-Gurion, de geschiedenis van het joodse volk
Kampen, Kok, 1990. 152 blz., afbn., krtn.; Beknopte beschrijving van de joodse geschiedenis. Bedoeld als eerste kennismaking.

3.1.2 Periode 70-1789

Abrahams, I.
Joods leven in de Middeleeuwen
Vert. uit het Engels door R. Veen. Amsterdam, BZZTôH 1991. 324 blz. (*Jewish Life in the Middle Ages*, 1896); Na bijna 100 jaar nog steeds een zeer toegankelijke en interessante beschrijving van vele aspecten van het joodse leven in de Middeleeuwen. Met voorbeelden die lopen tot in de 18de eeuw. Grote veranderingen deden zich binnen de joodse gemeenschap in Europa niet eerder voor. Met een voorwoord van R.G. Fuks-Mansfeld en een verantwoording van de vertaler.

Basnage, Jakob
Vervolg op Flavius Josephus
Of algemene historie der joodsche naatsie behelzende ene uitvoerige beschryving van derzelver regerings-vorm, godtsdienst, gezinten en plegtigheden, nevens de

veranderingen, daar in voorgevallen...
Uit het Fransch vert. en met kopere Platen versiert. Utrecht, De Banier, 1988. 1500 blz., ill.; Facsimilé-uitgave van een 18e eeuwse uitgave over de geschiedenis van de Joden. Het boek was bedoeld als aanvulling op het werk van Flavius Josephus. Jakob Basnagne, predikant te Den Haag, beschrijft de algemene historie der joodse natie vanaf de geboorte van Christus of Josephus' tijd tot het jaar 1726, met nadruk op de verstrooiing van de Joden over de gehele wereld.

Gann, E. K.
Masada
Vert. uit het Amerikaans door F. van der Velde. Amsterdam, Sythoff, 1985. 320 blz. (*The antagonists*); Relaas van het laatste verzet van de Joden tegen de Romeinen in 73 n.C. Hoofdpersonen zijn de joodse aanvoerder Eleazar en de Romeinse generaal Silva. Dit boek verscheen eerder onder de titel: *De Antagonisten*.

Horst, P.W. van der (vert.)
Joods-hellenistische poëzie, de fragmenten der gedichten van Ezechiël Tragicus, Philo Epicus, Theodotus en de vervalste dichtercitaten
Vert. uit het Grieks, ingel. en toegel. door P.W. v.d. Horst (Na de Schriften; 3). Kampen, Kok, 1987. 90 blz.; Vertaling van resten van joodse gedichten uit de bloeiperiode van de hellenistische cultuur. Het betreft een drama over de Exodus en epen over de geschiedenis van Jeruzalem en Sichem. Het beeld van een volstrekte tegenstelling tussen de joodse en Griekse cultuur wordt in dit boek minstens genuanceerd.

Horst, P.W. van der
De bijbelse geschiedenis van Pseudo-Philo, een joodse hervertelling van de Bijbel uit de eerste eeuw van onze jaartelling
Kampen, Kok, 1990. 174 blz.; In *Liber Antiquitatus Biblicarum* van Pseudo-Philo worden bijbelse verhalen van Adam tot en met Saul opnieuw verteld op een zodanig wijze dat de actualiteit ervan voor lezers van dat moment duidelijk wordt. Het werk dat in de eerste eeuw is geschreven, geeft inzicht in de wijze waarop Joden in die tijd de bijbelse verhalen hebben opgevat. De auteur vertaalde het werk en schreef er een inleiding en een toelichting bij.

Jagersma, H.
Geschiedenis van Israël 2, van Alexander de Grote tot Bar Kochba.
Kampen, Kok, 1985. 251 blz., afbn., krtn.; Dit vervolg op *Geschiedenis van Israël in het oudtestamentische tijdvak*, behandelt de hellenistisch-romeinse periode tot en met de opstand van Bar Kochba (132-135 n. Chr.).

Josephus, Flavius
Alle de werken van Flavius Josephus
Utrecht, De Banier, 1990. 950 blz.; Heruitgave volgens de oude uitgaaf van 1722 verschenen bij Johannes Oosterwijk te Amsterdam. Flavius Josephus was ooggetui-

ge van de belegering en verwoesting van Jeruzalem in het jaar 70. Hij schreef 7 boeken over de joodse Oorlogen, 20 boeken over de joodse Oudheden en 2 boeken tegen Apion.

Josephus, Flavius
De autobiografie van de joodse historicus Flavius Josephus
Vert. uit het Grieks, ingeleid en toegelicht door G. Mussies; (Na de Schriften; 8). Kampen, Kok, 1991. 80 blz., krt.; Deze levensbeschrijving voegde Josephus toe aan zijn uitvoerige werk *De joodse oudheden*. Hoewel hij in zijn boeken over de joodse oorlog al veel over zijn eigen rol daarin had vermeld, vond hij het kennelijk toch belangrijk die nogmaals te benadrukken. Wellicht wilde hij zich verdedigen tegen laster over zijn gedrag als joodse gouverneur van Galilea in het begin van de joodse opstand tegen de Romeinen (66/7).

Safrai, S.
Volk met een land, het ontstaan van het Jodendom
Vert. naar de Duitse vertaling uit het Hebreeuws. 's-Gravenhage, Boekencentrum, 1986. 164 blz. (*Das jüdische Volk im Zeitalter des Zweiten Tempels*); Beschrijving van de ontwikkeling die het joodse volk doormaakte op politiek, godsdienstig en maatschappelijk gebied vanaf de terugkeer uit de Babylonische ballingschap tot ca. 425.

3.1.3 19de en 20ste eeuw

Anstadt, M.
Polen en Joden
Amsterdam, Contact, 1989. 170 blz.; De auteur bracht zijn jeugd door in het Poolse Lwow, waar hij opgroeide in een geassismileerd joods gezin. Na de oorlog maakte hij vier reizen naar Polen. Hij schrijft over de geschiedenis van Polen en Joden, die 900 jaar op hetzelfde grondgebied woonden, maar elkaar eigenlijk nooit nader kwamen. Essays over o.a. de stad Warschau, cultuur, economie en antisemitisme,

Jehoshua, A.B.
Naar een normaal joods bestaan
Vert. uit het Hebreeuws door L. Waterman. Amstelveen, Amphora Books, 1983. 152 blz. (*Bizchoet hanormalioet*); Controversiële analyses van onderwerpen die behoren tot de bagage van ieder die joods is: holocaust, het leven in de galoeth, verstrooiïng, het Arabisch-Israelisch conflict, zionisme.

3.2 Antisemitisme en vervolging

3.2.1 Antisemitisme

Studies over het verschijnsel antisemitisme in het algemeen en boeken over antisemitisme in verschillende landen, *behalve in Nederland*. Zie daarvoor in rubriek 5.

Antisemitisme, doe er wat tegen
Amsterdam, Anne Frank-Stichting e.a., 1988. 15 blz.; Een praktische brochure met voorlichting over het verschijnsel antisemitisme aan de hand van vier duidelijke voorbeelden. Met adressen van instellingen die behulpzaam kunnen zijn bij de bestrijding. Beknopt literatuuroverzicht. Te bestellen bij o.a. CIDI, PB 11646, 2502 AP 's-Gravenhage.

Arkel, D. van
Van Oost naar West, racisme als mondiaal verschijnsel
Baarn, Ambo/Novib, 1990. 174 blz.; Bundel met historische verhandelingen van verschillende auteurs over racisme vanaf het zeventiende-eeuwse Zuid-Afrika tot het hedendaagse zwarte ghetto in de V.S. Het antisemitisme staat in verschillende artikelen centraal. L. Lucassen schrijft over 'Anti-joods stereotiep binnen de Franse socialistische beweging in de 19de eeuw'; het artikel van J. Ramakers handelt over de antisemitische houding van de Nederlandse roomskatholieken ten opzichte van de Joden, in de periode 1900 - 1940.

Arkel, D. van, e.a.
Veertig jaar na '45, visies op het hedendaagse antisemitisme
Ingel. door L. de Jong, Amsterdam, Meulenhoff Informatief, 1985. 339 blz.; Uitgave ter gelegenheid van het veertigste jaar sinds de beëindiging van de Tweede Wereldoorlog en ter gelegenheid van het vijfde jaar sinds de oprichting van de Stichting Bestrijding Antisemitisme (STIBA). Met bijdragen van o.a. Hans Jansen, Adriaan van der Veen, Awraham Soetendorp en Simon Wiesenthal.

Boonstra, J., H. Jansen en J. Kniesmeyer (red.)
Antisemitisme, een geschiedenis in beeld
's-Gravenhage, SDU 1989. 129 blz., afbn.; Antisemitisme is een verschijnsel van alle eeuwen. Steeds weer duiken dezelfde elementen op in teksten, schilderijen, karikaturen enz. Het rijk geïllustreerde boek is uitgegeven in samenwerking met de Anne Frank Stichting mede als catalogus voor een gelijknamige tentoonstelling in het Anne Frankhuis.

Ebels-Dolanova, V.
Antisemitisme in de Sovjet-Unie
CIDI-informatie 16 (1990) 2. Den Haag, CIDI, 1990. 15 blz. afbn.; Een brochure over de antisemitische dreiging van nationalistische, patriottische, Grootrussische,

orthodox-christelijke en communistische groeperingen. De brochure werd uitgegeven in samenwerking met het Solidariteitscomité voor de Joden in de S.U.

Gardijn, W. du
Ahasverus in Duitsland, Oosteuropese Joden en modern antisemitisme
Utrechtse Historische Cahiers, 12 (1991) 2. 94 blz., afbn.; De pogroms van 1881 en volgende jaren veroorzaakten een geweldige stroom van joodse emigranten uit Polen en Rusland. De meesten vluchtten naar de V.S., maar een groot aantal bleef in West- en Midden Europa. De invloed van de komst van de 'Ostjuden' op de ontwikkeling van het moderne Duitse antisemitisme wordt op heldere wijze geanalyseerd.

Gitelman, Z.
A century of ambivalence
The Jews of Russia and the Soviet Union, 1881 to the present.
New York, Schocken Books, 1988. 336 blz., afbn.; Indrukwekkend document van de rijke cultuur van de Russische Joden die door totalitaire dictators is verwoest. Bijna 400 foto's, afkomstig uit het *Institute of Jewish Research* in New York geven een beeld van hun leven dat steeds opnieuw werd gestempeld door vervolging.

Hulst, J.W. van
Kerkelijk antisemitisme
Enkele voorbeelden uit Nederland en Duitsland, 1920 -1945
Sliedrecht, Merweboek, 1990. 56 blz.; De auteur wil waarschuwen voor de gevaren van kerkelijk antisemitisme, dat in de periode voor de oorlog door de meeste christenen niet tijdig is herkend. Als voorbeeld hiervan publiceert hij een aantal antisemitische geschriften uit de jaren na 1920 van de Haagse Hervormde predikant Van Gheel Gildemeester. Ook geeft hij voorbeelden van het theologisch klimaat in Duitsland tijdens Hitler.

Jongh. E.D.J. de
De Marranen
Verkenning en bezinning 19 (1985) nr. 3. Kampen, Kok, 1985. 56 blz.; Beschrijving van de ellendige lotgevallen van de Marranen: de Spaanse en Portugese Joden die gedwongen werden zich te laten dopen. De auteur roept op grond hiervan christenen van nu op zich te bezinnen op huidige vormen van antisemitisme.

Lorber, J.
Drie dagen in de tempel
De gesprekken van de twaalfjarige Jezus met de tempelleraren
Vert. uit het Duits door F.H.J. Pas. Deventer, Ankh-Hermes, 1983. 200 blz. (*Die drei Tage im Tempel*); Een deel uit het werk van een Oostenrijkse muziekleraar uit de 19de eeuw die alles wat hij via een innerlijke stem hoorde in 25 boeken heeft opgeschreven. In deze 'gesprekken' wordt ten opzichte van de joodse leiders felle antisemitistische taal gebezigd. Men kan zich afvragen wat de zin van deze herdruk

is.

Lyotard, J.F.
Heidegger en 'de Joden'
Vert. uit het Frans door D. Veerman; met een voorw. van H. Manschot. Kampen, Kok Agora, 1991. 136 blz. (*Heidegger et 'Les Juifs'*, 1988); De auteur constateert dat Heidegger's kritiek op de Verlichting niet volledig is, omdat hij in alle talen heeft gezwegen over de Jodenvervolging. Lyotard gebruikt het thema van de massale vernietiging om zijn mening over de ondergang van het westers rationele denken uit te werken.

Munk, R.W. (red.)
Wat is antisemitisme? Een benadering vanuit vier disciplines
Kampen, Kok, 1991. 112 blz.; De teksten van vier lezingen vanuit verschillende disciplines: sociale wetenschap, rechten, geschiedenis en theologie. Ze werden uitgesproken tijdens een conferentie die tot doel had het antisemitisme zo te preciseren dat preventie en actieve bestrijding ervan beter mogelijk zou worden.

Oberman, H.A.
Wortels van het antisemitisme
Christenangst en Jodenramp in het tijdperk van humanisme en reformatie
Vert. uit het Duits door F. Oberman H.T. zn. Kampen, Kok, 1983. 168 blz. (*Wurzeln des Antisemitismus*); Essays over de houding van christenen over Joden in de 16de eeuw. Aandacht voor o.a. de opvattingen van Reuchlin, Erasmus, Pfefferkorn en vooral Luther. De in Tübingen docerende Nederlandse auteur constateert dat er in die tijd weinig sprake was van tolerantie en godsdienstvrijheid.

Rapoport, J. en N.
Het dokterscomplot, op de grens van twee tijdperken.
Dochter van een arts-saboteur
Vert. uit het Russisch door R. Kellerman en E. de Graaf. Amsterdam, V. Oorschot, 1991, 270 blz.; De auteur was een slachtoffer van het zogenaamde 'artsencomplot' in 1953: joodse artsen zouden een complot smeden tegen Sovjetleiders. Het gevolg was een antisemitisch showproces tegen de artsen. Na de dood van Stalin werd Rapoport vrijgelaten en gerehabiliteerd. Het boek vormt een aanklacht tegen antisemitisme in de Sovjet-Unie. Zijn dochter voegde haar herinneringen aan de arrestatie en gevangenisperiode van haar vader aan het boek toe.

Schetter, M.
Shoshik
Vert. uit het Frans; (Yérushalaïm, 1). Brussel enz., Clénat Benelux enz., 1985. 47 blz., afbn. (*Shoshik*); Stripverhaal over een piloot van de Luftwaffe die in 1937 een verhouding heeft met een joodse vrouw. Door het anti-semitisme is dat vrijwel onmogelijk.

Simon, T.
Terreuraanslagen buiten Israël tegen joodse en Israëlische doelen januari 1980 - 1986
CIDI-informatie, 12 (1986) 6. 's-Gravenhage, CIDI, 1986. 19 blz.; Honderden feiten van al dan niet 'geslaagde' plannen of pogingen om met fysiek geweld joodse personen, instellingen of gemeenschappen te schaden. Het grootste deel van deze aanslagen was afkomstig van Arabische terreurgroepen.

Velden, J.A. van der
Israël en het antisemitisme
(Pasmunt, 13). Kampen, De Groot Goudriaan, 1990. 60 blz.; De auteur, hervormd predikant, geeft een overzicht van het verschijnsel Jodenhaat vanaf de oude kerk tot heden. Hoe verhouden anti-judaïsme of antizionisme zich tot antisemitisme? Tenslotte vraagt hij zich af of en op welke manier uitingen van Jodenhaat kunnen worden overwonnen.

Wiesel, E.
De Joden der stilte, een getuigenis
Vert. uit het Frans door M. Middelhoff-v.d. Sande. Hilversum, Gooi en Sticht, 1985. 120 blz. (*Les juifs du silence; témoignage*); Wiesel beschrijft de situatie van de Joden die hij in de Sovjet Unie heeft ontmoet. Hun leven is getekend door angst en eenzaamheid. Wiesel verwoordt hun roep om hulp.

Wiesenthal, S.
Elke dag gedenkdag, kroniek van het joodse lijden
Vert. uit het Engels door H. Kley-van Rijswijk. Amsterdam enz., Elsevier, 1987. blz. niet vermeld. (*Everyday Remembranceday - a calendar of jewish martyrdom*); De verschrikkingen van joods lijden en martelaarschap, opgetekend volgens de dagen van het jaar. Gebeurtenissen in de 13de eeuw staan vaak boven aan de lijst.

Wolzak, H.
Joden in de Sovjet-Unie en hun rechten
met bijdragen van A. Jampolski, M. Stroegatsj e.a.
Vert. uit het Russisch (Ruslandcahiers; no. 1). Kampen, Kok, 1981. 88 blz., afbn.; Dit cahier, uitgegeven in samenwerking met de *Stichting Comité Vladimir Boekowski* gaat over uitingen van antisemitisme in de Sovjet-Unie. Het woord 'rechten' in de titel betekent zoveel als rechteloosheid. Het bevat vijf bijdragen van uitgeweken dissidenten en nog in Rusland wonende Joden, alsmede een interview met de in Israël wonende Eduard Koeznetskov.

3.2.2 Vervolging — Studies

Alfabetisch gerangschikt materiaal over de Jodenvervolging in de Tweede Wereldoorlog. Hierin vindt men o.a. boeken over de verwerking van het gebeurde bij slachtoffers van de vervolging, verslagen over de berechting van oorlogsmisdadi-

gers als Eichmann en onderzoek naar de vraag hoe het mogelijk was de gruwelijke vernietigingsplannen te realiseren.
Voor soortgelijke boeken over de Nederlandse situatie zie 5.1.2

Arnoni, M.S.
De overlevenden tellen niet
Amsterdam, Meulenhoff, 1986. 176 blz.; Posthuum uitgegeven autobiografisch geschrift over de juridische doolhof waarin Arnoni als oorlogsslachtoffer, 'afgestudeerd aan de universiteit van Auschwitz', na de oorlog terecht kwam. Onthutsend relaas over de problemen bij de schadeloosstelling van slachtoffers van concentratiekampen.

Bastiaans, J.
Isolement en bevrijding
Amsterdam, Balans,1987. 178 blz.; Bundeling van lezingen van de auteur waarin hij probeert duidelijk te maken hoe pessimisme bij vervolgingsslachtoffers langzaam kan worden omgebogen tot een meer optimistische levenshouding.

Berghe, G.v.d.
De uitbuiting van de holocaust
Baarn, Houtekiet, 1990. 120 blz.; Met deze studie probeert de auteur de groepen in kaart te brengen die de sjoah als een verzinsel beschouwen. Hij gaat in op de vermeende politieke belangen van deze groeperingen en zet hun pogingen tot geschiedvervalsing van op een rij.

Bettelheim, B.
De uiterste grens, essays over de holocaust, psychoanalyse, opvoeding en kunst
Vert. uit het Engels en ingel. door J. van Heerden. Amsterdam, De Balie, 1991. 190 blz. (*Surviving and other essays*, 1952, en *Freud's Vienna & other essays*, 1990); De auteur, die in 1990 overleed, was een in Wenen geboren Amerikaans psychiater, hoogleraar in Chicago. Zijn kampervaringen (voor 1940) als jood en zijn werk als psychoanalyticus zijn bepalend voor de inhoud van deze zes essays: de innerlijke reacties van de mens op wat hem overkomt, het effect van de doodsangst op ons denken, onze moeite met het inschatten van waarheid en leugen en met zicht op onszelf.

Bettelheim, B.
Het verlichte hart
Over de psychologische gevolgen van het leven met extreme angst
Vert. uit het Amerikaans door E. Dabehaussen e.a. Amsterdam, Contact, 1989. 227 blz. (*The informed heart*); Kan de psychopathologie hulp bieden bij pogingen tot verwerking van de totalitaire terreur in het algemeen en de verschrikkingen van de Duitse kampen en de holocaust in het bijzonder.

Burrin, Ph.
Het ontstaan van een volkerenmoord, Hitler en de Joden
Nawoord van C.J.F. Stuldreher, vert. uit het Frans door R. Hofstede.
Amsterdam, Van Gennep, 1991. 219 blz. (*Hitler et les Juifs, Genèse d'un génocide*, 1989); Over het moment waarop de definitieve beslissing tot de massavernietiging van de Joden werd genomen is weinig bekend. Burrin onderzoekt de standpunten daarover en geeft in een suggestieve reconstructie van de voorgeschiedenis een nieuwe interpretatie van het fatale beslissingsproces.

Debenedetti, G.
16 october 1943, een joodse kroniek
Vert uit het Italiaans door F. de Matteis-Vogels. (Ceder-editie). Amsterdam, Meulenhoff, 1985. 69 blz. (*16 ottobre 1943*); Met behulp van verklaringen van ooggetuigen analyseert Debenedetti de razzia in het getto van Rome en wat daaraan vooraf ging.

Derogy, J.
De zaak Wallenberg, de meest tragische held van de Tweede Wereldoorlog
Vert. uit het Frans door G. Groot. Amsterdam, Elsevier, 1985. 217 blz., afbn., krtn. (*Le cas Wallenberg*); In 1944 reisde de Zweedse diplomaat Wallenberg naar Hongarije en wist daar enige duizenden Joden van de dood te redden. Hij werd door de Russen gevangen genomen en sindsdien is er niets meer van hem vernomen. De auteur is de sporen van Wallenberg nagegaan en heeft gepraat met mensen die hem na 1945 hebben gezien of van hem hebben gehoord.

Dunk, H.W. von der
Voorbij de verboden drempel, de Sjoah in ons geschiedbeeld
Amsterdam, Prometheus, 1990. 285 blz.; Prof. H.W. von der Dunk tracht te achterhalen of de Sjoah het onvermijdelijke gevolg was van het antisemitisme, of dat deze monsterlijkheid samenhing met de Duitse ontwikkeling, of dat een veel diepere cultuurcrisis de voorwaarden schiep voor menselijke wandaden waardoor een tot dan toe 'verboden drempel' overschreden werd.

Horbach, M.
Opdat wij niet vergeten, herinneringen van overlevenden van de holocaust
Vert. uit het Duits door Stichting Contekst. Amsterdam etc., Elsevier, 1985. 271 blz. (*So überleben Sie den Holocaust: Zeugnisse der Menschlichkeit 1933-1945*); Vertaling van een ongewijzigde Duitse herdruk van een boek dat in 1964 werd geschreven naar aanleiding van het Eichmannproces. De schrijver tekende de schokkende verhalen van ooggetuigen op, maar vond in het Duitsland van toen weinig weerklank.

Lanzmann, C.
Sjoah
Vert. uit het Frans door P. Klinkenberg; met een voorw. van S. de Beauvoir.

Amsterdam, De Arbeiderspers, 1986. 228 blz. (*Sjoah*); Onbewerkte uitgave van de ondertitelingen van de ruim negen uur durende film Sjoah, Lanzmanns documentaire over de verschrikkingen van de moord op de Joden.

Levi, P.
De verdronkenen en de geredden, essays
Vert. uit het Italiaans door F. de Matteis-Vogels. Amsterdam, Meulenhoff, 1991. 208 blz. (*I sommersi en I salvati*, 1986); Acht essays over het kwaad en de vervolging die aan Levi als geassimileerde Italiaanse Jood niet voorbijgingen. Hij beschrijft zijn reacties met een schaamte 'die de gerechte voelt om het door een ander begane kwaad.' Dit boek is het laatst dat Levi voltooide voor zijn dood in 1987.

Lifton, R.J.
nazi-dokters
Een bijdrage aan de studie van de psychologische achtergronden van de holocaust.
Vert. uit het Amerikaans door E. Schuurink. Utrecht, AWB-uitgevers, 1987. 532 blz. (*The nazi doctors*); Gevangen genomen artsen verleenden in de Tweede Wereldoorlog hun medewerking aan de praktijken van de SS. Interviews met overlevenden uit de kampen geven een schokkend beeld van de gruwelen waartoe deze artsen in staat waren.

Michman, J.
Met voorbedachten rade
Ideologie en uitvoering van de Endlösung der Judenfrage
Amsterdam, Meulenhoff, 1987. 136 blz.; Systematische beschrijving van de wijze waarop de ideologie van de Endlösung vorm heeft gekregen vanaf het moment waarop Hitler in 1919 tot het verdwijnen van de Joden uit Europa besloot. De persoonlijke rol van Hitler met zijn starre ideeëen komt in deze studie sterk naar voren.

Orliner, S. en P.
De altruïstische persoonlijkheid
Vert. uit het Engels door F. en J. Bruning. Amsterdam, Balans, 1989. 304 blz. (*The altruistic personality*); Samuel Orliner, als kind ontsnapt aan deportatie uit een Pools getto, begon in 1982 samen met zijn vrouw een onderzoek naar de kenmerken van altruïsme. Zij geven veel voorbeelden van 'rechtschapenen onder de volken', mensen die op humanitaire gronden in de oorlog Joden hebben geholpen.

Prins, W.B.
Op de bres voor vrijheid en pluraliteit
Politiek in de post-metafysische revisie van Hannah Arendt.
Amsterdam, VU Uitgeverij, 1990. 227 blz.; Proefschrift over de politieke filosofie van Hannah Arendt. Prins leest haar oeuvre vooral vanuit haar Duits-joodse achtergrond en haar ervaringen met het nazisme en de holocaust. Het gaat hem om het nieuwe begrip van politiek dat zij na haar ervaringen met het totalitarisme heeft

ontwikkeld.

Rossem, M. van
Eichmann in Jeruzalem. Een discussie over de banaliteit van het kwaad
In: *Geschiedenis en Cultuur, achttien opstellen*. Red. E. Jonker en M. van Rossem. 's-Gravenhage, SDU, 1990. blz. 139-149.; Vergelijkend artikel over drie auteurs die allen over Eichmanns persoonljkheid en zijn rol in de sjoah publiceerden: H. Arendt, *De banaliteit van het kwaad*, 1969; A.J. Herzberg, *Eichmann in Jeruzalem*, 1962; H. Mulisch: *De zaak 40/61*, 1979. Opmerkelijk is dat alle drie onafhankelijk van elkaar tot vrijwel dezelfde conclusies kwamen.

Schwarberg, G.
Het getto van Warschau, de foto's van Heinrich Jöst
Vert. uit het Duits door R. v. Hengel. Amsterdam, Van Gennep, 1989. 205 blz., afbn. (*Das Getto*); In september 1941 maakte Heinrich Jöst, een Duitse officier, 129 foto's in het getto van Warschau. Pas nu werden de foto's met begeleidende tekst gepubliceerd. Eraan vooraf gaat het verhaal over de Duitse confectionair Többens, die vele inwoners van het getto tegen valse beloften voor zich liet werken.

Seidel, G.
De ontkenning van de holocaust
Vert. uit het Engels door A.J. Koekkoek; (Antiracisme-reeks). Baarn/Den Haag, Ambo/Novib, 1988. 176 blz. (*The holocaust denial*); Analyse van het internationale netwerk van neo-nazi's en de wijze waarop deze groeperingen actief pogen de Holocaust te ontkennen en het nationaal-socialisme te rehabiliteren.

Smit, W.
Auschwitz in vergelijkend perspectief, Ernst Nolte en de 'Historikerstreit'
Utrechtse Historische Cahiers, 10 (1989) 4. Utrecht, Utrechtse Historische Cahiers, 1989. 70 blz., afbn.; Sinds 1986 vindt in de Bondsrepubliek een felle discussie plaats over de vraag of de massamoord op de Joden gezien kan worden als een copie van het bolsjewistische origineel. Deze 'Historikerstreit' baseert zich op de zogenaamde verwantschapsthese van Ernst Nolte. Deze studie belicht het werk van Nolte en de consequenties die daaruit voortvloeien.

Wagenaar, W.A.
Het herkennen van Iwan
De identificatie van de dader door ooggetuigen van het misdrijf
Vert. uit het Engels. Amsterdam, Swets en Zeitlinger, 1988. 192 blz. (*Identifying Iwan: a case study in legal psychology*); Tijdens het proces tegen Iwan Demjanjuk in april 1988 is Wagenaar opgetreden als getuige-deskundige. Deze studie gaat niet over het al of niet schuldig zijn, maar over de methode die tijdens het proces is gehanteerd om de beklaagde te identificeren. Wagenaar formuleert 50 regels waaraan een dergelijke identificatieprocedure zou moeten voldoen.

3.2.3 Vervolging — Getuigenissen, proza en poezie

Persoonlijke getuigenissen, in de vorm van proza, poëzie en soms verteld door middel van verhalen en romans over de tijd van de grote vervolging in Europa. Nederlandse boeken hierover staan in rubriek 5.1.2.

Amis, M.
De pijl van de tijd
Vert. uit het Engels door G. den Tex. Amsterdam, Contact, 1991. 164 blz. (*Time's arrow*, 1991); Een uitzonderlijke roman over de Jodenvervolging in de Tweede Wereldoorlog. De hoofdpersoon is Odilo Unverdorben die in Auschwitz meewerkte aan medische experimenten. Zijn geschiedenis wordt in omgekeerde volgorde beschreven, vanuit het heden naar het verleden: doden komen weer levend uit de gaskamers tevoorschijn. Deze bizarre idee wordt consequent volgehouden en stelt de absurditeit van het gebeuren aan de kaak.

Anstadt, M.
De opdracht
Amsterdam, Manteau, 1985, 292 blz.; De emotionele verhouding tussen de zachtmoedige joodse journalist Micha en de veel jongere manzieke Marileen ontaardt in de oorlogssituatie in een tragedie. Een indringend verhaal over gecompliceerde karakters.

Appleman-Jurman, A.
Vergeten kan ik niet
Vert. uit het Amerikaans door A.P. Bruinsma. Baarn, Anthos, 1989. 334 blz. (*Alicia: my story*); In 1943 weet de dan 13-jarige hoofdpersoon te ontsnappen aan de Duitse vervolgers. Voortdurend is ze op de vlucht en houdt zich op het Poolse platteland in leven. Aan het einde van de oorlog is ze actief in het ondergrondse verzet en begeleidt lotgenoten via een vluchtroute uit Polen naar Palestina.

Arnoni, M.S.
Fela, J
Vert. uit het Engels door J. Vandenbergh. Weesp, De Haan, 1983. 80 blz.; De liefde van een jongen voor een oudere joodse vrouw, getekend tegen de achtergrond van een Pools getto in de oorlogsjaren.

Arnoni, M.S.
De laatste verhalen
Vert. uit het Engels door J. Schalekamp (Meulenhoff-editie, E 840). Amsterdam, Meulenhoff, 1985. 112 blz.; Posthuum verschenen bundel van zeven verhalen waarin de auteur verschillende facetten van het oorlogsverleden belicht. Voor het gedrag van de nazi's geeft hij als rationele verklaring, dat het voortspruit uit een aangeleerde en niet een aangeboren slechte mentaliteit.

Bauman, J.
Winter in de morgen, een jeugd in Warschau
Vert. uit het Engels door S. Jansen. Haarlem, In de Knipscheer, 1986. 336 blz.; De schrijfster vertelt over haar jeugd tussen 1930 en 1945. Een deel daarvan bracht zij door in het getto van Warschau. Na 40 jaar heeft zij besloten de herinneringen aan die strijd op te schrijven. Ondanks een aaneenschakeling van vreselijke ervaringen doet ze dat vrij afstandelijk.

Birger, T.
Ik, Trudi
Hoe ik met de dood voor ogen de hel van het concentratiekamp overleefde
Vert. uit het Duits door W. Holleman. 's-Gravenhage, BZZTôH 1991. 160 blz. (*Im Angesicht des Feuers, wie ich der Hölle des Konzentrationslager entkam*, 1990); Trudi Birger werd in 1927 in Frankfurt geboren. In dit dramatisch egodocument beschrijft zij hoe zij door een 'aaneenschakeling van wonderen' samen met haar moeder telkens weer van de dreigende vernietiging werd gered.

Brandys, K.
Samson
Vert. uit het Pools door A. Holvoet. 's-Gravenhage, BZZTôH 1989. 191 blz. (*Samson*); Het verhaal van een joodse jongen, die opgroeit in het Polen van de jaren dertig. Als de oorlog uitbreekt en de plannen met de Joden duidelijk worden, wil hij eerst hun lot delen, maar later besluit hij, evenals de bijbelse Samson, in opstand te komen tegen zijn lot.

Cohen, M.
Emotionele berekening
Vert. uit het Engels door F. v.d. Wiel. Baarn, Ambo, 1991. 197 blz. (*Emotional Arithmetic*, 1990); Melanie, de hoofdpersoon, komt na jaren weer in contact met twee mannen die zij in de oorlog in een Frans doorgangskamp leerde kennen. Vanwege haar wankele psychische toestand verblijft ze in een inrichting. Door de gesprekken en gezamenlijke herinnering hervindt zij een nieuw evenwicht.

Durlacher, G.L.
Drenkeling, kinderjaren in het Derde Rijk
Amsterdam, Meulenhoff, 1987. 110 blz; In zeven verhalen en een naschrift schetst Durlacher de beleving van het begin van de nazitijd door de ogen van een vierjarige jongen. Het boek draagt een autobiografisch karakter.

Durlacher, G.L.
Strepen aan de hemel, oorlogsherinneringen
Amsterdam, Meulenhoff, 1985. 92 blz.; Vier indrukwekkende, autobiografische verhalen over deportatie, kampleven en bevrijding, die eerder verschenen in De Gids. De auteur vluchtte als lid van een Duits joods gezin voor de nazi's naar Nederland, maar werd daarna gedeporteerd naar Westerbork, Theresienstadt en

Auschwitz.

Durlacher, G.L.
De zoektocht
Amsterdam, Meulenhoff, 1991. 190 blz.; Durlacher, die het concentratiekamp Birkenau overleefde, begon in 1982 in Yad Vashem een zoektocht naar andere overlevenden van de groep van 89 jongens waarmee hij samen in het kamp had gezeten. In 1990 ontmoetten 19 van hen elkaar in Israël. Tijdens deze emotionele reünie drong de vraag zich op waarom juist zij overleefden. (Het verslag van de reünie werd in april 1991 als documentaire 'Laatste getuigen' van Cherry Duyns uitgezonden door de VPRO-TV).

Edvardson, C.
Een gebrand kind zoekt het vuur
Vert. uit het Zweeds door B. v.d. Mey. Amsterdam, Bert Bakker, 1987. 131 blz. (*Bränt barn söker sig till eden*; Zweedse journaliste vertelt hoe zij als joods kind in Berlijn tijdens de oorlog naar Auschwitz werd weggevoerd en overleefde.

Eliach, Y.
Chassidische getuigen over de holocaust
Vert. uit het Amerikaans door D. Kroon. 's-Gravenhage, BZZTôH 1989. 272 blz., (*Hasidic tales of the holocaust*); De auteur is directrice van het *Centre for Holocaust Studies* in de VS. Uit de as van de sjoah redde zij deze verhalen over het geloof in God en de mens. Zelfs in de dodenkampen behielden de chassidische thema's als liefde, menselijkheid en optimisme en een groot geloof en vertrouwen in God hun kracht.

Fink, I.
Een klein ogenblik
Vert. uit het Pools door G. Rasch. 's-Gravenhage, BZZTôH 1985. 173 blz. (*Skrawek czasu-opowiadania*); 28 verhalen uit het leven van de Poolse Joden gedurende de Tweede Wereldoorlog. Het zijn vooral de belevenissen van de weerlozen, kinderen, vrouwen en ouderen en hun pogingen in een onmenselijke tijd te leven en te overleven. In 1985 ontving de schrijfster voor dit werk de Anne Frank Literatuurprijs.

Fink, I.
De reis
Vert. uit het Pools door G. Rasch. Amsterdam, Meulenhoff, 1991. 183 blz. (*Podroz*, 1990); Op het laatste nippertje vluchten twee joods-Poolse meisjes uit het getto. Ze melden zich als vrijwilligsters om in Duitsland te gaan werken. Hoewel ze een aantal malen moeten vluchten, omdat men hun identiteit vermoedt, overleven beiden de oorlog.

Fuks, L.
Meneer Theodor Mundstock
Vert. uit het Tsjechisch door J. Holisova en J. Muller. Den Haag, Nijgh en van Ditmar, 1986. 227 blz.; De hoofdpersoon van deze in 1963 geschreven roman is de oude Theodor Mundstock uit Praag. Terwijl hij in afwachting is van zijn oproep voor het concentratiekamp, tracht hij, om zich te verdedigen, met een soort hersenschim de realiteit te ontvluchten.

Goldschmidt, G.A.
Een tuin in Duitsland
Vert. uit het Duits door R. Siblesz. Amsterdam, Meulenhoff, 1990. 118 blz.; Herinneringen van de hoofdpersoon aan zijn jeugd in het vooroorlogse Duitsland. Hij ontkomt daar aan de Jodenvervolging doordat zijn ouders hem nog juist op tijd op de trein zetten naar Italië.

Grossman, D.
Zie, liefde
Vert. uit het Hebreeuws door H. Pach en B. Baanders. Utrecht, Veen, 1990. 532 blz. (*'Ayen 'erek ahavah*); Een kleine Israëlische jongen gaat op zoek naar de waarheid over de Jodenvervolging door de nazi's. In het eerste deel van het boek zien wij Monik als een vrolijk jongetje. De volgende delen zijn weergaven van verbeeldingsexperimenten, o.a. met fragmenten uit het werk van Bruno Schulz, waarin Monik probeert te bevatten wat niet te bevatten valt.

Hart, K.
Terug in Auschwitz
Vert. uit het Engels door R. v. Moppes. Dieren, De Bataafsche Leeuw, 1984. 208 blz. (*Return to Auschwitz*); Kitty Hart beschrijft nauwkeurig haar ervaringen in Auschwitz als 15-jarig Pools-joods meisje. Samen met haar moeder overleeft ze de oorlog en gaat na de bevrijding in Engeland wonen. Aan het eind van de jaren 70 stemt zij er in toe terug te gaan naar Auschwitz voor een film die over haar leven wordt gemaakt. Opnieuw beleeft ze alle ellende.

Hellman, P.
Onvergetelijke helden, ware verhalen van mensen die hun leven in de waagschaal stelden om Joden van de vernietiging te redden
Vert. uit het Engels door B. v. Duyn. Amsterdam, Omegaboek, 1990. 278 blz. (*Avenue of the righteous*); Langs de 'Laan der Rechtvaardigen' in het herdenkingsmonument Yad Vashem in Jeruzalem, staan bomen geplant voor 'rechtvaardigen uit de volken' die in de oorlog Joden hebben gered. Hellman vertelt het verhaal van vier van deze rechtvaardigen.

Hemmendinger, J.
De kinderen van Buchenwald
Wat is er geworden van de duizend joodse kinderen die in 1945 werden bevrijd?

Vert. uit het Frans door R. Buenting; met een voorw. van E. Wiesel. Baarn, Mingus, 1985. 159 blz., afbn. (*Les enfants de Buchenwald*); In een kinderhuis in Parijs werden honderd uit Buchenwald bevrijde kinderen opgenomen. De auteur, ex-directrice van dit tehuis, voerde na veertig jaar met 25 van hen gesprekken over hun leven in de kampen en de periode daarna.

Hofman, G.
De ondergang van professor Veilchenfeld
Vert. uit het Duits door T. Duquesnoy. Utrecht, Veen, 1987. 112 blz. (*Veilchenfeld; Erzählung*); Een kind vertelt de ontluisterende geschiedenis van de 63-jarige filosoof in een Duits stadje bij Chemnitz. 'Bruinhemden' verwoesten zijn huis en zijn boeken, zelf wordt hij mishandeld. Het stadje laat alles tot het bittere einde gebeuren, zonder protest.

Irving, C.
De engel van Zin
Vert. uit het Engels door E. Franci-Ekeler. Amsterdam, enz., Elsevier, 1985. 283 blz. (*The angel of Zin*); 'Zin' is een gefingeerd, relatief 'klein' vernietigingskamp in Polen. Een Berlijns rechercheur wordt ingeschakeld om een 'wrekende engel' te ontmaskeren en komt zo achter de waarheid van de volkerenmoord.

Jackson, L.E.B.
Zeg niet dat je pas dertien bent
Vert. uit het Engels door H. van Weerdt. Amsterdam, Sijthoff, 1984. 238 blz. (*Elli: coming of age in the holocaust*); Elli, een dichterlijk Tsjechisch joods meisje, wordt in 1944 op dertienjarige leeftijd naar Dachau gevoerd. Ze schrijft haar herinneringen in de ik-vorm, maar als volwassene en niet vanuit de belevenissen van een 13-jarig meisje.

Jacobs, M.
Vijfenvijftig sokken
Vert. uit het Engels door de auteur. Amsterdam, De Harmonie, 1986. 111 blz.; Autobiografische roman waarin de verhouding gastgezin-onderduikers vanuit het gezichtspunt van een opgroeiend kind wordt verteld. Het is het verhaal van het meisje, de moeder en 'hun' vier Joden die zich in een slaapkamer meer dan een jaar verborgen hielden.

Joffo, J.
Vergeet niet dat je Falkenstein heet: roman
Vert. uit het Frans door J. Schalekamp. 's-Gravenhage, BZZTôH 1990. 256 blz. (*Simon et l'enfant: roman*, 1985); Tijdens de Tweede Wereldoorlog leeft Simon, geboren als Jood, officieel vermist in de Blitzkrieg van mei 1940, onder een geleende identiteit samen met de niet-joodse Mireille en haar zoontje Franck. Mireille overlijdt; daarna groeien Franck en Simon dichter naar elkaar toe. Ze duiken samen onder. Het laatste deel van de oorlog brengen ze door in een Frans concentratie-

kamp.

Joffo, J.
Zeg nooit dat jullie joods zijn
Vert. uit het Frans door J. Bernard. 's-Gravenhage, BZZTôH 1989. 223 blz. (*Un sac de billes*, 1973); Het verhaal van twee jonge joodse kinderen en hun poging om in 1941 vanuit Parijs over de demarcatielijn te ontsnappen naar het vrije Frankrijk. Na de oorlog komen zij in Parijs terug; hun vader blijkt te zijn omgekomen.

Keneally, Th.
Schindler's lijst
Vert. uit het Amerikaans door H. Visserman. Amsterdam, Sythoff, 1983. 383 blz. (*Schindler's list/Schindler's ark*); Het merkwaardige verhaal over de Duitse industrieel Oskar Schindler, die zijn leven waagde om Joden in het door de nazi's bezette Polen te redden. Hij slaagde hier o.a. in door velen van hen in zijn fabrieken te werk te stellen.

Kis, D.
Zandloper
Vert. uit het Joegoslavisch door R. Dokter. Amsterdam, De Bezige Bij, 1989. 256 blz. (*Pescanik*, 1972); In Zandloper probeert de onlangs overleden schrijver zich de laatste dagen van een opgejaagd en vernederd man voor de geest te halen. Deze man is identiek met de vader van Kis, die werd weggevoerd naar Auschwitz.

Kis, D.
Kinderleed
Vert. uit het Servokroatisch door R. Dokter. Amsterdam, De Bezige Bij, 1991. 120 blz. (*Rani Jadi*). Het derde deel van Kis' autobiografisch drieluik. De andere delen zijn *Tuin, as* en *Zandloper*. De hoofdpersonen zijn Andi Sam en zijn vader, die tijdens de Tweede Wereldoorlog wordt vergast in Auschwitz. Deze jeugdherinneringen van Kis spelen zich af vlak voor, tijdens en vlak na deze oorlog.

Krall, H.
De onderhuurster, roman
Vert. uit het Pools door B. Gijsel. Amsterdam, SUA, 1987. 134 blz. (*Sublocatorca*); Autobiografische roman over de onderduiktijd van een joods meisje in Polen. Ook na de oorlog wordt zij daar geconfronteerd met antisemitisme.

Levi, P.
Is dit een mens?
Vert. uit het Italiaans door F. de Matteis-Vogels. Amsterdam, Meulenhoff, 1987. 209 blz. (*Se questo e un uomo*, 1947); Herinneringen aan Auschwitz; eerder verschenen onder de titel: *Eens was ik mens*, Amsterdam, Arbeiderspers, 1963.

Levi, P.
Zo niet nu, wanneer dan?
Vert. uit het Italiaans door F. de Matteis-Vogels. Amsterdam, Meulenhoff, 1988. 280 blz. (*Se non ora, quando?* 1982); Het verhaal van een joodse partizanengroep, bestaande uit overlevenden uit de getto's en kampen in Oost-Europa, die zich in het door de Duitsers bezette Rusland en Polen staande houdt en vechtend naar het westen trekt, met als uiteindelijk doel Palestina.

Levin, M.
Eva
Vert. uit het Engels door J.A.W. van Hacht. Amsterdam, Omega Boek, 1984. 231 blz. (*Eve*); Een jong Pools meisje neemt tijdens de oorlog de identiteit aan van een Oekraïense boerendochter. Toch belandt ze uiteindelijk in Auschwitz. Ook haar belevenissen na de oorlog worden boeiend verteld zoals het opsporen van oorlogsmisdadigers en de illegale immigratie naar Palestina.

Nir, Y
Verloren kinderjaren
Vert. uit het Amerikaans door T. Davids. Amsterdam, Kwadraat, 1991. 224 blz. (*The lost childhood, a memoir*, 1989); Autobiografische beschrijving een jeugd gedurende de 6 jaar durende oorlog in Polen. Voorzien van valse doopbewijzen slagen de auteur (1930), zijn moeder en zijn zus met veel vindingrijkheid erin uit de handen te blijven van Duitse nazi's en Polen die op hun vernietiging uit zijn.

Ozick, C.
De sjaal, verhaal en novelle
Vert. uit het Amerikaans door M. Flothuis. Amsterdam, Van Gennep, 1991. 92 blz. (*The Shawl*, 1989); Zowel in het verhaal als in de erop volgende novelle speelt een sjaal een centrale rol. In het titelverhaal wordt de in het concentratiekamp geboren en gestorven baby van Rosa in de sjaal verborgen. De novelle speelt 30 jaar later. Rosa leidt dan een armoedig bestaan in Florida. De sjaal helpt Rosa haar dochtertje tot leven te dromen.

Ramati, A.
De helden van Assisi
Assisi en de nazi-bezetting zoals verteld door padre Rufino Niccacci
Vert. uit het Engels door H. de Rijk. Amsterdam, Omega Boek, 1985. 189 blz., afbn. (*The Assisi underground, the priests who rescued Jews*); Documentaire in romanvorm over de wijze waarop Fransiscaner monniken uit Assisi in Midden-Italië duizenden Joden lieten onderduiken en hen het leven redden.

Rymkiewicz, J.M.
Umschlagplatz
Vert. uit het Pools door G. Rasch. Amsterdam, Van Gennep, 1990. 287 blz., krtn. (*Umschlagplatz*); Een roman over Rymkiewicz' zoektocht naar gegevens over de

inmiddels onder nieuwbouw verdwenen 'Umschlagplatz' in Warschau, waar 310.000 Joden door de nazi's werden verzameld en weggevoerd.

Schwarz-Bart, A.
De laatste der rechtvaardigen
Vert. uit het Frans door J. Schalekamp; herdr. Utrecht, Bruna, 1985. 307 blz. (*Le dernier des justes*, 1958); Herdruk van een roman over de Jodenvervolging sinds de Middeleeuwen, culminerend in de vernietiging van de Joden tijdens de Tweede Wereldoorlog.

Siegal, A.
De zondebok, mijn jeugd in Hongarije 1939-1944
Vert. uit het Engels door S. Ramaker. Kampen, Kok, 1983. 190 blz. (*Upon the head of the goat*); Autobiografische roman over een Hongaars joods meisje dat het vernietigingskamp Auschwitz overleefde.

Spiegelman, A.
Maus
Vert. uit het Engels door P. de Rijk. Utrecht, AWB uitgevers, 1987. 160 blz., afbn. (*Maus*). Een stripverhaal over de Jodenvervolging. In de vorm van gesprekken tussen Maus en zijn vader stelt de schrijver/tekenaar een helder geconstrueerde vertelling samen, waarin de Joden als muizen, de Polen als varkens en de nazi's als katten worden afgebeeld.

Szwajger, A.D.
Meer herinner ik me niet
Een kinderarts in verzet, Warschau 1940-1945
Vert. uit het Engels naar de oorspr. Poolse uitg. door L. Texeira de Mattos. Amsterdam, Contact, 1991. 199 blz., afbn., krtn. (*Children's Hospital and the Jewish Resistance*, 1990); Een indringend getuigenis van de Pools-joodse kinderarts Szwajger en haar hulp aan de joodse kinderen in het kinderziekenhuis in het getto van Warschau. Ze was van mening dat de kinderen beter konden sterven in het ziekenhuis dan in de gaskamers van Treblinka.

Tec, N.
Toen ik elf was, hield het leven op
Vert. uit het Engels door R. Germeraad. Utrecht, Kadmos, 1986. 188 blz. (*Dry tears, the story of a lost childhood*); In de ik-vorm geschreven verhaal, waarin de schrijfster een terugblik geeft op haar leven als 11-jarig joods meisje in Polen tijdens de Tweede Wereldoorlog. Zij ontvlucht met haar familie de nazi's en bouwt een nieuw bestaan op in West-Polen. Hun joodse afkomst houden zij verborgen.

Tisma, A.
Het gebruik van de mens
Vert. uit het Joegoslavisch door T. Eekman. Amsterdam, Meulenhoff, 1990. 314

blz. (*Upotreba coveka*); Het dagboek van Anna Drentvensen dat begint wanneer de eerste 'Kulturbund'uniformen zijn gesignaleerd en de sfeer van oorlog merkbaar is.

Wanderer, F.
De zevende bron
Vert. uit het Duits door E. van Leeuwen. Tricht, Goossens, 1985. 134 blz. (*Der Siebente Brunnen*); De schrijver vertelt over zijn eindeloze tocht van het ene concentratiekamp naar het andere: Auschwitz, Birkenau, Buchenwald. Hij schrijft over de velen die hij daar ontmoet met hun uiteenlopende karakters en levenservaringen. Centrale figuur en oriëntatiepunt in zijn boek is de medekampgevangene Mendel Teichmann die in de anonimiteit van de kampen wijst op de unieke waarde van ieder mens.

Weil, J.
De ster van Josef Roubicek
Roman met een nawoord van Ph. Roth, vert. uit het Tsjechisch door K. Mercks. Amsterdam, van Gennep, 1989. 216 blz. (*Zivot shvezdou*, 1949);
Tijdens de nazi-bezetting ondergaat de Praagse Jood Josef Roubicek de terreur als een kwade roes. Terwijl het steeds stiller om hem heen wordt, mijmert hij over zijn geliefde Ruzena. Langzaam groeit hij naar een beslissing; tenslotte verbrandt hij zijn naam en verdwijnt.

Wiesel, E.
De vijfde zoon
Vert. uit het Frans door J.W. Philipsen. Weesp, Agathon, 1985. 222 blz. (*Le cinquième fils*); Naast de vier zonen bekend uit de Pesach-Haggada vertelt een joodse legende over een vijfde zoon die er niet meer is. Deze zoon krijgt de gestalte van Ariël, die op 6-jarige leeftijd door een kampcommandant is vermoord. Zijn 12 jaar later geboren broer vindt de moordenaar.

Wiesel, E.
De dodenzang, verhalen
Vert. uit het Frans door J. Versteeg. 's-Gravenhage, BZZTôH 1987. 170 blz. (*Les chants des morts*); Opnieuw staan de verschrikkingen van de oorlog centraal. De gevolgen van de Jodenvervolging houden de overlevenden bezig, maar laten wij de doden niet vergeten. Wiesel roept mensen in zijn herinnering terug die een rol in zijn leven hebben gespeeld.

Wiesel, E.
De stad van het geluk
Vert. uit het Frans door J. Versteeg. 's-Gravenhage, BZZTôH 1987. 224 blz. (*Le ville de la chance*); Als Michael, die is ontsnapt aan de verschrikkingen van de oorlog, in Hongarije wordt opgepakt en gemarteld, weet hij zich staande te houden door zijn verleden op te roepen en dat als een droom opnieuw te beleven.

Wiesel, E.
Een generatie later, teksten
Vert. uit het Frans door J.W. Philipsen. Hilversum, Gooi en Sticht, 1989. 224 blz. (*Entre deux soleils*); Wiesel maakt de balans op van zijn generatie, die de holocaust en de gevolgen daarvan heeft moeten verwerken. Met dialogen, verhalen, legenden en een toneelstuk wil Wiesel de slachtoffers aan de vergetelheid ontrukken.

Wiesel, E.
Het testament van een vermoorde joodse dichter
Vert. uit het Frans door T. v.d. Stap. Hilversum, Gooi en Sticht, 1988. 304 blz. (*Le testament d'un poète juif assassiné*, 1980); De hoofdpersoon van dit verhaal is de Russische joodse dichter Paltjel Kossover, die tijdens de anti-joodse terreur van Stalin wordt terechtgesteld. In zijn cel beschrijft hij zijn leven: als zoon van vrome joodse ouders raakt hij in de ban van het communisme. Hij tracht zijn jood-zijn en zijn communistische overtuiging trouw te blijven. Zijn 'testament' komt in handen van zijn zoon, die naar Israël emigreert. Het geeft een beeld van Europa in de eerste helft van deze eeuw: vervolging, antisemitisme, oorlog.

Wiesel, E.
Woorden zonder wederwoord, teksten, verhalen en dialogen
Vert uit het Frans door T. v.d. Stap. Hilversum, Gooi en Sticht, 1985. 144 blz. (*Paroles d'étranger; textes, contes, et dialogues*); Vanuit zijn ervaringen als kind in een vernietigingskamp beschrijft Wiesel zijn ideeën over het leven in de wereld na de holocaust. Is er iets veranderd? Ook nu wordt gemoord, gemarteld, vernietigd. Zelfs God lijkt niet in staat het verleden te veranderen. Voor dit boek ontving de auteur in 1983 de internationale literaire prijs voor de vrede.

Wiesel, E.
Zwijgen over Kollvillag
Vert. uit het Frans door D. Kroon. 's-Gravenhage, BZZTôH 1987. 254 blz. (*Le serment de Kollvillag*); Op de dag dat een joodse jongeman zelfmoord wil plegen, ontmoet hij een oude man, de enige overlevende uit het dorp Kollvillag, dat in de oorlog werd weggevaagd. Op grond van deze tragedie ontzegt hij de jongen het recht op de zelfgekozen dood.

Wiesenthal, S.
Vlucht voor het noodlot
Vert. uit het Duits door W. Wielek-Berg. Haarlem, Becht, 1989. 216 blz. (*Flucht vor dem Schicksal*); Camillo Torres en zijn dochter Ruth trachten na hun deportatie uit Wenen het noodlot dat hen wacht te ontlopen. Maar ze ontkomen niet in één keer aan de nazi's. Steeds weer moeten ze verder trekken, op weg naar het beloofde land: Palestina. De auteur baseerde zijn roman op een authentieke geschiedenis en verweefde in het verhaal parallellen uit de geschiedenis van de Spaanse Joden tijdens de inquisitie.

Zeller, F.
Vergane jeugd, Berlijn 1924 — Rotterdam 1939
Vert. uit het Engels door F. Hille. Houten, De Haan, 1989. 264 blz. (*When time ran out, coming of age in the Third Reich*); Het verhaal van de 14-jarige Berlijnse jongen Fred, die in 1938 met enkele andere joodse kinderen naar Nederland vlucht. Na een niet al te gastvrij onthaal krijgt hij in 1939 de kans om naar Engeland te vertrekken.

3.3 Zionisme

Het politiek Zionisme is een beweging die is ontstaan aan het einde van de 19de eeuw, met de bedoeling het reeds eeuwen bestaande verlangen naar het land Israël te realiseren. De Weense journalist Theodor Herzl gaf met zijn boek *Der Judenstaat* (1896) de aanzet tot een beweging die leidde tot de van de Staat Israël in 1948. In de laatste decennia verschenen veel kritische publikaties over dit onderwerp.

Agsteribbe, A.J.
Antisemitisme, antizionisme, het huidige antizionisme in Nederland
CIDI-publikcatie 11. Den Haag, CIDI, 1977. 31 blz.; Op grond van een onderzoek meent de auteur de vraag: 'is antizionisme gelijk aan antisemitisme?' bevestigend te moeten beantwoorden.

Hoksbergen, H.
Het vroege zionistische denken over de Arabieren in Palestina tot 1917
Kampen, Kok, 1990. 80 blz. , afbn., krt.; Bewerking van een scriptie over de houding van de eerste zionisten (vanaf ca. 1850-1917) tegenover de Palestijnen. De auteur stelt dat deze vroege zionisten met veel problemen te kampen hadden, waarbij de toekomstige samenleving met de Palestijnen niet hun grootste aandacht kreeg.

Meyer, F. de
Mijn hart is in Tsion
Verleden, heden en toekomst van het zionisme
Den Haag, Omniboek, 1983. 87 blz., afbn.; De auteur laat zien hoe het verlangen naar Tsion als een rode draad door de geschiedenis van het joodse volk loopt.

Rodinson, M.
De joodse natie in droom en daad
Vert. uit het Frans door R. van Heusden (Nabije Oosten-reeks). Houten, Het Wereldvenster, 1988. 278 blz. (*Peuple juif ou problème juif*, 1981); Vijf beschouwingen, geschreven tussen 1967 en 1979 door de Franse islamkenner Rodinson. Hij typeert de staat Israël vanuit marxistisch pespectief als een product van kolonialisme en westers imperialisme. Voor een oplossing van het conflict zal men vooral de

rechten van de Palestijnen moeten erkennen.

Wieberdink, J.
Zionisme en socialisme
Driebergen, Zevenster, 1983. 48 blz.; Door een analyse van beide begrippen maakt de auteur duidelijk dat in de strijd tegen het antisemitisme én voor het voortbestaan van Israël zowel zionisme als socialisme noodzakelijk zijn.

3.4 Israël

De grote belangstelling voor het wel en wee van Israël, zowel op politiek als op historisch, archeologisch, sociaal en cultureel gebied resulteert een in enorme hoeveelheid boeken, in het Nederlands geschreven of vertaald. De in deze rubriek geboden selectie is verdeeld over de volgende onderwerpen: enkele *algemene* werken over de geschiedenis van de staat of bepaalde personen; *reisgidsen en atlassen* voor hen die belangstellen in het land en de bezienswaardigheden; *de geschiedenis van de staat Israël.* Verreweg het grootste gedeelte handelt over het Arabisch-Israëlisch conflict; de boeken daarover zijn verdeeld over *studies* naar aanleiding van het conflict en *proza en poëzie,* vaak in de vorm van verhalen of romans. Ook literatuur van Palestijnse zijde wordt, voor zover in het Nederlands vertaald, hierbij opgenomen. Tenslotte nog enkele *deelonderwerpen.*

3.4.1 Algemeen

Cohen Stuart, G.H. (eindred.)
Am Israël Chai, het volk Israël leeft.
Kampen, Kok, 1988. 144 blz.; Een boek ter gelegenheid van 40 jaar Israël met bijdragen van voormalige Nederlanders die op aliyah zijn gegaan en ieder op geheel eigen wijze een aandeel leverden in de opbouw van de Staat Israël.

Groeneveld, M.
Israël, een leesboek
's-Gravenhage, Boekencentrum, 1988. 189 blz., afbn.; Een overzicht van het ontstaan en de geschiedenis van de Staat Israël gevolgd door de beschrijving van verschillende aspecten van het hedendaagse Israël. Daarbij gaat de auteur in op de problemen die in het land leven.

Jungk, P.S.
Terug naar Jeruzalem
Vert. uit het Duits door H. Kuipers. 's-Gravenhage, BZZTôH 1987. 142 blz. (*Rundgang*); De auteur gaat op zoek naar zijn wortels in Israël, leert een jaar in een jesjiva en observeert intussen de vele facetten van Jeruzalem.

Naftaniël, R. en T. Benima
Herinneringen aan David Ben Goerion
Den Haag, Omniboek, 1986. 160 blz.; Ter gelegenheid van de herdenking van de 100-ste geboortedag van Ben Goerion verscheen dit boek over zijn leven en werk. In een apart hoofdstuk wordt in de vorm van interviews met onder meer Luns en Drees Sr. aandacht besteed aan de contacten van Ben Goerion met Nederlanders.

Vecht, C. en Y. Koren
Verzonken heimwee, Joods hier, Israëlisch daar
Amsterdam, Balans, 1988. 197 blz.; Zestien vraaggesprekken met Nederlandse Joden in Israël, Amsterdam en daarbuiten over hun ervaringen na de oorlog en hun verbondenheid met Israël

3.4.2 Reisgidsen, atlassen, historische plaatsen

Blok, H. en M. Steiner
De onderste steen boven, opgravingen in Jeruzalem
Kampen, Kok, 1991. 154 blz., afbn., krtn.; Beschrijving van de opgravingen in Jeruzalem, met de nadruk op recent onderzoek rondom de tempelberg, in de oude joodse wijk en in de Stad van David. Het laatste hoofdstuk bevat informatie voor reizigers over het bezoek aan de diverse opgravingen.

Broek, R. van den, J. Derksen e.a.
Kerk en kerken in Romeins-Byzantijns Palestina, archeologie en geschiedenis (Palaestina Antiqua, 6). Kampen, Kok, 1987. 232 blz., afbn.; Samenvattend overzicht van de geschiedenis en de materiële resten van de vroegchristelijke kerk in Palestina. Het boek heeft een inleidend karakter en kan als basis dienen voor nadere studie.

Dominicus, J.
Israël
5de geheel herz. en bijgew. dr. (Dominicus reeks — Gottmer reisgidsen); oorspr. titel: *Portret van Israël*, 1978.; Reisgids, voornamelijk bestemd voor hen die een georganiseerde reis gaan maken of die iets willen lezen als eerste kennismaking.

Dowley, T.
Het heilige land in vogelvlucht, serie unieke luchtfoto's van Israël
Ned. bew. J. Kleissen; 2e dr. Kampen, Kok, 1991^2. 64 blz., afbn., krtn.; Met een verzameling fascinerende luchtfoto's van plaatsen als Kafarnaum Bethlehem, Jericho en Jeruzalem geeft dit boek een nieuw zicht op talloze veelbezochte plaatsen in Israël. De foto's zijn voorzien van een beschrijvende tekst en bijbehorende bijbelverzen.

Gonen, R.
Gids voor bijbelse historische plaatsen
Vert. uit het Engels door J.C. Terweyden. Naarden, Strengholt, 1991. 288 blz., afbn. (*Biblical Holy Places: an illustrated guide*, 1987); Korte inleidingen met beknopte historische en archeologische informatie over 210 bijbelse plaatsen. De meeste plaatsen liggen in het huidige Israël, maar ook andere gebieden als Italië, Griekenland, Malta, Syrië, Jordanië en de Sinaï zijn opgenomen.

Gorys, E.
Israël, geschiedenis, kunst en cultuur van Joden, christenen en moslems in het Heilige Land
Vert. uit het Duits door M.F.A. Brok. De Bilt, Cantecleer, 1989. 496 blz., afbn. krtn. (*Das Heilige Land* etc., 1984); Uitvoerige en rijk geillustreerde reisgids. Veel historische en archeologische informatie, hoewel men niet altijd het tempo van de opgravingen in Israël heeft weten bij te houden.

Heijden, A.v.d.
Israël, Kosmos reisgids
Utrecht/Antwerpen, Kosmos, 1990. 228 blz., afbn., krtn.; Een alfabetisch gerangschikte reisgids over Israël met een overzicht van plaatsen met bezienswaardigheden op godsdienstig, historisch, archeologisch, cultureel of geografisch gebied. De algemene inleiding bevat nuttige en praktische informatie voor toeristen.

In het voetspoor van de bijbel
Atlas van het heilige land vroeger en nu.
Amsterdam enz., Reader's Digest, 1983. 304 blz., afbn., krt.; Een historische atlas van bijbelse tijden, met instructieve kaarten en een samenvatting van de gebeurtenissen. Tevens bevat het boek een encyclopedie van bijbelse plaatsen en een aantal routes die worden aanbevolen bij een bezoek aan Israël.

Israël
Vert. uit het Engels door W. Witteveen; met foto's van H. Wiesenhofer; (Bibliotheek der landen). Amsterdam, Time-Life boeken, 1986. 160 blz., afbn., (*Israël*); Beschrijving van land en volk van Israël, mooi uitgegeven met een groot aantal speciaal voor deze uitgave gemaakte foto's. De tekst van diverse auteurs is interessant als eerste kennismaking, maar ook voor hen die zich reeds langer in dit land verdiepten.

Mehling, M. (samenst.)
Het heilige land
Vert. uit het Duits door J.C.P. Waldram; (Agon Cultuur-reisgids in kleur). Amsterdam, Agon BV, 1989. 324 blz., afbn., krtn. (*Knaurs Kulturfuhrer in Farbe, Heiliges Land*); Beschrijving van 300 plaatsen, in alfabetische volgorde. Veel informatie over gebouwen als kerken, moskeeën, musea, theaters, opgravingen.

Nolli, G.
Jeruzalem, religieuze monumenten
Vert. uit het Italiaans door N. v. Wijk; (Atrium Cultuurgidsen). Alphen aan de Rijn, Atrium, 1989. 75 blz., afbn. (*Gerusalemme, Santo Sepolchro e Moschea di Omar*); Fraaie foto's en beschrijvingen van de achtergrond en architectuur van de Heilig Grafkerk en de Koepel van de Rots, twee majestueuze monumenten van christenen en islamieten in Jeruzalem.

Noort, E.
Israël en de Westelijke Jordaanoever, werkboek voor Palestinareizigers
Kampen, Kok, 1983. 414 blz., afbn.; Dit boek, dat meer is dan een reisgids, omvat naast gegevens over plaatsen en streken van Israël een inleiding op de archeologie, het omgaan met bijbelse gegevens, het ontstaan en de betekenis van heilige plaatsen, de dialoog tussen Joden en christenen en een kennismaking met de Islam. Bovendien is een deel gewijd aan de geografie en de geschiedenis van Israël.

Rijpma, L.
Oudnieuwstad Jeruzalem/Oldnewtown Jeruzalem
Kampen, Kok, 1990. 64 blz., afbn.; Tweetalig boekje met foto's van de nieuw opgebouwde joodse wijk in de oude stad van Jeruzalem. Het geeft een goed beeld van de fraaie architectuur en van de mensen die er wonen.

Schoors, A.
Berseba, de opgraving van een bijbelse stad
(Palaestina Antiqua, 5). Kampen, Kok, 1986. 140 blz., afbn.; Vakkundig verslag van de opgravingsgeschiedenis van de oude stad Berseba, waarbij veel overblijfselen werden gevonden van de stad uit de IJzertijd.

Sluys, W.G.J. van der
Het land van de bijbel, oude kaarten en prenten van Israël
Utrecht, Het Spectrum, 1986. 144 blz., afbn., krtn.; Door middel van reprodukties van kaarten en prentmateriaal wordt de ontwikkeling van de visie op Israël en de weergave daarvan getoond. De oudste kaart is de beroemde Madaba-kaart uit de 6de eeuw, terwijl de jongste werd gemaakt in 1919 met het oog op de vorming van een eigen joodse staat. De beschrijvingen zijn gedetailleerd en informatief.

Smeenk, B.D.
Jeruzalem, lofzang of roestige pot?
Franeker, Wever, 1984. 186 blz., afbn.; Vanuit protestants-christelijke achtergrond geschreven overzicht van de turbulente geschiedenis van de heilige stad, vanaf bijbelse tijden tot en met het bezoek van de Egyptische president Sadat in 1977.

Stewart, C. en C.
Basisreisgids Israël
Vert. uit het Engels door A. Toornvliet-Los; Baarn, Mingus, 1990. 252 blz., afbn.

(*Essentially Israël*); Een gids met informatie over toeristische trekpleisters in Israël en op de Westelijke Jordaanoever. De auteurs schrijven voor reizigers die voor het eerst het land bezoeken. De informatie is niet steeds betrouwbaar.

Thubron, C.
Jeruzalem
Vert. uit het Engels door T. Davids; (Grote ABC, 703). Amsterdam, Arbeiderspers, 1990. 242 blz., (*Jeruzalem*, 1969, 1986); De auteur verbleef enige maanden in een klooster in Oost-Jeruzalem, direct na de hereniging van de stad in 1967. In de vorm van zeer persoonlijke reisimpressies schetst hij een beeld van de stad in verleden en heden.

Veelen, W. van
Israël..., verkenning en herkenning langs bijbelse paden
Heinenoord, Vanderstoep (postbus 5026, 3274 ZJ), 1983. 160 blz., afbn.; Bundel artikelen die eerder verschenen in het reformatorisch opinieblad Koers. De auteur legt bij zijn beschrijving van een twintigtal plaatsen in Israël de nadruk op de bijbelse gegevens daarover.

3.4.3 Het Arabisch-Israëlisch conflict — studies

Abicht, L.
Mensen in Israël en Palestina, één maat en één gewicht
Kampen/Kapellen, Kok Agora/DNB Pelckmans, 1990. 141 blz., krt.; Zakelijke en helder geschreven informatie over de ontwikkeling van het Israëlisch-Palestijnse conflict, op grond van bronnenonderzoek en gesprekken met Joden en Palestijnen. Het laatste deel handelt over de Intifada en het gevaar van een toenemend wederzijds extremisme, dat voor Joden en Palestijnen fataal kan worden.

Ateek, N.S.
Recht en gerechtigheid, een Palestijnse bevrijdingstheologie
Vert. uit het Engels door Y. Schoonhoven. 's-Gravenhage, Meinema, 1990. 236 blz. (*Justice and only justice; a Palestinian theology of liberation*, 1989); De Palestijn Ateek, Anglicaans predikant, pleit voor verzoening en recht voor zijn volk. Zijn theologische uitgangspunt is de profetische oproep tot gerechtigheid, zowel naar de kant van de Palestijnen als naar die van Israël.

Bemelmans, H. (eindred.)
Stemmen over Israëli's en Palestijnen
Rotterdam, Werkcentrum internationale solidariteit, 1985. 152 blz.; Vanuit verschillende invalshoeken geven verschillende auteurs, waaronder joodse Israëli's en Palestijnen hun visie op de geschiedenis van het Arabisch conflict van 1882-1985.

Binoer, J.
Ik, mijn eigen vijand

Vert. uit het Engels door F. Davids. Houten, het Wereldvenster/Novib, 1989. 210 blz., afbn. (*My enemy, myself*); De Israëlische joodse journalist Yoram Binoer gaf zich gedurende een aantal maanden uit voor een Palestijnse arbeider. Hij werkte in Tel-Aviv en woonde in een vluchtelingenkamp in de Gazastrook. Een riskante onderneming, met het doel de relatie tussen Joden en Palestijnen te analyseren en met zijn ervaringen een bijdrage te leveren tot een betere verstandhouding tussen beide volken.

Blaauw J.H.W. e.a.
Geen plek om je hoofd neer te leggen
Theologische verheldering van een politiek conflict
Baarn, Ten Have, 1983. 160 blz.; Veertien theologen van protestantse en roomskatholieke zijde belichten theologische, maar ook politieke aspecten van de problematiek rondom Israël en de Palestijnen. Over het algemeen heeft men veel kritiek op Israël en begrip voor palestijnse standpunten.

Boon, R., A. Hoogenboom e.a. (red.)
Het dagelijks leven van de Palestijnen
Ontwikkelingen en perspectieven in Israël en bezet gebied
Amersfoort, De Horstink, 1981, 84 blz., afbn.; Reisverslag waarin de palestijnse bevolking, hun plaatselijke vertegenwoordigers en maatschappelijke organisaties aan de orde komen. Ook over contacten tussen joods-israëlische en palestijnse groepen en personen wordt informatie verstrekt.

Butt, G.
De arabische wereld, een verhelderende kijk op het complexe Midden-Oosten
Vert. uit het Engels door Th. Tromp. Baarn, Hollandia, 1989. 160 blz.; Informatie over de geschiedenis en de cultuur van de Arabieren. Het slothoofdstuk handelt over de Intifada en schildert een beeld van de zomer van 1988.

Catherine, L. e.a.
De Palestijnen: een volk teveel?
Red. en vert. M. Dewulf. Berchem, Epo; Breda, De Geus, 1988. 189 blz., afbn; Een bundel van acht opstellen, waarvan zes van Catherine, over de rechtvaardige eis van Palestijnen op een eigen land en over de intifada. De schrijvers grijpen terug op een nabij en ver verleden om hun anti-Israël standpunt kracht bij te zetten.

Chacour, E.
Kinderen van één vader, over de dialoog tussen Palestijnen en Joden
Met een voorw. van J. ter Laak; vert. uit het Engels door M. v. Boxtel; (Bijeenpubl. 52). 's-Gravenhage, Pax Christi, 1988. 108 blz., krt. (*Blood brothers*); Autobiografie van een melkietische Palestijnse priester in Israël, waarin het lijden van het Palestijnse volk centraal staat. Hij benadrukt de noodzaak van een dialoog met de Joden.

Cohen Stuart, G.H. (red.)
Een bevrijdend woord uit Jeruzalem?
In gesprek met joodse en Palestijnse bevrijdingstheologie
's-Gravenhage, Boekencentrum, 1991. 144 blz.; Elf opstellen over bevrijdingstheologie geschreven door reeds geruime tijd in Jeruzalem wonende Joden, roomskatholieken en protestanten. Ieder geeft vanuit de eigen theologische hoek een visie op het Israëlisch-Palestijns conflict.

De Palestijnen en de staat Israël
Leusden, Algemeen Diakonaal Bureau van de Gereformeerde Kerken, 1981. 64 blz., krt.; Vanuit een pro-palestijns standpunt geschreven brochure over verschillende aspecten van het Midden-Oosten vraagstuk, met de bedoeling begrip te wekken voor met name de christen-Palestijnen.

Dolan, D.
De strijd om het beloofde land
De verhouding Israëliërs en Arabieren in verleden, heden en toekomst
Ingel. door L. Lambert; vert. uit het Engels door J. Leijen. Leiden, Groen, 1991. 217 blz. (*Holy war for the promised land: Israël's struggle to survive in the Muslim Middle East*, 1991); Kort overzicht over de geschiedenis van het conflict in het Midden-Oosten, geënt op de voorgeschiedenis van Jodendom en islam.

Friedman, Th. L.
Beirut/Jeruzalem, het conflict in het Midden-Oosten
Vert. uit het Engels door B. de Lange en H. Roth.
Haarlem, Becht/Gottmer, 1990. 528 blz. (*From Beirut to Jeruzalem*). Overzicht van de historische ontwikkelingen die hebben geleid tot de hedendaagse tegenstellingen in het Midden-Oosten, gevolgd door een analyse van de reeks onontwarbare conflicten in het Midden-Oosten van de afgelopen 40 jaar, waarbij Israël een belangrijke plaats inneemt.

Grünfeld, F.
Nederland en het Midden-Oosten, het Arabische olie-embargo 1973/1974, de verplaatsing van de Nederlandse ambassade in Israël, 1980.
Leiden, Instituut voor Internationale Studiën, 1984. 227 blz.; Een op bronnen gebaseerd onderzoek naar de politieke besluitvorming ten aanzien van de gebeurtenissen in 1973/1974 en 1980. Daarnaast gaat de auteur in op de vraag welke mogelijkheden en onmogelijkheden een land als Nederland heeft om het buitenlands beleid in zulke zaken te beïnvloeden.

Grünfeld, F.
De relatie Nederland-Israël 1973-1985
CIDI-informatie, 12. 's-Gravenhage, CIDI, 1986. 16 blz.; Brochure over de uitgangspunten van de Nederlandse politiek t.a.v. het Midden-Oosten. Met een analyse van opkomst en neergang van Europa's vermeende rol als 'oplosser' van het

Midden-Oosten conflict.

Grünfeld, F.
Nederland en het Nabije Oosten, de Nederlandse rol in de internationale politiek ten aanzien van het Arabisch-Israëlisch conflict 1973 -1982
Deventer, Kluwer, 1991. x + 360 blz.; Proefschrift over de hulp van Nederland aan Israël, die niet alleen bij woorden is gebleven. In de Europese politiek stond Nederland inzake Israël vaak lijnrecht tegenover Frankrijk en Groot-Brittannië.

Harkabi, J. en B. Netanjahu
Israël na de Golfcrisis
Vert. uit het Engels en bew. door Th. Simon; CIDI informatie 16 (1990), 4. 's-Gravenhage, CIDI, 1990. 14 blz., afbn.; Wat zouden de gevolgen voor Israël kunnen zijn van de verbeterde betrekkingen tussen de VS en de Arabische coalitiegenoten? Het CIDI vertaalde redevoeringen van twee vooraanstaande Israëli's. Hun opvattingen geven de contouren aan van het debat zoals dat in Israël wordt gevoerd.

Haspels-Goemaat, H. en R. Vercruijsse-Zwanenburg
Angst en hoop, Palestijnse vrouwen en mannen vertellen over hun dagelijks leven in Israël en de bezette gebieden
Leusden, Gereformeerde Kerken, 1988. 63 blz.; Informatie als resultaat van een reis naar Israël en de bezette gebieden.

Herzberg, J.
Tussen Amsterdam en Tel-Aviv, artikelen en brieven
Amsterdam, Van Gennep, 1988. 191 blz.; De dichteres en toneelschrijfster Judith Herzberg stuurde sinds 1978 regelmatig brieven vanuit Israël naar Vrij Nederland. Door steun aan het werk van Vrede Nu tracht zij mee te werken aan betere contacten tussen de joodse Israëli's en de Palestijnen.

Hoff, R.
Het Midden-Oosten, een politieke geschiedenis
(Aula Paperback 204) Utrecht, Het Spectrum, 1991. 344 blz., afbn.; Eenvoudig historisch overzicht van de politieke, religieuze en nationale tegenstellingen in het Midden Oosten. In het tweede deel de ontwikkelingen na 1945, met de nadruk op het Israëlisch-Palestijns conflict.

Horst, R. van der
Europa en het Midden-Oosten, een eigen koers?
's-Gravenhage, CIDI, 1984, 20 blz.; Door de koers van de 'grootste gemene deler' is Europa niet in staat gebleken een onafhankelijk Midden-Oosten beleid te voeren. De auteur pleit voor een betere samenwerking hierin met Amerika.

Kollek, T.
Jeruzalem, stad van vrede
Vert. uit het Engels en enigszins bekort door Th. Simon; CIDI-informatie 17 (1991) 1/2. 's-Gravenhage, CIDI, 1991. 35 blz., afbn.; Teddy Kollek is sinds 1966 steeds opnieuw gekozen als burgemeester van Jeruzalem. Hij geeft een overzicht van de geschiedenis van de stad met veel aandacht voor de politieke ontwikkelingen sinds de mandaatperiode. 'Internationalisering is niet haalbaar, en heeft nergens ter wereld gewerkt. Jeruzalem moet onder Israëlische soevereiniteit verenigd blijven en de hoofdstad van het land. Een multiculturele stad van mensen die samen willen leven in redelijk nabuurschap.'

Koning, D.
Recht tegen recht, Israëli's en Palestijnen in een verscheurd land
Amsterdam, Rap, 1989. 104 blz., afbn.; De fotograaf David Koning legde beelden vast van de strijd tussen Israëli's en Palestijnen in het 40 jaar oude Israël. Een beeld van twee volken in een verscheurd land.

Leeuwen, M. van
Palestijns labyrint
(Clingendael Cahier). Clingendael, Nederlands Instituut voor Internationale Betrekkingen, 1989. 126 blz.; Marianne van Leeuwen beschrijft het Palestijns nationalisme en de Intifada, in het kader van de gehele regio om het 'Palestijnse labyrint' toegankelijker te maken.

Leeuwen, M. van
Lobby's in actie, Achtergronden bij het Amerikaanse Midden-Oostenbeleid
Den Haag, Clingendael, 1986; De Midden-Oostendeskundige Marianne van Leeuwen vergelijkt de pro-Israël lobby met de pro-Arabische lobby in de V.S. Ze constateert dat de pro-Israël lobby in brede kringen van de Amerikaanse samenleving steun geniet, maar dat de politieke gevolgen daarvan niet overschat moeten worden.

Leydesdorf, S., M. Mock e.a.
Israël een blanco chèque?
Amstelveen, Amphora Books enz., 1983. 244 blz. Eén-en-twintig Nederlanders, vrijwel allen joods en/of links progressief, beschrijven hun persoonlijke gevoelens tegenover Israël. Zij voelen zich hiertoe geroepen na de inval in de Libanon in 1982. Hun wens is om de 'dialoog voor doven' inzake het Arabisch-Israëlisch conflict te doorbreken.

Littooy, J.G.K. en S. Schoon
Israël en de Palestijnen, een konflikt van rechten
Leusden, Bureau Kerk en Israël (postbus 202), 1983. 55 blz.; Als een reactie op 'De Palestijnen en de staat Israël' door de Deputaten Wereld-diakonaat van de Gereformeerde Kerken verscheen deze brochure waarin wordt aangedrongen op solidariteit van christenen met Joden teneinde de geweldspiraal te helpen doorbre-

ken.

Lohuizen, K. van en M. de Ruyter
Leven in verzet, de Palestijnse volksopstand, foto's en reportages
Amsterdam, Ravijn, 1988. 108 blz., afbn.; Artikelen en foto's over een jaar Intifada. De fotografen en auteurs verbleven allen langdurig in de bezette gebieden en geven op een objectieve, zeer indringende en directe wijze weer wat zij daar gehoord en gezien hebben.

Naftaniël, R.
Kamerverkiezingen '86, standpunten over het Midden-Oosten
Cidi-informatie 12/3. 's-Gravenhage, CIDI (postbus 11646, 2502 AP), 1986. 31 blz.; Uit onderzoek blijkt dat de positie van Israël in de standpunten van de Nederlandse politieke partijen er in de laatste jaren aanzienlijk op vooruit is gegaan.

Naftaniël, R.
Twee jaar documenten en uitspraken over het Arabisch-Israëlisch conflict
Cidi-informatie 15 (1989) 4. Den Haag. Cidi, 1989. 27 blz.; Een overzicht van de meest relevante resoluties en verklaringen over de situatie in het Midden Oosten sinds eind 1987, het begin van de Intifada. Men vindt o.a. de tekst van vredesplannen van de PLO, de regering van Israël, Mubarak (Egypte) en Baker (V.S.).

Naftaniël, R. en Th. Simon
Handvest van de Palestijnse Islamitische verzetsbeweging HAMAS
Cidi-informatie 15 (1989) 1. Den Haag, Cidi, 1989. 27 blz.; Na een inleiding over de opkomst van het Islamitisch fundamentalisme op de westelijke Jordaanoever en in de Gazastrook, volgt de uit het Engels vertaalde tekst van het handvest. De inhoud van de 36 artikelen is in felle anti-Israëlische bewoordingen gesteld.

Palestijnen, Palestina
Samenst. en red. Pax christi enz. 's-Gravenhage enz., Novib, enz., 1982. 121 blz., afbn., krtn.; Fotoverslag met tekst van de fotograaf Van Alphen die palestijnse families in Israël, Libanon en Jordanië fotografeerde en met hen sprak over hun leven en hun omstandigheden.

Peres, S.
Drie leerstellingen van de joodse geschiedenis
Bew. door T. Simon; CIDI-informatie 13 (1987) 4. 's-Gravenhage, CIDI, 1987. 9 blz.; Tekst van de toespraak die vice-premier Shimon Peres in Jeruzalem hield bij de tweede wereldconferentie van joodse journalisten. In het jaar dat Israël zijn 40-jarig bestaan viert, zijn er volgens Peres mogelijkheden voor onderhandelingen met Jordanië en de Palestijnen.

Schönwetter, T.
De rol van de Sovjetunie in het arabisch-Israëlisch conflict

Den Haag, CIDI, 1986. 15 blz.; In deze brochure toont de historicus Schönwetter dat er sinds 1984 een langzame maar wel herkenbare verbetering is opgetreden in de relatie tussen Israël en de Sovjet-unie. Hij gaat ook in op de verhouding tussen de Sovjetunie en de PLO.

Stegeren, K. van
Europese verkiezingen, standpunten over Israël
Cidi-informatie 15 (1989) 2. Den Haag, Cidi, 1989. 27 blz.; Vergelijkend overzicht van de standpunten van Nederlandse partijen over Israël en de Midden-Oostenproblematiek voor de Europese verkiezingen.

Stegeren, K. van en R. Naftaniël
Gorbatsjov's nieuwe denken over het Midden-Oosten
CIDI-informatie 16 (1990) 1. Den Haag, CIDI, 1990. 15 blz., afbn.; Bewerking van een artikel van de schrijver/journalist Murray Gordon in het Amerikaanse blad Midstream, waarin wordt verklaard waarom de Sovjet-Unie zijn Midden-Oostenbeleid heeft bijgesteld.

Teeffelen, T. van
Soemoed, Palestijnen onder bezetting
Baarn, Het Wereldvenster/Pax Christi, 1985. 146 blz.; Soemoed betekent standvastigheid, weerbaarheid, een begrip dat voor veel Palestijnen op de westelijke Jordaanoever van toepassing is. Een verslag van de Palestijnse samenleving in de bezette gebieden.

Ven, N. van der
De Staat Israël en de kerken
CIDI-informatie 14 (1988) 1. 's-Gravenhage, CIDI, 1988. 19 blz.; Brochure vervaardigd met het oog op het symposion *Israël en de kerken*, dat door CIDI en OJEC in 1988 werd georganiseerd. Het gaat over de houding van de Wereldraad van Kerken, van de Nederlandse kerken en van het Vaticaan t.o.v. de Staat Israël. De verhouding tot de Palestijnen en de PLO speelt daarbij vaak een rol.

Verdonk, J.
Twee volken, twee staten
(Brochure 43). 's-Gravenhage, IKV, 1990. 46 blz., afbn.; Eenzijdig geschreven pro-Palestijnse brochure, waarin ook de rol van de kerken in het Israëlisch-Palestijns conflict wordt bekeken. De auteur heeft weinig begrip voor de houding van Israël. Pax Christi en IKV benadrukken de samenwerking met het Palestina-comité.

3.4.4 Het Arabisch-Israëlisch conflict — proza en poëzie

Eisenberg, D., U. Dan en E. Landau
De mossad, de spectaculaire acties van de Israëlische geheime dienst

Vert. uit het Engels door E. Schurink-Vooren. Rijswijk, Elmar, 1985. 271 blz. (*Israëls secret intelligence service: inside story*); Een op feiten berustende spionageroman over de Mossad, het niet-militaire deel van de Israëlische inlichtingendienst. De auteur geeft bovendien een beeld van de opleiding en training van de geheime agenten bij de Mossad.

El-Asmar, F.
Een Arabier uit Israël
Vert. uit het Engels door J. Traats. Amstelveen, Cypres, 1985. 218 blz. (*To be an Arab in Israël*); De auteur beschrijft zijn leven als christen-palestijn in Israël van 1948 tot 1972. Dan vertrekt hij naar de V.S. Een evenwichtig persoonlijk verhaal waarin de afkeer van de joodse staat naar voren komt, maar ook vriendschappelijke gevoelens ten opzichte van Joden worden beschreven.

Fahri, M.
De laatste der dagen
Vert. uit het Engels door H. Molenaar; (Prismaboeken, 2217). Utrecht, Het Spectrum, 1984. 600 blz., krt. (*The last days*); Zeer uitgebreid gedocumenteerde roman, waarin een islamitische godsdienstfanaat een crisis in het Midden-Oosten forceert. Een verbond tussen de Israëlische en de Jordaanse geheime diensten voorkomt uiteindelijk de totale vernietiging van Israël.

Genet, J.
Een verliefde gevangene
Vert. uit het Frans door E. van Altena. Amsterdam, Bezige Bij, 1989. 534 blz. (*Un captif amoureux*); Autobiografische roman van de in 1986 overleden schrijver, waarin zijn betrokkenheid met de bevrijdingsbewegingen van de Black Panthers en van de Palestijnen centraal staat. In 1970, in 1982 en in 1984 bracht hij langdurige bezoeken aan Palestijnse bases en vluchtelingenkampen.

Grossman, D.
Over de grens, zoeklicht op de westelijke Jordaanoever
Vert. uit het Hebreeuws door Shulamith Bambergen; (Op schrijvers voeten). Utrecht, Veen, 1988. 195 blz. (Engelse titel: *Yellow wind*); De Israëlische schrijver Grossman maakte voor het linkse weekblad *Koteret Rashiet* in 1987 een reportage op de westelijke Jordaanoever. Zijn bundel bevat deze korte impressies en indringende sfeertekeningen met de bezetting als thema.

Khalifa, S.
De zonnebloem
Vert. uit het Arabisch door J. de Bakker en R. van Leeuwen. Houten, Het Wereldvenster, 1986. 333 blz. (*Ablad ash-Shams*); Palestijnse roman, spelend op de westelijke Jordaanoever. Drie vrouwen spelen de hoofdrol: een jonge moeder van vijf kinderen, een redactrice van een vrouwenrubriek en een prostituee.

La'or, J.
Efraïm keert terug naar het leger
Vert. uit het Hebreeuws door Y. Sofer en E. Keizer. Amstelveen, Cypres, 1990. 95 blz. (*Efraim chozer letsava*); Een toneelstuk over een stenengooiende Palestijn op de Westelijke Jordaanoever, die wordt gedood door Sjlomo, een Israëlische soldaat en de reactie hierop van een met zijn geweten worstelende militaire gouverneur. Tegen de opvoering van dit stuk bestond in Israël veel weerstand.

Land van tijm en stenen
Vert. uit het Arabisch door R. van Leeuwen. Houten, Het Wereldvenster, 1989. 210 blz.; Zestien verhalen met als thema de tragiek van het Palestijnse volk. De bundel geeft een interessant beeld van de ontwikkeling van de Palestijnse literatuur.

Lange, W. de
Om je tranen te lachen, brieven uit Israël
Kampen, Voorhoeve, 1990. 74 blz.; Bundeling van een aantal brieven uit Israël van een van oorsprong Nederlandse schrijfster. De brieven die tussen 1964-1976 in enkele Nederlandse kranten werden gepubliceerd, bevatten zeer persoonlijke notities en zijn geschreven op cruciale momenten in de geschiedenis van Israël als de Zesdaagse oorlog van 1967 en de Jom Kippoeroorlog van 1973.

Ostrovsky, V. en C. Hoy
Het web van de Mossad
Vert. uit het Engels door R. Huigen en M. de Kort. Weert, M&P, 1991. 366 blz. (*By way of deception*, 1990); Onthullingen van een inlichtingenofficier van de Israëlische Mossad, één van de meest gevreesde en effectieve geheime diensten ter wereld. Na een aanvankelijk enthousiasme raakt hij zeer teleurgesteld. Met veel voorbeelden toont hij aan dat voor de Mossad het doel alle middelen heiligt.

Shehadeh, R.
Palestijns dagboek
Vert. uit het Engels door M. van Boxtel; (Bijeen publicaties, 35). 's-Hertogenbosch, Stichting gezamelijke missiepubliciteit, 1985. 144 blz., krt. (*The third way; a journal of life in the West Bank*); Dagboekfragmenten uit de periode 1979-1982 van een palestijns advocaat.

Sjammas, A.
Arabesken
Vert. uit het Hebreeuws door M. Lumkeman en T. Herzberg. Amsterdam, Bert Bakker, 1989. 273 blz. (*Arabeskot*, 1986); Debuutroman van een Palestijn die in het Hebreeuws schrijft. Het verhaal speelt zich af in een Arabisch dorp in Galilea en gaat over de vernietiging van een roomskatholieke familie door de Engelse bezettingsmacht, de oorlog en de Palestijnse opstand.

Soess, I.
Brief aan een joodse vriend
Vert. uit het Frans door H. Meyer. Baarn, Het Wereldvenster, 1989. 84 blz. (*Lettre a un ami juif*); De auteur, vertegenwoordiger van de PLO in Frankrijk, schreef in briefvorm een uiteenzetting van het Palestijnse standpunt en een veroordeling van het Israëlische optreden in de bezette gebieden. Op de brief, die een vurig pleidooi voor vrede behelst, is inmiddels van Israëlische zijde gereageerd.

3.4.5 Deelonderwerpen

Abram-Rosenthal, R.
Vrouwen in het Midden-Oosten
's-Gravenhage, CIDI, 1985. 16 blz., afbn.; Feitelijke informatie over de positie van vrouwen in het Midden-Oosten. Aandacht wordt geschonken aan resp. arabische en joodse vrouwen in Arabische landen, joodse en arabische vrouwen in Israël en de palestijnse vrouwen op de Westelijke Jordaanoever. Het boekje verscheen eerder als AO-274.

Abram-Rosenthal, R.
Falasja's, de zwarte Joden uit Ethiopië
Den Haag, CIDI, 1985. 20 blz., afbn. (Eerder verschenen in de AO-reeks, no. 2054); Een brochure over herkomst, levenswijze en problemen van deze Joden, die inmiddels voor het grootste deel in Israël wonen.

Blok, H.
De tempelberg
(AO 2326) Lelystad, IVIO, 1990. 24 blz., afbn.; Beknopt overzicht van de geschiedenis van de tempelberg in Jeruzalem. Opgravingen hebben veel onthuld over de situatie rondom het plein. Over de beide joodse tempels die er hebben gestaan zijn weinig concrete gegevens. Mensen hebben zich eeuwen lang daar voorstellingen van gemaakt. Ook te gebruiken als handleiding bij de tentoonstelling over Tempel en Tempelmodellen in het Bijbels Museum te Amsterdam.

Heshusius, M.
De kibboets vandaag, van pioniers tot professionals
Baarn, Bosch en Keunig, 1986. 144 blz., afbn.; Aan de hand van interviews krijgt men een overzicht van de geschiedenis van de kibboets en van de ontwikkelingen die leidden tot het huidige leven in deze woon- en werkgemeenschappen.

Lewin, L.
Van Gorkistraat naar Beër-Sheva, op reis in Rusland en Israël
Amsterdam, Van Gennep, 1985. 248 blz.; Joden in Rusland en Russische Joden vormen het onderwerp van twee series artikelen die in dit boek gebundeld zijn. De tekst is gebaseerd op reisverslagen naar Rusland en Israël en interviews met de

daar levende russische Joden resp. Russisch-joodse immigranten.

Parfitt, T.
Operatie Mozes, de uittocht van de Ethiopische Joden
Vert. uit het Engels door J. Smit. Utrecht, Kadmos, 1986. 160 blz., krt. (*Operation Moses: the story of the Exodus of the Falasha Jews from Ethiopia*); Boeiend geschreven overzicht van de geschiedenis van deze groep Joden die in Ethiopië de eeuwen door zijn vervolgd zowel door christenen als door islamieten. Velen van hen vluchtten in de loop der jaren naar Israël. Vanaf 1984/85 werden zij tijdens enkele reddingsoperaties naar Israël gebracht.

Salibi, K.
Het ware land van Abraham
Een nieuwe theorie over de oorsprong van het volk van Israël
Vert. uit het Duits door B. van Rijswijk. Amsterdam enz., Elsevier, 1985. 280 blz., krtn.; De auteur, een Libanees historicus, is er van overtuigd dat de verhalen over het oudtestamentische Israël zich afspelen in een landstreek Asir aan de westkust van Saoedi-Arabië, ten zuiden van Mekka. Hij baseert zijn theorieën uitsluitend op literaire overeenkomsten in topografische en geografische namen.

Simon, T.
De Histradroet, de algemene federatie van arbeiders in Israël
CIDI-informatie 13 (1987) 3. 's-Gravenhage, CIDI, 1987. 22 blz.; Sedert haar ontstaan in 1920 zet de Israëlische arbeidersfederatie zich in voor de belangen van haar leden en voor de werkgelegenheid. 1/3 van de totale bevolking in Israël is lid van de Histadroet. Informatie over o.a. organisatie, Arabische leden, vrouwenbond en internationale samenwerking.

Tanghe, O.
Pelgrim naar het heilig land
Tielt enz., Lannoo, 1982. 296 blz., afbn., krtn.; De auteur is archimandriet van de Grieks-melkietisch-katholieke kerk in België. Zijn boek is een goede handleiding voor geïnteresseerden in de 'landeigen' kerken van Israël. Het geeft overzichtelijke en exacte informatie over de verschillende kerken, hun talen, patriarchaten en liturgieën. Het bevat tevens namen en adressen.

Wessels, A.
Arabier en Christen, christelijke kerken in het Midden-Oosten
Baarn, Ten Have, 1983. 236 blz.; Beschrijving van de minoriteiten in Syrië, Egypte, Iran en Israël waarmee de Raad van Kerken in Nederland contact onderhoudt.

3.5 Diaspora

Over de verschillende joodse gemeenschappen in de Diaspora bestaat slechts weinig Nederlandse literatuur.

Abbink, J. en R. Naftaniël
De Falasha's in Ethiopië, de dreigende ondergang van een uniek volk
's-Gravenhage, CIDI, 1982. 11 blz.; Informatie over de bedreigde positie van de joodse Falasha's in Ethiopië.

Boon, R.
Israël in Albion, van getolereerd vreemdeling naar gelijkberechtigd burger
Verkenning en Bezinning 15 (1981) nr. 1. Kampen, Kok, 1981. 39 blz.; Twee facetten van de geschiedenis van de Joden in Engeland in de 17de eeuw; de poging van Menasseh Ben Israël om hun positie te verbeteren en het pleidooi van de christelijke geleerde John Toland voor naturalisatie van de Joden.

David, N. en J. Levitt
The guide to everything jewish in New York
New York, Adama Books, 1986. 334 blz.; Gids, ingedeeld naar onderwerp, met een overzicht over het joodse leven en de joodse instellingen in Manhattan. Men vindt informatie over synagoges, onderwijsmogelijkheden, restaurants, winkels, politieke en religieuze organisaties, theater, radio en TV en vele andere zaken. Een index vergemakkelijkt het gebruik.

Gilbert, M.
Sjtsjaranski, strijder voor vrijheid
Vert. uit het Engels door F. Bruning. Utrecht enz., Veen, 1986. 399 blz. (*Shcharansky: hero of our time*); De Britse historicus Gilbert beschrijft de lijdensweg van de Russisch-joodse activist, vanaf zijn jeugdjaren in Donetsk tot de eerste dagen in Israël.

Rawlings, J. en M. Rawlings
Laat mijn volk gaan
Vert. uit het Engels. Amsterdam, Chev. 1986. 192 blz. (*Gates of Brass*); Relaas over het lot en de uitzichtloze positie van SovjetJoden die meerdere malen een uitreisvisum voor Israël hebben aangevraagd. In het boek zijn interviews met deze 'refuseniks' opgenomen en vertellen enige SovjetJoden die nu in Israël wonen over hun ervaringen en hun verdriet.

De Joden en de Sovjetunie, feiten en meningen
Amsterdam, Solidariteitscomité voor Joden in de Sovjetunie. 32 blz., afbn.; Brochure met informatie door o.a. A. Soetendorp en S. Jacobus over de situatie van de Joden in de Sovjetunie en de reacties hierop van o.a. Nederlandse politici. Verder bevat het boekje een verslag van het proces dat werd gevoerd tegen Julius Edelstein, nadat deze het verzoek om een uitreisvisum naar Israël had gedaan.

Fig. 4: *In het leerhuis*
Illustratie van Chagall bij een gedicht van Abraham Walt
in de bundel *Lieder un Poemen*, 1930

4 *Joodse cultuur*

4.1 Kunst en cultuur

Als uitingen van joodse kunst staan hieronder boeken van en over joodse *schilders*, waaronder opvallend veel titels over Chagall. De tweede rubriek *kookboeken* wekt wellicht verbazing onder deze noemer; door de specifieke spijswetten heeft de joodse keuken een zeer eigen karakter gekregen. Koken volgens de spijswetten is een belangrijke taak in het traditioneel joodse huishouden, vooral de gerechten bij de feestdagen spelen een grote rol in de godsdienstige viering. Verder enkele over muziek en catalogi bij tentoonstellingen in het Joods Historisch Museum.

4.1.1 Schilders

Ariëns Kappers, E.H.
S. Jessurun de Mesquita
Amsterdam. Meulenhoff enz., 1984. 76 blz., afbn.; In 1944 werd de graficus en sierkunstenaar de Mesquita in Auschwitz omgebracht. Van zijn werk, dat door vrienden uit zijn door de bezetter verzegelde huis werd gered, is in mei 1984 in het Joods Historisch Museum te Amsterdam een tentoonstelling gehouden.

Chagall, de collectie van Marcus Diener
(Formaatreeks, no. 3). 's-Gravenhage, SDU, 1989. 130 blz., afbn.; Artikelen en catalogus van de gelijknamige tentoonstelling in het voorjaar van 1989 in Breda. Chagall en Diener waren, ondanks een leeftijdsverschil van 30 jaar, gezworen kameraden. In die periode bouwde Diener een prachtige Chagall-collectie op. De Engelse teksten zijn van een Nederlandse vertaling voorzien.

Chagall discovered
Met bijdragen van I. Antanova, M. Besbonava en A. Voznesensky.
Amsterdam, Meulenhoff enz., 1988. 372 blz., afbn.; Het Poesjkin-museum in Moskou organiseerde ter gelegenheid van Chagalls honderdste geboortedag een overzichtstentoonstelling. Naast bekende werken bevat het boek zeer fraaie afbeeldingen van nooit eerder gereproduceerde schilderijen en tekeningen uit Russische openbare en particuliere collecties.

Chagall, M.
De bijbelse boodschap
Met teksten van Pierre Provoyer; Vert. uit het Italiaans en Duits door H.A.M. van der Heyden; gedichten vert. uit het Frans door C. Heering. Amsterdam, Becht, 1984. 260 blz., afbn. (*Messaggio biblico*); Reproducties en kunsthistorische uitleg van 17 schilderijen en 40 gouaches over bijbelse thema's die Chagall maakte tussen 1954-1967.

Forestier, S.
Chagall: de gebrandschilderde ramen
Vert. uit het Frans door E. Dabekrausen. Haarlem, Becht, 1987. 208 blz. (*Chagall; Les vitraux*); Op groot formaat uitgegeven reproducties van alle ramen die Chagall maakte, van de kapel van Pocantio Hills in de VS tot die in de synagoge in Jeruzalem.

Tobien, F.
Chagall
Vert. uit het Duits door H. Brinks. Hoevelaken, Verba, 1990. 115 blz., afbn. (*Chagall*, 1988); Korte biografie van Chagall, voorzien van talrijke illustraties.

Walther, I.F. en R. Metzger
Marc Chagall, schilderkunst als poëzie
Vert. uit het Duits. Hedel, Librero, 1988. 95 blz., afbn.; Goede kleurenreproducties van Chagalls bekendste werken met korte beschrijvingen en biografie.

Grondman, A.
Sal Meijer, zo naief nog niet
Amsterdam, Meulenhoff, 1986. 191 blz., afbn.; Biografie van deze joodse schilder naar aanleiding van een tentoonstelling van zijn werk in 1986. Of men hem het etiket 'naief' zou moeten geven is niet vanzelfsprekend. Het joodse aspect neemt in zijn werk slechts een beperkte plaats in.

Hoogendonk, M. (red.)
Else Berg
Amsterdam. Thoth, 1989. 112 blz., afbn.; Chronologisch overzicht van het werk van de Nederlands-joodse schilderes Else Berg (1877-1942). In haar werk zijn twee belangrijke stromingen te herkennen: het modernisme, tussen 1910-1914, en vervolgens de expressionistische schilderkunst in de periode tussen de beide wereldoorlogen.

Werkman, H.N.
Chassidische legenden, verbeeld
Teksten van F.R.A. Henkels naar de uitgave *'Die Legende des Baalschem'* door M. Buber; herdr. van de uitgaven van 1942 en 1943. Groningen, Wolters-Noordhoff enz., 1982. 63 blz. afbn.; Facsimile editie van 2 series van 10 bladen 'druksels' als ver-beelding bij de legenden van de Baal Sjem Tov, zoals die door M. Buber zijn opgeschreven. Niet eerder in deze vorm gereproduceerd werk van één der belangrijkste Nederlandse expressionisten.

Werkman, H.N.
Chassidische legenden
Groningen, Wolters Noordhoff/Forsten, 1987. 64 blz., afbn.; Bij teksten van de chassidische Legenden des Baal Schem, zoals die door Buber zijn opgeschreven, ontwierp de Groninger drukker tussen 1941 en 1943 twintig illustraties. In dit boek zijn deze drukken op de helft van de ware grootte weergegeven.

4.1.2 Kookboeken

Avnon, R. en U. Sella
De Jiddische keuken
Vert. uit het Engels door R.C. Musaph-Andriesse en H. Reinoud. Utrecht, Kosmos, 1986. 143 blz., afbn. (*So eat my darling: a guide to the yiddish kitchen*, 1977); Uitgebreid kookboek met veel traditioneel joodse recepten. Voor wie een kosjere huishouding heeft is de aanduiding melk, vlees of parve (voedsel waar noch vlees- noch melkbestanddelen in voorkomen) bij elk recept bijzonder handig.

Friedman, R.
De joodse vegetarische keuken
Vert. uit het Engels door J. Morgan. 's-Gravenhage, BZZTôH, 1989. 122 blz. (*Jewish vegetarian cooking*, 1984); Aangepaste vegetarische recepten van voor het merendeel traditionele gerechten uit zowel de Asjkenazische als de Sefardische keuken, waaronder ook een aantal recepten voor Pesach.

Kanter, B.
Joodse recepten van toen en nu
Vert. uit het Engels door F. de Vries-Vaz Dias. Amsterdam, Becht, 1985. 119 blz., afbn. (*Like mama used to make: a collection of favorite and traditional Jewish dishes*); In Engeland uitgegeven kookboek, ter gelegenheid van het 50-jarig bestaan van de jeugd-aliyah in 1985 voor Nederland bewerkt. Eenvoudige recepten voor de

bereiding van traditionele gerechten uit de oostjoodse keuken. Met speciale aandacht voor gerechten voor de feestdagen.

Meyer, B.
De joodse keuken nieuwe stijl
's-Gravenhage, BZZTôH, 1990. 160 blz., afbn.; Bundel voor het merendeel traditionele joodse recepten, vernieuwd en aangepast aan nieuwe kooktechnieken en bereidingswijzen. De recepten zijn samengesteld volgens de regels van het kasjroet. In de summiere inleiding worden de basisprincipes hiervan uiteengezet.

Philip-Kooke, F.
Het nieuwe jeugd-alijah kookboek, familierecepten uit de internationale joodse keuken, aangevuld met recepten uit de Oud-Hollandse en vegetarische keuken.
Vlaardingen, Don, 1986. 196 blz., afbn.; Kookboek, uitgegeven ter gelegenheid van het 50-jarig bestaan van de jeugd-alijah Nederland in 1985. Een aantal recepten is voor sjabbat bedoeld, de andere zijn ingedeeld op volgorde van de joodse feestdagen. Aan iedere serie recepten gaat een inleiding vooraf waarin de bedoeling van het betreffende feest wordt verklaard.

4.1.3 Andere onderwerpen

Bijlsma, Tj. e.a.
De tempel van Jeruzalem, beeldvorming door de eeuwen heen
Amsterdam, Nederlands Bijbel Genootschap, 1990. 152 blz., afbn.; Artikelen over verschillende pogingen in de loop der eeuwen om de tempel van Jeruzalem in modelbouw ruimtelijk weer te geven. Het Bijbels Museum in Amsterdam bezit een aantal voorbeelden, waaronder een replica van een verloren gegaan model van de zeventiende-eeuwse rabbijn Leon Jehuda Templo.

Bloemendal, H.
Amsterdams Chazzanoeth — Amsterdam Chazzanuth
Synagogale muziek van de Ashkenazische gemeente
Twee delen. Buren, Knuff, 1990. 476 blz., afbn.; Een unieke verzameling van nog niet eerder in druk verschenen specifiek Amsterdamse chazzanoeth-melodieën vanaf 1850. De muziek is ingedeeld naar de diensten van de vrijdagavond, de sjabbathochtend, de drie pelgrimsfeesten (Pesach, Wekenfeest en Loofhuttenfeest), de hoge feestdagen (Nieuwjaar en Grote Verzoendag) en diensten voor bijzondere gelegenheden. Elke sectie bevat een zorgvuldige inleiding. Alle teksten zijn in het Nederlands, het Engels en het Hebreeuws. Toelichtingen en inleidingen zijn in het Nederlands en het Engels. De partituren werden geredigeerd door J. Poolman van

Beusekom. Aan het eind staat een overzicht van alle Asjkenaziche voorzangers in Amsterdam sinds 1635.

Cohen, J.-M. (red.)
Het getto van Venetië = The ghetto in Venice, Ponentini, Levantini e Tedeschi 1516-1797
's-Gravenhage, SDU, 1990. 132 blz., afbn., krt.; Tweetalige uitgave, Nederlands en Engels, bij de gelijknamige tentoonstelling in het Joods Historisch Museum, Amsterdam, in het voorjaar van 1991. In 1516 werden de Joden van Venetië verplicht om in een aparte wijk te gaan wonen. Informatie over het leven en de cultuur van de drie joodse groeperingen in Venetië, afkomstig uit Duitsland en Italië, uit de Levant en na 1589 van het Iberisch Schiereiland.

Melker, S. de, E. Schrijver en E. van Voolen (ed.)
The Image of the Word, Jewish tradition in manuscripts and printed books, cataloque of an exhibition held at the Jewish Historical Museum Amsterdam
Amsterdam enz., Amsterdam University Library enz., 1990. 80 blz., afbn.; Fraai uitgevoerde catalogus van een gelijknamige tentoonstelling in het Joods Historisch Museum in het najaar van 1990, samengesteld uit Nederlands bibliotheekbezit, maar ook met prachtige exemplaren van de Carl Alexander Floersheim Trust for Art en Judaica in Bermuda. Begeleidende artikelen met goede achtergrondinformatie.

Praag, Ph. van
Joodse symboliek op Nederlandse exlibris
Zutphen, De Walburg Pers, 1988. 64 blz., afbn.; Zestig afbeeldingen en een toelichting van 'joodse' exlibris ingedeeld naar thema. Tot joodse exlibris worden die boekmerken gerekend die voor een joodse eigenaar zijn gemaakt en waarop een Hebreeuwse tekst en een afbeelding met een joods gegeven of een joodse symbolische voorstelling voorkomen.

Walter, B.
Gustav Mahler
Vert. uit het Duits door P. Lukkenaer. Zeist, Vrij Geestesleven, 1989. 127 blz., (*Gustav Mahler*, 1957[2]); De joodse dirigent/componist en pianist Bruno Walter schreef in 1936 een beknopte biografie over de joodse componist en dirigent Gustav Mahler (1860-1911). In diens werk is een joodse bewogenheid, zij het meer impliciet dan expliciet, aanwezig. Bruno Walter trekt in dit opzicht een vergelijking met Mendelsohn en Meyerbeer.

4.2 In het Nederlands vertaalde proza en poëzie

In de nu volgende opsomming van in het Nederlands vertaalde proza en poëzie zijn, is als selectiecriterium gehanteerd of in deze uitgaven het Jodendom op een of andere wijze een rol speelt. Wanneer echter het joodse element slechts een zeer ondergeschikte rol speelt, is het boek niet altijd opgenomen. Het zal duidelijk zijn, dat het joodse element niet altijd precies is vast te stellen. Het is soms meer een zaak van sfeer dan van woorden. Bij bekende joodse schrijvers is ook naar een zekere volledigheid gestreefd. Maar het boek van Chaim Potok over Noord-Korea is bijvoorbeeld niet opgenomen.

4.2.1 Over joodse literatuur en joodse auteurs buiten Nederland

Fry, A.J.
Joods-Amerikaanse literatuur, 2
Amsterdam, VU-uitgeverij, 1986. 87 blz.; Verslag van lezingen die werden gehouden tijdens een cursus aan de Vrije Universiteit. Centraal staan de specifiek joodse trekken in het oeuvre van auteurs als Heller, Roth, Malamud en Styron.

Glatzer, N.H.
Kafka's liefdes
Vert. uit het Engels door P. Moll-Huber; (Sun-literair). Nijmegen, Sun, 1989. 111 blz. (*The loves of Frank Kafka*, 1986); Kafka's houding ten opzichte van de liefde was gecompliceerd, ambivalent en tragisch. De auteur documenteert op basis van dagboeken en correspondentie Kafka's liaisons met Felice Bauer, Grete Bloch, Julie Wohryzek, Milena Jesenka en Dora Dymant.

Guénot, J.
Céline, slachtoffer en beul in de literatuur
Vert. uit het Frans door Th. Buckinx. Amsterdam, Tabula, 1986. 132 blz. (*Louis-Ferdinand Céline, damné par l'écriture*); Analyse van de stijl van schrijven van Céline, met een poging het antisemitisme in zijn werk te verdedigen.

Israël-nummer
De Tweede Ronde; tijdschrift voor literatuur, 7 (1986) nr. 1. Amsterdam, Bert Bakker, 1986. 184 blz., afbn.; Dit nummer is voor een belangrijk deel gewijd aan Israëlische literatuur. Naast een essay van A.B. Jehoshua bevat het o.a. verhalen van A. Oz, J. Oren en S.J. Agnon. G. Leshem geeft een beschouwing over Hebreeuwse poëzie en er zijn gedichten in opgenomen van o.a. Y. Amichai, M. Dor en N. Zach.

Jewish Book Annual
ed. by Jacob Kabakoff. Administratie: Jewish Book Council, 15 East 26 Street, New York 10010, V.S.

Judaica Book News
Verschijnt 2 keer per jaar
Administratie: Book News Inc., 303 West 10th Street, New York 10014, V.S.

Joods-Amerikaanse literatuur
15 (1986), nr. 140. Den Haag, BZZTôH, 96 blz.; Dit nummer van het literaire tijdschrift wordt voor het grootste deel gevuld met artikelen over het werk van joods-amerikaanse schrijvers als Bellow, Portnoy, Potok, Singer. Het bevat ook een artikel over joodse elementen in de Poolse literatuur na 1945.

Oz, A.
De ogen des Heren, Hebreeuwse literatuur: de letter en de geest
Vert. uit het Engels door R. Verhoef e.a; met een co-referaat door J.M. den Uyl. Amsterdam, De Volkskrant, 1987. 20 blz., afbn.; Tekst van de vijfde Van der Leeuw-lezing, gehouden door Amos Oz op 9 oktober 1987 in de Martinikerk in Groningen. Hij sprak over Hebreeuwse schrijvers en dichters in de traditie van de bijbelse verhalen. Joop Den Uyl vatte dit in zijn co-referaat als volgt samen: De Heer is die Hij is, en de ogen van de Heer zien wat wij niet zien.

Pawel, E.
Het leven van Franz Kafka
Vert. uit het Engels door J. Perry. Amsterdam, Van Gennep, 1986. 515 blz. (*The nightmare of reason: a life of Franz Kafka*); Na Max Brod een nieuwe biografie waarin de auteur op sympatieke en scherpzinnige wijze ingaat op de vele aspecten uit het leven en werk van Kafka, o.a. met een uitgebreid exposé over Kafka's verhouding tot het Jodendom. Pawel plaatst Kafka in een bredere culturele en politieke context tegen het decor van Praag uit het begin van de 20ste eeuw.

Proces-verbaal van Franz Kafka, essays van Walter Benjamin, Theodor Adorno e.a.; met een nawoord van J.F. Vogelaar
Nijmegen, Sun, 1988. 208 blz.; Negen essays van verschillende auteurs over het werk van Kafka. Op het artikel van Vogelaar na waren ze al eerder verschenen en vertaald. De schrijvers hebben zich terdege in Kafka's werk verdiept. Ze onderzoeken wat hij heeft willen zeggen, hoe hij het ongrijpbare met woorden in gelijkenissen wilde vatten.

Prooftexts, a journal of Jewish Literary History

The John Hopkins University Press. 701 West 40th Str., Suite 275, Baltimore Maryland 21211.

Waaldijk, K en R. Görtzen
Literatuurwijzer, publicaties over Korczak
Korczakbulletin 7 (90) 3 en 4. Amsterdam, Informatiebulletin van de Janusz Korczakstichting, 1990.; Via een bibliografische reis door Korczaks leven gaat Kees Waaldijk in op de belangrijkste geschriften. Daarna volgt een geannoteerd literatuurovezicht van publikaties over Korczak. De ruim 175 publikaties zijn in 10 rubrieken ondergebracht en via een apart auteursregister toegankelijk gemaakt.

Weenink, J.B. (red.)
Joods-Amerikaanse literatuur
Amsterdam, VU-uitgeverij, 1984. 94 blz.; Verslag van de lezingen die werden gehouden op een cursus van de VU, met als sprekers A.J. Frij, P. J. Voogd en D. Rubin. Na een algemene inleiding wordt ingegaan op figuren als Shosha (Singer), Herzog (Bellow) en Asher Lev (Potok).

Weenink, J.B. (red.)
Joods-Amerikaanse literatuur 3
Amsterdam, VU-uitgeverij, 1989. 86 blz.; In het derde deel van de VUSA-cursus over joods-Amerikaanse literatuur wordt behalve een uitvoerige bespreking van de klassieke roman 'Call it sleep' van Henry Roth, ook de speciale verhaaltechniek van Singer behandeld. Verder een bespreking van The Chosen (Potok), en The Counterlife (Philip Roth).

4.2.2 Romans

Allbeury, T.
Verborgen dreiging, een Duits-Israëlische samenzwering
Vert. uit het Engels door E. Reinders. 's-Gravenhage, BZZTôH, 1989. 224 blz. (*Children of tender years*); Een agent van de Britse inlichtingendienst moet in West-Duitsland uitzoeken van welke groeperingen de anti-joodse leuzen op de muren van de synagogen afkomstig zijn. Samen met zijn Duitse collega gaat hij op onderzoek uit.

Amiel, J.
De wortels van het kwaad
Vert. uit het Engels door F. Woudstra. Utrecht, Luitingh, 1986. 421 blz. (*Birthright*, 1985); Deborah de Kronengdel, de geadopteerde dochter van een rijke

joodse bankier wordt door fraude onterfd. Later weet zij zich in Amerika op te werken tot bankier en revancheert zich op haar pleegvader.

Cohen, M.
De Spaanse dokter
Vert. uit het Engels door P. Bergsma. Baarn/Amsterdam, Ambo/Atheneum, Polak en van Gennep, 1987. 418 blz. (*The Spanish Doctor*, 1984); In deze roman, die de Jodenvervolging in het Middeleeuwse Europa als centraal thema heeft, wordt de hoofdpersoon, een marrano die op zevenjarige leeftijd is gedoopt, vervolgd en bedreigd. Hij vlucht via Frankrijk en Italië naar Kiev, waar hij zijn gedwongen bekering herroept en terugkeert tot het Jodendom.

Appelfeld, A.
Badenheim 1939
Vert. naar de Engelse vertaling uit het Hebreeuws door R. Kurpershoek. Amsterdam, Arbeiderspers, 1983. 148 blz. (*Badenheim 1939*, 1980); Verhaal over joodse gasten in een Oostenrijks kuuroord in de zomer van 1939. Bedreigend sluit zich het net om deze mensen die doorgaan hun rol te spelen tot het bittere einde.

Aridjis, H.
1492 of de tijd en het leven van Juan Cabezon uit Castilië
Vert. uit het Spaans door A. Glastra van Loon. Amsterdam, Meulenhoff, 1990. 364 blz. (*Vida y tempos de Juan Cabezon de Castilla*, 1985); Een uitvoerige beschrijving van de verdrijving van de Joden uit Spanje in 1492, deels geschreven als documentaire, deels als fictief verhaal. De auteur doet een poging om de catastrofale gebeurtenissen op verschillende niveaus tegelijkertijd te vertellen.

Bassani, G.
De tuin van Finzi-Contini
Vert. uit het Italiaans door J. Fraats. Amstelveen, Cypres, 1989. 184 blz. (*Il giardino des Finzi-Contini*, 1962); Vanwege het verschil in stand hebben de de joodse verteller en de joodse kinderen Micol en Alberto Finzi-Contini in het Italië van voor 1933 niet meer dan een sporadisch contact. Wanneer de rassenwetten worden ingevoerd verandert dit.

Bassani, G.
De goudgerande bril
Vert. uit het Italiaans door M. Montulet. Hilversum, Gooi en Sticht, 1989. 110 blz. (*Il romanzo di Ferrara II*, 1974); Een vooroorlogse geschiedenis uit het Italiaanse Ferrara, verteld door een joodse student. De hoofdpersoon, een ongehuwde dokter,

is lid geworden van de fascistische partij. Hij wordt verdacht van homosexualiteit en in een val gelokt.

Bayer, W.
De seriemoorden
Vert. uit het Amerikaans door A. v. Dijk. Utrecht, Luytingh, 1988. 336 blz. (*Pattern crimes*); Een spannend detective-verhaal, dat zich afspeelt tegen de achtergrond van de stad Jeruzalem. Veel moorden en, zoals het hoort, een verrassende ontknoping.

Becker, J.
Bronsteins kinderen
Vert. uit het Duits door R. v. Hengel. Amsterdam, Van Gennep, 1987. 266 blz. (*Bronsteins Kinder*); Oost-Berlijn, zomer 1973. Hans Bronstein merkt dat zijn vader en twee joodse vrienden een vroegere kampbewaker hebben ontvoerd. Ze verhoren en slaan hem; de zoon wordt gedwongen partij te kiezen: voor het slachtoffer van nu dat toen folterde, of voor de ondervragers die toen zijn slachtoffers waren.

Behrens, K.
De dertiende fee
Vert. uit het Duits door M. Reitsma. Utrecht, Sjaloom Literair, 1985. 191 blz. (*Die dreizehnte Fee*); Drie vrouwen van joodse afkomst uit opeenvolgende generaties trekken elke dag met elkaar op. Ze leven volgens hetzelfde patroon en hun gedrag is vrijwel identiek. De grootmoeder en de moeder vertellen hun gelijksoortige ervaringen aan de (klein)dochter. De ervaringen van de Tweede Wereldoorlog komen steeds terug bij het ophalen van voorbije gebeurtenissen.

Bellow, S.
De avonturen van Angie March
Vert. uit het Amerikaans door A. v. Huisseling, S. Commandeur en R. Verhoef; 3e dr. Bussum, Agathon, 1990. 558 blz. (*The adventures of Angie march*, 1949); De hoofdpersoon kijkt terug op zijn jeugd en de eerste jaren van zijn volwassenheid. Hij beschrijft zijn jeugd als joodse jongen, opgroeiend in de achterbuurten van Chicago.

Bellow, S.
Een zilveren schaal
Vert. uit het Amerikaans door K. Vondeling; (Marmerboeken, 2); Hilversum, Goossens, 1982. 64 blz.; Terugblik op het leven door een zestigjarige man, waarin

de problemen met het jood-zijn en zijn relatie met zijn zojuist overleden vader centraal staan.

Bellow, S.
Er sterven er meer van liefdesverdriet
Vert. uit het Amerikaaans door S. Commandeur; (Agathon 392). Houten, Unieboek, 1988. 392 blz. (*More die of heartbreak*); De verteller, de slavicus Kenneth Trachtenberg, beschrijft hoe zijn oom, de botanicus Benn Crader, verliefd wordt op de dochter van een berekenende internist, die hem minacht, maar door het huwelijk aanzien en financieel voordeel wil verwerven. Trachtenberg probeert zijn oom, die hij beschouwt als de laatste der zuivere geesten, uit de handen van die mensen te houden.

Carré, J. le (ps. van D.J. Moore Cornwell)
De lokvogel
Vert. uit het Engels door J. Smit; 8e dr. Amsterdam. Sijthoff, 1985. 479 blz. (*The little drummer girl*, 1983); Charlie, een jonge Engelse actrice, wordt als lokaas gebruikt om het vermoedelijke brein van de bomaanslagen op joodse doelwitten, de Palestijn Khalit, uit te schakelen. Verfilmd.

Cohen, A.
Solal
Vert. uit het Frans door P. Syrier. Amsterdam, Manteau, 1985. 310 blz. (*Solal*, 1930); In deze roman staat het Jodendom en vooral de tragiek van het leven van de Joden in ballingschap centraal. De stoutmoedige, gepassioneerde held van het verhaal, Solal geheten, is evenals de auteur van joodse afkomst, geboren op een Grieks eiland en later woonachtig in verschillende Europese steden.

Cohen, A.
De uitverkorene van de heer
Vert. uit het Frans door P. Syrier; Amsterdam, Manteau, 1985. 867 blz. (*Belle du seigneur*, 1968); De joodse diplomaat Solal, die in Genève als ondersecretaris bij de Volkenbond werkt stort zich in een liefde voor de vrouw van één van zijn ondergeschikten en geeft zijn hoge positie daarvoor prijs. Interessante observaties van het society-leven, afgewisseld door lange monologen.

Cohen, L.
Het favoriete spel
Vert. uit het Amerikaans door F. de Groot. Schoorl, Conserve, 190. 374 blz. (*The favourite game*, 1963); Twee joodse jongens uit Montreal peinzen over joodse vroomheid, maar vragen zich tegelijkertijd af wanneer zij nu eens de geschikte

meisjes zullen ontmoeten, waarmee zij hun favoriete spel kunnen spelen. Breavman, dichter in wording, is de hoofdpersoon. Debuut.

Cohen, M.
Nadine
Vert. uit het Engels door P. Bergsma. Baarn, Ambo, 1988. 303 blz. (*Nadine*, 1986); Nadine, een joods meisje dat in Frankrijk is geboren, wordt gered uit de handen van de nazi's. Na de oorlog groeit zij op in Canada. Al spoedig blijkt, dat zij door haar oorlogservaringen moeite heeft met het onderhouden van stabiele relaties. Zelf wordt zij zich daar pas van bewust nadat zij bij een bomaanslag in Jeruzalem gewond is geraakt.

Dalos, G.
De besnijdenis
Vert. uit het Duits door T. Davids. Amsterdam, Van Gennep, 1990. 148 blz. (*Die Beschneidung*, 1990); Robi Singer is na zijn geboorte niet besneden, omdat de politieke situatie dat niet toeliet. In 1956 krijgt hij als 12-jarige jongen overdag les in een joods weeshuis. Om volgend jaar zijn bar-mitzwa te mogen doen, moet hij zich laten besnijden, maar hij durft de beslissing daarover niet te nemen. Ook de volwassenen om hem heen hebben daarover verschillende opvattingen.

Duras, M.
Abahn Sabana David
Uit het Frans vert. en ingel. door J. Versteeg. Tricht, Goossens, 1989. 126 blz. (*Abahn Sabana David*, 1970); Het boek vormt een literaire reactie op de gebeurtenissen in Parijs in 1968. Een man David en een vrouw Sabana gaan naar een afgelegen huis om Abahn — de jood — te arresteren. In dialogen vol symboliek en het verschijnen van andere figuren wordt een onheilspellende sfeer opgeroepen. Het raadsel blijft onopgelost.

Eeden, E. van
De Polgarzusters
Amsterdam, Nygh en Van Ditmar, 1990. 158 blz.; Volgens de Hongaar Laszlo Polgar is een genie niets anders dan een produkt van hard werken en gunstige sociale omstandigheden. Een stabiel joods gezin vormt een goede bodem voor potentiële genialiteit. Zijn drie dochters Zsuzsa, Zsofia en Judith behaalden reeds vele titels bij internationale schaakkampioenschappen. Ed. van Eeden schreef over hen een journalistiek boekje.

Fenyvesi, Ch.
Toen de wereld nog heel was, drie eeuwen herinnering

Vert. uit het Amerikaans door A. v. Huisseling. Amsterdam, Prometheus, 1991. 215 blz., afbn. (*When the world was whole, three centuries of memories*, 1990); Indrukwekkend verhaal van de auteur over zijn voorouders, die in een uithoek van Hongarije eerst als pachters en later als grootgrondbezitters het land bewerkten tot de beide wereldoorlogen aan hun bestaan een einde maakten.

Feuchtwanger, L.
De erven Oppermann
Vert. uit het Duits door B. Keizer-Zilversmidt. Amstelveen, Cypres, 1987. 241 blz. (*Die Geschwister Oppermann*, 1933); Indringende roman over de nazaten van een joodse meubelfabrikant in Berlijn ten tijde van de opkomst van het nationaal socialisme omstreeks 1933. Op macabere wijze laat de auteur zien hoe mensen hun gedrag veranderen als de omstandigheden dit noodzakelijk maken om te overleven.

Fromm, B.
Bloed en banketten, society reporter in Berlijn
Vert. uit het Amerikaans door J. van der Wijk. Amsterdam, Balans, 1991. 282 blz. (*Blood and banquets, A Berlin social diary*, 1990); Opmerkelijke autobiografie van een joodse verslaggeefster die tussen 1930 en 1938 in de hoogste kringen van nazi-Duitsland verkeerde. Dan weet zij nog juist op tijd te vluchten en emigreert naar Amerika. De schrijfster Bella Fromm is een van de hoofdpersonen in Philip Metcalfe's *'1933'*.

Ghali, W.
Bier in de snookerclub
Vert. uit het Engels door P. Heijman. Amsterdam, Nijgh en V. Ditmar, 1990. 215 blz. (*Beer in the snookerclub*, 1964); Egyptische roman over een rijke student Ram die in Londen in aanraking komt met onversneden antisemitisme. Als zijn moeder hem te verstaan geeft dat het niet praktisch is om met een Jodin te trouwen, ziet hij daar vanaf en huwt een Egyptische miljonaire.

Glickman, G.
Jaren later
Vert. uit het Engels door M. Lindenberg. Utrecht, Veen, 1988. 268 blz. (*Years from now*); Het verhaal van een grote joodse familie die rijk is aan tradities. Hoofdpersoon is David die denkt dat hij homosexueel is; toch staat hij met een baby in zijn handen op de voorplaat.

Green, H. (ps. van J. Greenborg)
Wie de koning eert

Vert. uit het Amerikaans door E. Swildens. Baarn, Hollandia, 1977, 327 blz.; Rond 1190 in York spelende roman, waarin de groeiende vijandige houding van adel en geestelijkheid ten opzichte van de in Engeland levende Joden een wig drijft tussen de vriendschap van twee joodse jongens en een christelijk dienstmeisje.

Halter, M.
De herinnering aan Abraham
Vert. uit het Frans door S. Pos. Baarn, De Prom, 1985. 708 blz. (*La mémoire d'Abraham*); De auteur deed zes jaar lang onderzoek naar het spoor van zijn familie. Het werd een verhaal van tweeduizend jaar ballingschap, vanaf de verwoesting van Jeruzalem in het jaar 70 tot aan het neerslaan van de opstand in het getto van Warschau in januari 1943.

Halter, M.
De zonen van Abraham
Vert. uit het Frans door S. Pos; Baarn, De Prom, 1991. 374 blz. (*Les fils d'Abraham*, 1989); Als zijn neef in Jeruzalem door Palestijnen wordt vermoord is dat voor de auteur een aanleiding tot een hernieuwd onderzoek naar familieleden die verstrooid zijn over de hele wereld. Zij voelen allen eenzelfde verbondenheid, ongeacht of ze atheïst zijn of gelovig, geassimileerd of zionist. Onafhankelijk te lezen vervolg op *De herinnering aan Abraham* (1985).

Harbinson, W.A.
Openbaringen
Vert. uit het Amerikaans door G. Grasman. Utrecht, Het Spectrum, 1985. 512 blz. (*Revelation*, 1982); Wanneer een aardschok Jeruzalem teistert, ziet een Amerikaanse Jodin een ster die neerdaalt. Het blijkt een grote zwarte kubus te zijn waarin een man, Jozua, ligt. Dan begint een felle strijd: is Jozua de Messias, de herrezen Christus of de Malchi van de Moslims.

Huelle, P.
Wie is David Weiser?
Vert. uit het Pools door K. Lesman. Amsterdam, Amber, 1991. 250 blz. (*Weiser Dawidek*); Tijdens een naoorlogse zomer spelen kinderen oorlogje in het kapotgeschoten Poolse Gdansk. David Weiser, een raadselachtig opgedoken joodse jongen, wordt van mikpunt van zijn medescholieren tot een magisch leider. Wie is deze David die kan zweven en aan wie de wilde dieren gehoorzamen? Interessant debuut.

Joffo, J.
Niet de woorden, maar de melodie

Vert. uit het Frans door H. Martens. 's-Gravenhage, BZZTôH, 1989. 191 blz. (*Anna et son orchestre*); Anna (de moeder van de auteur) en haar familie ontvluchtten in het begin van deze eeuw Rusland om aan de pogroms te ontkomen. Samen vormen ze een orkest en trekken van hoofdstad naar hoofdstad. Het verhaal is in de ik-vorm geschreven: Anna beschrijft haar leven tusen haar 11de en haar 23ste jaar.

Jong, E.
Serenissima, Venetiaanse roman
Vert uit het Amerikaans door R. Cohen. Utrecht, Het Spectrum, 1987. 252 blz. (*Serenissima*); Roman waarin de filmster Jessica tijdens een filmfestival in Venetië op miraculeuze wijze teruggaat in de tijd en daar als de joodse Jessica uit de koopman van Venetië een romance beleeft met William Shakespeare. De schrijfster geeft een goed beeld van het getto van het oude Venetië; Serenissima is een oude naam voor die stad.

Kafka, F.
Het proces
Vert. uit het Duits door Th. Graftdijk. Amsterdam, Querido, 1988. 272 blz., afbn. (*Der Prozess*, 1935); Dit beklemmende werk van Kafka werd opnieuw vertaald door Thomas Graftdijk die de oorspronkelijke toon van Kafka's proza heeft willen bewaren. Met zwart-wit tekeningen van J. Vlasveld.

Kafka, F.
Verzameld werk
8ste geheel herz. en uitgebr. dr., geb. Amsterdam. Querido, 1987. 1072 blz.; In deze herdruk van het verzameld werk van Kafka's romans en verhalen zijn de vertalingen van 'Het Slot' (Sötemann) en 'Amerika' (N. Brunt) grondig herzien. De vertaling van 'Het Proces' door A. van Nahuys is vervangen door een geheel nieuwe van R. Wolf. Aan 'Het Proces' zijn ook onvoltooide hoofdstukken en door Kafka doorgestreepte passages in vertaling toegevoegd. Deze Nederlandse editie is gebaseerd op de laatste door Max Brod verzorgde editie van Kafka's werk. Er is ook een 9de dr., eveneens geb. met stofomslag.

Kalisky, R.
Het onmogelijke koninkrijk
Vert. uit het Frans door T. Luyben. Amsterdam, Manteau, 1987. 392 blz. (*L'impossible royaume*); De verteller is een joodse toneelschrijver en journalist. Hij doet verslag van zijn belevenissen en ideeën die uitmonden in een filmscenario over de opstand van de Makkabeeën. De profeet Amos, Kafka, de Makkabeeën en

Menachem Begin, de visie van de verteller en het zionisme vormen de bouwstenen voor deze roman.

Kaminski, A.
Kiebitz
Vert. uit het Duits door Th. Graftdijk. Amsterdam, Bert Bakker, 1989. 264 blz. (*Kiebitz*); In een briefwisseling met zijn psychiater leren we de geschiedenis van Kiebitz kennen. Als een in Zwitserland geboren joodse Pool keert hij na de Tweede Wereldoorlog het Westen de rug toe en vestigt zich in Warschau. Tijdens de golf van antisemitisme 1968 vlucht hij naar Wenen, zijn vrouw en kind besluiten in Polen te blijven. De gebeurtenissen hebben hem letterlijk met stomheid geslagen; hij verliest zijn spraakvermogen.

Kaminski, A.
Volgend jaar in Jeruzalem
Vert. uit het Duits door Th. Graftdijk. Amsterdam, Bert Bakker, 1987. 280 blz. (*Nächstes Jahr in Jeruzalem*); Roman over twee joodse families voor, tijdens en na de Eerste Wereldoorlog. De intriges en familieruzies van de rijke familie Kaminski en de arme familie Rosenbach zijn bepalend voor de sfeer van het levendige verhaal.

Kaniuk, Y.
Bekentenissen van een goede Arabier
Vert. uit het Hebreeuws door H. Pach. Amsterdam, Meulenhoff, 1990. 246 blz. (*Aravi tov*); Jozef Sjerara, de verteller, draagt twee zielen in zijn borst. Zijn moeder is een Jodin, die na Theresiënstadt een heldin was in de Onafhankelijkheidsoorlog. Zij vader Azoer is een geleerde Arabier, deskundig op het gebied van het Arabisch-Israëlisch conflict. Sjerara, voor zijn joodse kennissen Rosenzweig, komt hierdoor vaak in tweestrijd.

Kellerman, J.
Domein van de beul
Vert. uit het Engels door F. de Groot. Utrecht, Luitingh, 1988. 632 blz. (*The butcher's theatre*, 1988); De hoofdpersoon, een Jemenitische modern-orthodoxe politie-inspecteur in Jeruzalem, heeft z'n handen vol aan het oplossen van een serie moorden op Arabische meisjes. De auteur heeft zich goed op de hoogte gesteld van de locatie in Jeruzalem en van de détails van het dagelijks leven in Israël.

Kis, D.
Tuin, as

Vert. uit het Servokroatisch door R. Schuyt. Amsterdam, De Bezige Bij, 1991. 170 blz. (*Basta, pepeo*, 1965); Eerste deel van een autobiografisch drieluik waarvan in 1989 de roman *Zandloper* in het Nederlands verscheen. Dit deel gaat over een vroege episode uit het leven van Andi Sam, zoon van een joodse vader en een Servische moeder. Steeds meer wordt het verhaal beheerst door deze vader, wiens leven door de oorlog in gevaar komt.

Kolmar, G. (ps. van Chodziesner)
Een joodse moeder
Vert. uit het Duits door F. van der Velde. Tricht, Goossens, 1985. 176 blz. (*Eine jüdische Mutter*, 1965); De schrijfster werd in 1894 in Berlijn geboren en kwam in 1943 in een concentratiekamp om. Haar roman gaat over een joodse vrouw die zich wil wreken op de man die haar dochtertje heeft verkracht. Het thema haat-liefde is in de roman belangrijker dan het joodse motief.

Konrad, G.
Tuinfeest
Vert. uit het Hongaars door H. Kammer. Amsterdam, Van Gennep, 1988. 423 blz. (*Kerti mulatsag*, 1985); Tegen het decor van de geschiedenis van Hongarije en van de Hongaarse Joden voegt de Hongaars-joodse auteur een kaleidoscopische reeks beelden, portretten en verhalen samen tot een boeiende roman. De hoofdpersoon, een schrijver in Boedapest, vertoont een opvallende gelijkenis met de auteur van het boek.

Kurz, C.H.
De zanger met de hoge hoed, memoires van een oude dwaas
Vert. uit het Duits door C. Dalenoort-Beversluis. Breda, De Geus, 1986. 46 blz. (*Der Sänger mit dem hohen Hut; Memoires eines alten Tores*); Een reis door Europa in de tijd van de kruistochten door de joodse troubadour Jeremiah Süsskind. Gekleed in een lange zwarte jas en met de joodse hoed met spitse punt ervaart hij vele vernederingen en ontberingen.

Levi, P.
Het respijt
Vert. uit het Italiaans door F. de Matteis-Vogels. Amsterdam, Meulenhoff, 1988. 232 blz. (*La Fregua*, 1962); Na de bevrijding van Auschwitz wordt Levi door de Russen maandenlang met lotgenoten van het ene naar het andere opvangkamp gestuurd. Zorgvuldig en doordacht beschrijft hij zijn bizarre omzwervingen en vaak hoogst merkwaardige belevenissen. Vervolg op 'Is dit een mens?'

Lévy, Bernard-H.
De duivel in het hoofd, het gelaat van een eeuw
Vert. uit het Frans door M. Veenis. Amsterdam, Bert Bakker, 1988. 412 blz. (*Le diable en tête*, 1984); Een meeslepend verhaal over de joodse Benjamin, wiens tragisch lot is verweven met dat van de Duitse bezetting, het New York van de jaren vijftig, het Rome van de Rode Brigades, de mei-revolte van 1968, het brandende Beiroet van de Palestijnen en het huidige Jeruzalem. Het boek verscheen in 1986 onder de titel: De duivel op kop.

Lévy-Willard, A.
Jane zoekt Tarzan
Vert. uit het Frans door M. Vosmaer en K. van Santen; Amsterdam, Van Gennep, 1989. 203 blz. (*Moi, Jane, cherche Tarzan*); Hoofdpersoon is een joodse tv-reporter Catharine Welles. Speurend naar de daders van een bomaanslag op een Parijse synagoge, loopt zij een mysterieuze Bulgaar tegen het lijf. Liefde tegen de achtergrond van journalistieke belevenissen, o.a. een James Bond-achtige jacht op Mengele in Paraquay.

Malamud, B.
De bediende
Vert. uit het Engels door E. Hoog; (Meulenhoff Pocket). Amsterdam, Meulenhoff, 1988. 281 blz. (*The assistant*, 1957); Roman over het leven van een joodse kruidenier en zijn bediende in het Brooklyn van de jaren dertig.

Meyrink, G.
De Golem
Vert. uit het Duits door W. Tieges; 4e dr. Cothen, Servire, 1991. 253 blz. (*Der Golem*, 1915); Herdruk van een in 1980 bij Meulenhoff verschenen uitgave. Een wereldberoemd verhaal spelend in de joodse wijk van Praag.

Nadas, P.
Einde van een familieroman
Vert. uit het Hongaars door H. Kammer. Amsterdam, van Gennep, 1988. 180 blz. (*Egy csaladrégeny vége*, 1981); Gezien vanuit de belevingswereld van een kind, blijkt de politieke wereld waarin het verhaal zich afspeelt schimmig en bedreigend. De roman beweegt zich op verschillende niveaus, waarin de vertelde verhalen, en vooral de familiegeschiedenis van de grootvader een grote rol spelen. Het verhaal van de voorouders is in feite de geschiedenis van de Joden in de diaspora.

Norman, H.
Tussen minnaars en rivalen

Vert. uit het Engels door J. Rosenau-Hes. Amsterdam, De Boekerij, 1989. 446 blz. (*In Love and Friendship*, 1986); Een joodse vluchteling uit het verscheurde Duitsland legt zijn lot in handen van een Zwitserse jongen. Zij worden gezworen kameraden. Als de beeldschone Alexandra in hun leven komt, worden de vrienden bittere rivalen.

Oz, A.
Black box
Vert. uit het Hebreeuws door H. Pach. Amsterdam, Meulenhof, 1989. 286 blz. (*Koefsa sjechora*, 1987); Via de zwarte doos kan de oorzaak van een ramp met een vliegtuig worden opgespoord. De brieven, waarop de roman van Amos Oz is gebaseerd, vormen als het ware de zwarte doos waaruit de ramp die zich ontwikkelt in de betrekkingen tussen de vijf briefschrijvers, kan worden gedestilleerd.

Oz, A.
Tot ter dood
Vert. uit het Hebreeuws door M. v. Tijn (Moderne Hebreeuwse literatuurreeks). Amstelveen, Amphorabooks, 1983. 78 blz. (*Ad mawet*); Een novelle over de kruisvaarder Graaf Guillaume de Touron die in 1096 op weg gaat naar het heilige land. Zijn kroniekschrijver, de Bochelaar, beschrijft hoe overal waar zij komen Joden op de vlucht slaan. Roepen zij de krachten van het kwaad op?

Oz, A.
Volmaakte rust
Vert. uit het Hebreeuws door H. Pach. Amsterdam, Meulenhoff, 1987. 452 blz. (*Menoecha Nechona*, 1982); Een roman over het Israël van de jaren zestig en het conflict tussen oude en nieuwe idealen. De verschillende opvattingen worden gepersonifieerd in leden van een ogenschijnlijk zeer kalme kibboetsgemeenschap. Het door de Israëli's verwoeste Arabische dorp in de nabijheid speelt een spookachtige rol: schuldgevoel en angst wisselen elkaar daarbij af.

Oz, A.
Een vrouw kennen
Vert. uit het Hebreeuws door H. Pach. Amsterdam, Meulenhoff, 1991. 303 blz. (*Lada'at isja*, 1989); Je kunt pas liefhebben als je iemand door en door kent. De hoofdpersoon in deze roman is een geheim agent Ravid, die als zijn vrouw door een ongeluk om het leven komt, besluit de dienst te verlaten. Het boek volgt de ontwikkeling van Ravid op zoek naar zichzelf en naar menselijk contact.

Ozick, C.
De Messias van Stockholm
Vert. uit het Engels door M. Flothuis. Amsterdam, Van Gennep, 1988. 149 blz. (*The messiah of Stockholm*); Lars Andamening, een Zweedse journalist die als naamloze wees tijdens de oorlog Europa werd uitgesmokkeld, is ervan overtuigd dat hij het enige kind is van de Pools-joodse schrijver Bruno Schulz die in 1942 door de gestapo werd vermoord. Hij gaat op zoek naar het manuscript De Messias, een werk van Schulz waarvan alleen de titel bewaard is gebleven. Een roman die in wisselende dimensies over waan en werkelijkheid handelt.

Plain, B.
Een liefde in New Orleans
Vert. uit het Engels door E. Franci. Baarn, De Kern, 1986. 345 blz. (*Crescent City*); Miriam Raphaël komt, na een armoedige jeugd in een Europees getto, terecht in New Orleans, vlak voor het uitbreken van de Amerikaanse burgeroorlog. Zij trouwt met een rijke plantagebezitter maar het huwelijk blijkt niet gelukkig. In de beschrijving van een daaropvolgende liefdesgeschiedenis wordt tevens veel verteld over slavernij, feminisme en Jodenvervolging.

Potok, Ch.
Het boek van het licht
Vert. uit het Amerikaans door J. Bos. 's-Gravenhage, BZZTôH, 1987. 402 blz. (*The book of lights*, 1981); Het leven van de jongen Gershon Loran wordt getekend door oorlogsgeweld: zijn ouders komen om bij een vuurgevecht in Palestina, zijn enige neef sneuvelt in de oorlog als gevechtspiloot. Potok gaat in op het probleem van oorlogsgeweld, de Amerikaanse verantwoordelijkheid voor de atoombom en de betrokkenheid van de joodse wetenschappers daarbij.

Potok, Ch.
Davita's harp
Vert. uit het Engels door P. Sollet. 's-Gravenhage, BZZTôH, 1986. 354 blz. (*Davita's harp*, 1985); Davita, een gevoelig en intelligent joods meisje, groeit op in de jaren dertig in New York. Ze doet afstand van de idealen van haar ouders en komt in aanraking met de orthodox joodse wereld. Ze voelt zich daar echter als jonge vrouw niet geaccepteerd. Bij alles wat ze onderneemt weet ze zich gesteund door de 'goede muziek van de wereld', de zachte tonen van een harp.

Potok, Ch.
In den beginne
Vert. uit het Amerikaans door P. Sollet en J. Bos. 's-Gravenhage, BZZTôH, 1987. 482 blz. (*In the Beginning*, 1976); David, een orthodox joodse jongen van Poolse

afkomst die opgroeit in New York, wordt daar geconfronteerd met antisemitisme. Davids vader is lid van een groep Joden die zich met wapens verzetten tegen vervolging. David kiest een andere, zeker niet makkelijke weg. Hij gelooft in de macht van het woord om zijn tegenstanders te verslaan.

Potok, Ch.
Mijn naam is Asher Lev
Vert. uit het Amerikaans door L. Nijgh en M. Mock-Degen; 2e dr.
's-Gravenhage, BZZTôH, 1985. 288 blz.; Herdruk van de in 1974 bij Strengholt verschenen roman over een jongen die opgroeit in een orthodox Russisch-joods gezin.

Potok, Ch.
Uitverkoren
Vert. uit het Amerikaans door P. Sollet. 's-Gravenhage, BZZTôH, 1987. 263 blz. (*The Chosen, 1967*); De vriendschap tussen Danny Saunders, zoon van een chassidische rabbijn in Brooklyn, en Reuven, wiens vader zionist is, leidt tot emotionele confrontaties. Potok beschrijft met warmte de ontwikkeling van de beide jongens en hun zo verschillende milieu.

Potok, Ch
De belofte
Vert. uit het Amerikaans door P. Sollet en E. de Moed. 's-Gravenhage, BZZTôH, 1987. 350 blz. (*The promise*, 1969); Zelfstandig te lezen vervolg op De Rechtvaardige. De hoofdpersonen zijn volwassen geworden en beiden staan voor een belangrijke keuze in hun leven. Ze menen beslissingen te moeten nemen die haaks staan op het standpunt van hun leraren.

Potok, Ch.
De gave van Asjer Lev
Vert. uit het Amerikaans door J. Bos. 's-Gravenhage, BZZTôH, 1990. 416 blz., (*The gift of Asjer Lev*); Een vervolg op 'Mijn naam is Asjer Lev'. Het speelt ongeveer twintig jaar later. De hoofdpersoon is getrouwd en woont met vrouw en kinderen in Zuid-Frankrijk. Van zijn vroeger milieu is hij totaal vervreemd. Wanneer hij voor een kort bezoek terugkeert naar New York raakt hij in een dilemma tussen zijn verlangen om zich bij de chassidische gemeenschap in New York aan te sluiten en zijn vrijheidsdrang als individualistisch kunstenaar.

Richler, M.
De leerjaren van Duddy Kravitz

Vert. uit het Amerikaans door J. van Helmond. Amsterdam, Van Gennep, 1989. 373 blz. (*The apprenticeship of Duddy Kravitz*, 1959); De in de VS wonende hoofdpersoon Duddy doet er alles aan zijn droom, een eigen stuk grond, in vervulling te laten gaan. Hij manoevreert en sjachert, hij maakt zich gehaat, maar geen prijs is hem te hoog. Een satirische roman, die een mooi beeld geeft van de stad Montreal in de jaren 50.

Raddatz, F.J.
De wolkendrinker
Vert. uit het Duits door N. van Maaren. Amsterdam, De Arbeiderspers, 1989. 203 blz. (*Der Wolkentrinker*, 1987); Roman in de vorm van een flashback. Bernd ziet de vrouw terug op wie hij als scholier vlak na de oorlog waanzinnig verliefd was geweest. Door haar en haar vriend Stefan, beiden joodse oorlogsslachtoffers, leert Bernd het na-oorlogse Duitsland met andere ogen zien. Uiteindelijk geldt dat ook voor de door hen geïdealiseerde wereld van de DDR.

Rafael, F.
Na de oorlog
Vert. uit het Engels door J.J. de Wit. Houten, Agathon, 1989. 431 blz. (*After the war*); Beschrijving van verschillende episodes uit het leven van de ik-figuur Michael Jordan. Hij is geboren in een welgesteld Engels- joods gezin, dat vanuit de omgeving steeds wordt geconfronteerd met vragen die betrekking hebben op het jood-zijn.

Rogan, B.
Café Nevo
Vert. uit het Engels door M. op den Camp. Amsterdam, Wereldbibliotheek, 1988. 281 blz. (*Café Nevo*); Israëlische roman over lief en leed en de soms hoog oplopende emoties van de bezoekers van het sjofele café Nevo in Tel Aviv. Een oude excentrieke kellner is de spilfiguur tussen types als de racistische auteur Caspi, de Palestijnse dichter Mussawa en de serene schilderes Sarita Blume.

Roth, H.
Noem het slaap
Vert. uit het Amerikaans door J. Schalekamp en B. de Vries; 2e dr. Utrecht, De Bezige Bij, 1989. (*Call it sleep*, 1934); Herdruk van een in 1967 bij Contact uitgegeven roman over een joodse jongen in New York die het kind van een ander blijkt te zijn.

Roth, Ph.
Bedrog

Vert. uit het Amerikaans door R.v.d. Veer. Amsterdam, Meulenhoff, 1990. 176 blz. (*Deception*); 'Bedrog', een spel van literaire schijn en werkelijkheid. Een dialoog tussen een getrouwde Amerikaanse schrijver en zijn eveneens getrouwde Engelse minnares die vrijwel geheel in bed plaatsvindt. Aan het slot is zij zeer gepikeerd, omdat hij haar in zijn inmiddels verschenen roman zo herkenbaar heeft afgeschilderd.

Roth, Ph.
Het contraleven
Vert. uit het Amerikaans door R.v.d. Veer. Amsterdam, Meulenhoff, 1988. 368 blz. (*The counterlife*, 1986[7]); De schrijver Nathan Zuckermann speelt een vernuftig spel met alter ego's. Een breuk forcerend met het heden zoeken de beide broers Zuckerman hun heil in een nieuwe omgeving.

Roth, Ph.
Patrimonium, een waar verhaal
Vert. uit het Amerikaans door Else Hoog. Amsterdam, Meulenhoff, 1991. 235 blz. (*Patrimony: A True Story*, 1991); Philip Roth beschrijft de laatste maanden en de dood van zijn 86-jarige vader Herman, die overlijdt aan een hersentumor. Het verslag van de ziekte en het ontroerende contact tussen vader en zoon, worden afgewisseld met herinneringen van de vader die hij in zijn laatste levensfase vertelt.

Rubens, B.
Broers
Vert. uit het Engels door L. Bartel. Utrecht etc., Bruna, 1985. 463 blz. (*Brothers*, 1983); De rode draad in dit verhaal wordt gevormd door de lotgevallen van steeds twee broers uit opeenvolgende generaties van de joodse familie Bindel. Vrijwel zonder ophouden worden zij achtervolgd door discriminatie, vernedering en bruut geweld. Zo trekt anderhalve eeuw antisemitisme aan de lezer voorbij.

Saloff-Astakhoff, N.I.
Judith, het ongelooflijke ware levensverhaal van een jonge Russische vrouw, haar geloof en haar tragische dood
Vert. uit het Engels, naar het Russisch, door H.A. Luuring. Groede, Pieters, 1985, 111 blz.; Levensverhaal van een Russisch joods meisje dat zich in het begin van deze eeuw tot het christendom bekeert. In 1917 is ze als martelares gestorven.

Schulberg, B.
Waarom heeft Sammy haast?

Vert. uit het Amerikaans door J. Kuis. Bussum, Villa, 1983. 283 blz. (*What makes Sammy run?*); Een man afkomstig uit een eenvoudig joods milieu in New York, maakt ten koste van zijn vrienden carrière in de filmindustrie van Hollywood.

Shalev, M.
Geliefde aarde, een Russische roman
Vert. uit het Frans door A. Michael. 's-Gravenhage, BZZTôH, 1990. 400 blz. (*Roman Russi*, 1989); Familiekroniek van drie generaties van de Russische familie Mirkin in het land Israël. De pioniers van de eerste generatie vertrokken aan het begin van de twintigste eeuw uit Kiev om zich in Palestina te vestigen. Hun kinderen en kleinkinderen groeiden er op. Het verhaal wordt verteld vanuit het gezichtspunt van de wees Baruch, die zijn grootvader Jacob Mirkin zoals hij dat wenste in zijn boomgaard begraaft.

Shea, Noah ben
Jacob de bakker, dagelijkse wijsheid voor iedereen
Vert. uit het Engels door L. Westerveld. Baarn, Mingus, 1990. 117 blz., (*Jacob the baker*); Filosofische gedachten en aforismen van een vrome joodse, zichzelf wegcijferende bakker, die regelmatig zijn ideeën opschrijft op stukjes papier. Bij toeval komt één van die papiertjes in een brood terecht en wordt gevonden door een vrouw die veel wijsheid en troost in Jacobs woorden vindt.

Shyron. W.
Sophie's keuze
Vert. uit het Amerikaans door W. Dielemans. Utrecht, Veen, 1980. 563 blz. (*Sophie's choice*); Een jonge Amerikaanse schrijver woont in New York in het zelfde pension als twee geliefden, waarvan de uit Polen afkomstige vrouw, die Auschwitz heeft overleefd niet los kan komen van haar herinnering aan de keuze die zij daar gedwongen werd te maken.

Siegal, A.
Genade in de woestijn, na de bevrijding 1945 -1948
Vert. uit het Amerikaans door W. Ramaker. Kampen, Kok, 1987. 186 blz. (*Grace in the wilderniss*, 1985); Vervolg op het verhaal dat Piri heeft verteld in De Zondebok. Na de bevrijding van Bergen-Belsen kunnen Piri en haar zusje niet naar Hongarije terugkeren. Ze komen terecht in Zweden, waar Piri opnieuw een kans krijgt om jong te zijn en over de toekomst te dromen.

Signoret, S.
Adieu Volodia

Vert. uit het Frans door F. de Haan. Amsterdam, De Arbeiderspers, 1986. 468 blz. (*Adieu Volodia*); De bekende Franse filmster Simone Signoret schreef een verhaal over het leven van een aantal joodse families die elkaar na hun vlucht uit o.a. Polen en de Oekraïne in Parijs hebben ontmoet. Het hoofdverhaal is opgebouwd uit een ketting van fragmenten over hun karakters en afkomst, de liefdes en huwelijken, de belevenissen van de opgroeiende kinderen, het werk, maar ook de frustraties en schokkende ervaringen die in de onderlinge relatie een rol spelen.

Singer, I.B.
De golem
Vert. uit het Jiddisch door M. Rafalowicz. Haarlem, Holland, 1985. 80 blz., afbn.; De golem, een door Rabbi Leib van Praag tot leven geroepen reus van klei, helpt de Joden in tijden van nood. Als de rabbi hem echter ten tweede male tot leven roept verliest hij de macht over de golem en het dreigt mis te gaan.

Singer, I.B.
De slaaf
Vert. uit het Amerikaans door B. Kriek. Amsterdam, De Arbeiderspers, 1985. 270 blz. (*The Slave*, 1962); De joodse jongen Jacob wordt in het Polen van de 17de eeuw als slaaf verkocht aan niet-joodse boeren. Hij woont jarenlang op een berg waar hij het vee verzorgt. Hoewel Jacob pogingen doet zich aan de joodse wetten te houden, wordt hij verliefd op de boerendochter Wanda. Als hij wordt vrijgekocht neemt hij haar mee.

Singer, I.B.
De boeteling
Vert. uit het Amerikaans door R. Kurpershoek; 2e dr. Amsterdam, De Arbeiderspers, 1989. 154 blz. (*The penitant*, 1983); Een rijke, overspelige zakenman vindt na lang zoeken en dwalen zijn bestemming in Israël. Hij sluit zich aan bij een zeer orthodoxe groepering en trouwt met één van de dochters van de leider.

Singer, I.B.
De familie Moskat
Vert. uit het Amerikaans door B. Kriek; (Grote ABC 598). Amsterdam, De Arbeiderspers, 1987. 631 blz. (*The family Moskat*, 1950); Historische familieroman, spelend in Polen voor 1983. Talloze motieven en verwikkelingen spelen dooreen in deze familiesage, die preludeert op de verschrikkingen van de oorlog.

Singer, I.B.
Het landgoed
Vert. uit het Amerikaans; 2e dr. Amsterdam, Rainbow Pockets, 1986. (*The manor*); Herdruk van de in 1969 bij Bruna, Utrecht verschenen Poolse familieroman.

Singer, I.B.
Sosha
Vert. uit het Amerikaans door J. van Helmond; 2e dr. Amsterdam, Arbeiderspers, 1987 (*Sosha*, 1978). Herdruk van de in 1979 voor het eerst verschenen autobiografische roman die speelt in warschau ten tijde van het opkomend nazisme.

Singer, I.B.
Vijanden, een liefdesroman
Vert. uit het Amerikaans door S. Bromet. Amsterdam, Rainbowpockets, 1986. (*Enemies; a lovestory*, 1972); Herdruk van de in 1973 voor het eerst in Nederland verschenen roman over een man in Amerika wiens dood gewaande vrouw bij hem terugkomt.

Singer, I.J.
Josje Kalb
Vert. uit het Amerikaans naar het Jiddisch, door P. Sollet en E. de Moed. 's-Gravenhage, BZZTôH, 1990. 256 blz. (*Yoshe Kalb*, 1932); Gebaseerd op een oud volksverhaal beschrijft Singer de wereld van met elkaar wedijverende chassidische dynastieën in Oost-Europa aan het einde van de negentiende eeuw. De hoofdpersoon ontvlucht de decadentie van het 'hof' van zijn schoonvader, een rabbijn, en gaat vanaf die tijd als Josje Kalb - Josje de Dwaze - door het leven. Het portret op de omslag is afkomstig van een schilderij van Isidoor Kaufmann in het Joods Historisch Museum. Het boek bevat een bibliografie en een biografie van de auteur.

Smith, W.
Als een adelaar in de lucht
Vert. uit het Engels door J. van Wijk; herdr. (Parel-Pockets). Amsterdam, Elsevier, 1985. 384 blz. (*Eagle in the sky*, 1974); Een jonge miljonairszoon van joodse afkomst gaat als oorlogsvlieger de Israëli helpen in hun strijd tegen de Arabieren. Een avonturenverhaal met veel spanning en actie.

Szczypiorski, A.
De mooie mevrouw Seidenman

Vert. uit het Pools door G. Rasch. Amsterdam, Amber, 1988. 245 blz. (*Poczatek*, 1986); Irma Seidenman, de hoofdpersoon in deze roman, probeert tijdens de oorlog buiten het getto in Warschau angstvallig haar joodse afkomst verborgen te houden, maar door verraad valt zij toch in handen van de Gestapo. Zij overleeft en krijgt na de oorlog een hoge post op een ministerie, waar zij in 1968 vanwege haar joodse identiteit ontslagen wordt.

Szczypiorski, A.
Een mis voor de stad Atrecht
Vert. uit het Pools door G. Rasch. Amsterdam, Amber, 1989. 208 blz. (*Msza za miasto*, 1971); Historische allegorie in de vorm van een roman over de Joden- en heksenvervolgingen in het Atrecht van de 15de eeuw. Toen deze stad in die tijd werd geteisterd door de pest en door hongersnood werden de Joden aangewezen als zondebok.

Uris, L.
Mitla Pas
Vert. uit het Amerikaans door Y. Ligterink. Baarn, Hollandia, 1990. 448 blz., (*Mitla Pass*); De hoofdpersoon sluit zich in 1956 aan bij de Israëlische troepen en wordt per parachute afgeworpen boven de Mitla Pas in de Sinaï, een sleutelpositie ver achter de vijandelijke linies.

Weil, G.
De bruidsprijs
Vert. uit het Duits door R. v. Hengel. Hilversum, Gooi en Sticht, 1989. 163 blz. (*Der Brautpreis*); Twee joodse vrouwen vertellen hun verhaal over de herdersknaap David en hoe hij veranderde nadat hij de macht had gekregen. De eerste is Michal, de vrouw van David, die tweehonderd voorhuiden van Filistijnen als bruidsprijs voor haar geeft. De tweede vertelster is Grete Weil zelf; zoals Michal aan het begin van de joodse geschiedenis staat, zo ziet zij zichzelf aan het einde. In 1988 ontving ze voor dit boek de Geschwister Scholl-Preis.

Weil. G.
Generaties
Vert. uit het Duits door M. Klaarhamer. Amsterdam, Meulenhoff, 1984. 160 blz. (*Generationen*); Drie vrouwen van verschillende generaties, elk met een andere achtergrond en levensopvatting, besluiten bij elkaar in te trekken. Al snel ontstaat er een subtiele genadeloze strijd om elkaars genegenheid. De oudste vrouw, die joods is, doet het verslag van hun ervaringen.

Werfel, F.
Het bleekblauwe handschrift van een vrouw
Vert. uit het Duits door M. Rummens; Antwerpen, Dedalus, 1988. 135 blz. (*Ein blassblaue Frauenschrift*, 1986); Franz Werfel geeft in dit boekje, dat hij in 1938 heeft geschreven, een impressie van Oostenrijk vlak voor de Duitse inval, gezien door de ogen van een hoge staatsambtenaar. Jaren geleden had deze een verhouding met een joodse vrouw, die nu zijn hulp inroept om de toekomst van haar (hun?) zoon veilig te stellen.

Wiesel, E.
Avondschemering in de verte, roman
Vert. uit het Frans door J.W. Philipsen. Hilversum, Gooi en Sticht, 1988. 208 blz. (*Le crépuscule, du loin*, 1987); De hoofdpersoon Rafaël, de enige overlevende uit Rovidok in Polen, zoekt zijn vriend Pedro die hem gered heeft. Op zijn speurtocht komt hij terecht in een psychiatrische kliniek in de USA. In zijn gesprekken daar komen de herinneringen aan het verleden weer boven.

Wiesel, E.
De golem, een legende
Vert uit het Engels door M. Middelhoff- v. d. Sande; Hilversum, Gooi en Sticht, 1987. 105 blz., afbn. (*The Golem, the story of a legend*, 1983);
Wiesel vertelt opnieuw de oude legende van het door rabbi Löw in Praag gemaakt wezen. In zijn vertelling ligt de nadruk op het mysterie, maar ook op het verlangen naar de bescherming die van de golem uitging. Mark Podwal maakte schitterende tekeningen, meestal met Praag als achtergrond.

Wiesel, E.
Het vergetene
Vert. uit het Frans door J. Schalekamp. 's-Gravenhage, BZZTôH, 1990. 271 blz. (*L'oublié*); Elhanan komt uit de Karpaten. Hij overleeft de vervolging maar 'vergeet' wat er is gebeurd. Zijn zoon Malkiël reist terug om zijn wortels, zijn identiteit te ontdekken. Wint de herinnering het van het vergeten?

Wiseman, A.
Het offer, een roman van vaders en zoons
Vert. uit het Amerikaans door D. Ouwendijk. Bilthoven enz., Nelissen enz., 1957. 306 blz.; Tegen de achtergrond van een orthodox joods emigrantenmilieu in een stad in Canada, speelt het drama zich af van een man die ziet hoe zijn nageslacht zich van het oude geloof vervreemdt.

Wood, I.
De tafelknecht
Vert. uit het Engels door M. Polman. Amsterdam, Van Gennep, 1989. 357 blz. (*The kitchen man*); De jonge ambitieuze Jood Gabe Rose is een uitstekend kellner in een chique restaurant in Boston. De geheimen van zijn invloedrijke klanten verwerkt hij in een toneelstuk. Als de bekende joodse regisseur Cynthia Kagan naar het restaurant komt, ontstaat er een wisselvallige liefdesrelatie tussen hen beiden.

Yehoshua, A.B.
De vijf jaargetijden van Molcho
Vert. uit het Hebreeuws door R. Verhasselt. Amsterdam, Wereldbibliotheek, 1991. 352 blz. (*Molcho*, 1987); Na het overlijden van zijn vrouw, die zeven jaar aan een slopende ziekte leed, probeert Molcho een nieuw leven te beginnen. Hij zoekt naar ontmoetingen met andere vrouwen en reist daarbij kriskras door Israël en Europa.

Zwerenz, G.
De aarde is zo onbewoonbaar als de maan
Vert. uit het Duits door J. Liefrink. Antwerpen, enz. Standaard enz., 1977. 368 blz. (*Die Erde ist unbewohnbar wie der Mond*, 1973); Een zoon van naar Israël geëmigreerde Joden keert terug naar Duitsland en wordt daar als handelaar in onroerend goed schatrijk. Hij denkt na over de verhouding tussen Duitsers en Joden en over de problemen van het leven in de moderne maatschappij.

4.2.3 Bundels met verhalen en of anekdoten

Agnon, S.J.
Liefdesverhalen
Vert. uit het Hebreeuws en toegel. door A.v.d. Heide. Hilversum, Gooi en Sticht, 1990. 134 blz.; Samuël Josef Agnon (1888-1970) wordt beschouwd als de klassieke prozaschrijver van de modern Hebreeuwse literatuur. Deze bundel bevat zes korte verhalen waarin het thema van de liefde tussen man en vrouw op verschillende wijze is uitgewerkt. Jodendom en joodse traditie speelt in elk verhaal een belangrijke rol. Informatie over de oorspronkelijke uitgave vindt men bij elk verhaal apart.

Baeck, L.
Een licht breekt door
Vert. uit het Duits en uit het Eng. door J. Vos en C. Adang; verz. en ingel. door J.S. Vos. Kampen, Kok, 1987. 144 blz.; Om de aandacht te vestigen op het belang van de joodse geleerde Baeck, 1873-1956, o.a. bekend van *Das Wesen des Judentums* (1905), verzamelde J.S. Vos artikelen uit tijdschriften waarin Baeck zich

tot een breder publiek richt. Het boek bevat artikelen over moreel verzet in het Derde Rijk, het wezen van het Jodendom en de dialoog met christenen en Islam.

Chagall, B.
Brandende kaarsen, herinneringen aan de verdwenen joodse wereld
Bevat: *Waarom staan die kaarsjes daar... ?* (eerste druk 1971) en *Voor het eerst* (waarin opgenomen *Mijn schriften*), (eerste druk 1973); Vert uit het Duits door J. Walvis en W. Tieges. Amsterdam, Meulenhoff, 1984. 366 blz., met tekeningen van Marc Chagall (*Brenendike Licht, Die Ershte Begegnish*); Fijnzinnig beschreven jeugdherinneringen van de vrouw van de schilder Marc Chagall. Ze beschrijft het joodse leven, de sfeer van hoogtij- en feestdagen in het Russische plaatsje Vitebsk, waar zij haar jeugd doorbracht.

Dische, I.
Vrome leugens, novellen en verhalen
Vert. uit het Amerikaans door T. Davids. Amsterdam, Van Gennep, 1990. 256 blz. (*Fromme Lügen*); Zeven beklemmende verhalen van een joodse schrijfster, geboren in Amerika, die woont in Berlijn. Ze kreeg een RK opvoeding. Deze achtergrond komt in de vorm van verschillende thema's terug in de verhalen, die gekenmerkt worden door verbrijzelde illusies en ontmaskering van vermommingen.

Doctorow, E.L.
Het leven der dichters
Vert. uit het Engels door W. van Toorn. Amsterdam, De Harmonie, 1985. 168 blz. (*Lives of the poets*); Zes verhalen, gevolgd door een novelle die de voorafgaande verhalen tot één geheel aaneensmeedt. De verhalen reageren afwisselend angstig of teder en vriendelijk op het joodse familieleven.

Honigmann, B.
Roman over een kind
Vert. uit het Duits door G. Bussink. 's-Gravenhage, BZZTôH, 1989. 112 blz. (*Roman von einem Kinde*); Zes verhalen over verschillende onderwerpen, waarbij het zoeken naar wat vrede en geluk centraal staat. Een gemeenschappelijk thema vormen de verborgen stigma's van een in het naoorlogse Duitsland geboren vrouw uit joodse ouders, die zoekt naar haar identiteit.

Katzir, J.
De schoenen van Fellini
Vert. uit het Hebreeuws door R. Verhasselt. Amsterdam, Arena, 1991. 225 blz. (*Sogerim et ha-Jam*, 1990); Dit debuut van een jonge Israëlische schrijfster bevat vier novellen, waarin dromen, wensen en teleurstellingen terugkerende thema's

zijn. Zij voelt er niet voor zware problemen te behandelen en wil een beeld geven van een andere kant van de Israëlische samenleving. In haar verhalen verweeft zij ook autobiografische elementen.

Kis, D.
Een grafmonument voor Boris Davidovitsj
Vert. uit het Servokroatisch door L. Zeckovic; 2e dr. (BB-pocket 69). Amsterdam, De Bezige Bij, 1990. 144 blz. (*Grobnica za Borisa Davidovica*); De joodse Joegoslavische schrijver Danielo Kis wilde niet vereenzelvigd worden met enige vorm van politieke of religieuze eenzijdigheid. In het eerste verhaal van deze bundel met zeven verhalen over terreur en revolutie in Europa, wordt de hoofdpersoon Boris Davidovitsj door zijn communistische kameraden verdacht van verraad en gedwongen te bekennen. In het tweede verhaal is het de Jood Baruch David Neumann, die op gelijke wijze met de inquisitie te maken krijgt.

Kishon, E.
Bedriegen is ook een kunst
Vert. uit het Duits naar het Hebreeuws, door G. Pancras. Amsterdam, Manteau, 1985. 177 blz. (gedeeltelijke vert. van: *Das Kamel im Nadelohr*); Een nieuwe bundel van de vermaarde Israëlische satiricus Kishon, waarin hij vertrouwde onderwerpen als bureaucratie, hypocrisie, vriendjespolitiek op de hak neemt.

Kishon, E.
De wereld een circus
Naar de Duitse vert. van de Hebreeuwse uitgave door G. Pancras. Amsterdam enz., Elsevier, 1984. 201 blz. (*Das Kamel in Nadelohr*); Opnieuw een bundel humoristische satiren van deze bekende Israëlische schrijver, wiens werk vaak gekenmerkt wordt door buitensporige overdrijving.

Kogos, F.
1001 Jiddische wijsheden
Vert. uit het Engels en bew. door E. Asser. 's-Gravenhage, BZZTôH, 1990. 96 blz. (*1001 Yiddish proverbs*); Een verzameling spreekwoorden, gezegdes, aforismen en scherpzinnige uitspraken die zowel een groot gevoel voor humor als een niet aflatend optimisme weerspiegelen.

Landmann, S.
Joodse humor
Vert. uit het Duits en bew. door M. Coutinho. 's-Gravenhage, BZZTôH, 1990. 290 blz. (*Der jüdische Witz*, 1960); In 1970 verscheen van deze auteur onder dezelfde titel een boekje. Dat is voor deze uitgave dermate herzien en uitgebreid,

dat het gerechtvaardigd lijkt om van een nieuwe uitgave te spreken. Bovendien is aan deze editie een gedegen inleiding toegevoegd over het ontstaan en de achtergrond van de 'Witz', die men niet moet vergelijken van met de zogenaamde joodse humor van 'Sam en Moos'-grappen.

Levi, P.
De spiegelmaker, verhalen en essays
Vert. uit het Italiaans en een nawoord van R. Speelman. Amsterdam, Meulenhoff, 1991. 167 blz. (Keuze uit de bundels *Raconti e saggi*, '86 en *L'altrui mestiere*, '85); Een selectie uit Levi's latere essays en verhaaltjes die hij op de culturele pagina van *La Stampa* publiceerde. Autobiografische stukken, over de winkel van zijn grootvader, over zijn huis in Turijn en over het kamp.

Levi, P.
Gesprekken
Amsterdam, Meulenhoff, 1991. 159 blz.; 'Een vierluik van prachtige dialogen' tussen de auteur en de filosoof Ferdinando Camon, de schrijvers Germaine Greer en Philip Roth en de natuurkundige Tullio Regge. Achterin het boek staat een nauwkeurige bronvermelding bij elk afzonderlijk gesprek.

Levi, P.
Lilith
Vert. uit het Italiaans door F. de Matteis-Vogels. Amsterdam, Meulenhoff, 1990. 248 blz. (*Lilith e altri raconti*); Een reeks verhalen over Lilith, de vrouw van de satan, ontleend aan apocriefe literatuur. De aanleiding tot de bundel vormt het titelverhaal: de verteller en een kampgenoot schuilen bij het werk in het concentratiekamp in een buis voor de regen. In een aangrenzende buis treffen zij een jonge vrouw; een bijzondere ervaring in die situatie.

Malamud, B.
De verhalen
Vert. uit het Engels door L. Coutinho, E. Hoog en D. van Oort; (Meulenhoff-editie). Amsterdam, Meulenhoff, 1986. 326 blz. (*The stories of B. Malamud*); Door Malamud zelf samengestelde bundel met 25 verhalen o.a. uit 'Salzman, de huwelijksmakelaar' (1954) en 'Rembrandts muts' (1974). De verhalen uit 'Idiots first' verschijnen hier voor het eerst in vertaling. Malamud schreef ook de inleiding bij deze bundel.

Manea, N.
Leergeld

Vert. uit het Roemeens door J.W. Bos. Amsterdam, Meulenhoff, 1989. 160 blz. (*Octombrie ora opt*); Verhalenbundel van de in 1936 in Suceava (Roemenië) geboren Manea. In 1941 wordt hij als vijfjarig jongetje met zijn ouders naar een concentratiekamp gevoerd. De eerste verhalen gaan over die periode. In latere verhalen staat de situatie in het naoorlogse Roemenië centraal. Zijn stijl herinnert aan die van Bruno Schulz en Elias Canetti.

Monod, G.F.
De velden van Sukkot
Utrecht, Idiet, 1989; Impressies in poëzie en prozavorm over situaties die Monod met name in Israël hebben getroffen.

Oz, A.
De heuvel van de boze raad
Vert. uit het Hebreeuws door H. Pach; herz. dr.; (Literair moment). Amsterdam, Meulenhoff, 1990. 203+35 blz. (*Har Ha'etsa Hara'a*, 1e dr. Amphora books, 1985); Meulenhoff maakte van deze verhalenbundel een geheel nieuwe uitgave. Achterin in het boek volgt informatie over de schrijver en zijn werk, te vinden door de roman 180 graden te laten draaien: een gesprek met de vertaalster Hilde Pach, een essay over het werk van Amos Oz en een overzicht van zijn werk en leven.

Pressburger, N. en G.
Verhalen uit het Achtste district
Vert. uit het Italiaans door B. de Lange. Amsterdam, Prometheus, 1991. 144 blz. (*Storie dell' ottavo distretto*, 1988); Verhalen van twee Italiaanse auteurs over hun jeugd in de joodse wijk van Boedapest.

Potok, Ch.
Het cijfer zeven, verhalen
Vert. uit het Amerikaans door P. Salet en J. Bos. 's-Gravenhage, BZZTôH, 1990. 160 blz.; Bundeling van een aantal in Amerikaanse tijdschriften gepubliceerde verhalen en een nog niet eerder verschenen titelverhaal. Leidraad door de verhalen is de opvatting dat het leven een leerproces is, waarbij confrontatie met andere opvattingen en religies tot kennis leidt. Het boek bevat een biografische schets over de auteur en bronvermelding bij de verhalen.

Roth, Ph. M.
Zuckerman gebonden
Vert. uit het Engels door E. Hoog en B. Kriek. Amsterdam, Meulenhoff, 1986. 622 blz.; Bundeling van eerder in het Nederlands verschenen verhalen. Bevat: de

ghostwriter, de eenzaamheid van Zuckerman, les in anatomie, epiloog en de Praagse orgie.

Schulz, B.
Sanatorium Clepsydra
Vert. uit het Pools door G. Rasel. Amsterdam, Meulenhoff, 1980. 235 blz., afbn. Reeks verhalen, gebaseerd op jeugdherinneringen van de schrijver (1892-1942).

Singer I.B.
Yentl
Vert. uit Engels door J. van der Mijn; 2de druk. Amsterdam, Rainbowpockets, 1986. 240 blz.; Eerder verschenen onder de titel: *Vroege Sabbat; en andere Jiddische verhalen* (Bruna, 1978). Zestien Jiddische verhalen die zich afspelen onder Poolse Joden van nu; met deze verhalen wordt een chassidische traditie voortgezet.

Singer, I.B.
Simpele Gimpl en andere verhalen
Vert. uit het Engels door M. Rafalowicz. Haarlem, Holland, 1983. 187 blz. (*Gimpl the fool and other stories*); Verhalen die zich afspelen in de joodse gemeenschap van het vooroorlogse Oost-Europa. De hoofdpersonen laten zich ondanks het feit dat ze in het algemeen erg arm zijn, daardoor niet teneer slaan.

Singer, I.B.
De dood van Methusalem
Vert. uit het Amerikaans door B. Kreek. Amsterdam, De Arbeiderspers, 1990. 212 blz. (*The death of Methuselah*); Bundel meeslepende verhalen, waarin de verteller rechtstreeks of via geesten en demonen echo's uit zijn eigen jeugd in Polen weergeeft.

Singer, I.B.
De echtscheiding, verhalen
Vert. uit het Amerikaans door J. van Helmond; (Grote ABC, nr. 543). Amsterdam, De Arbeiderspers, 1986. 299 blz. (*The image*); Bundel verhalen die zich voor een groot deel afspelen in de joodse gemeenschap van Polen voor 1938. Enkele spelen na 1945 in New York en gaan over mensen die de oorlog hebben overleefd, maar heimwee hebben naar de niet meer bestaande oude wereld.

Singer, I.B.
Een vriend van Kafka

Vert. uit het Engels door B. Kriek; (Grote ABC, 648). Amsterdam, De Arbeiderspers, 1988. 296 blz. (*A friend of Kafka*); De vriend van Kafka is Jaques Kohn, een oude joodse gewezen acteur van het Jiddische theater in Warschau, die in de schrijversclub van het getto met de verteller van de verhalen uit deze bundel in contact komt. Hij vertelt over zijn vriendschap met Kafka, zijn ontmoetingen met Chagall en zijn verhouding met een mooie jonge Poolse gravin.

Sjolem Aleichem (ps. van S. Rabinowicz)
De gast
Vert. uit het Jiddisch door S. Antwerpen: facs. herdr. Antwerpen enz., De Vries Brouwers, 1977. IV + 116 blz. (Oost-joodsche bibliotheek); Vijf verhalen die handelen over het leven van de Joden in Oost-Europa.

Tisma, A.
De school der goddeloosheid, verhalen
Vert. uit het Servokroatisch door K. Meister. Amsterdam, Meulenhoff, 1991. 143 blz. (*Skola bezboznistva*); Vier verhalen die zowel in als na de Tweede Wereldoorlog spelen in het plaatsje Novi Sad, een Servische stad die voor de oorlog naast een Hongaarse ook een Duitse en een joodse bevolkingsgroep kende. In de verhalen komen zowel de daders als de slachtoffers van het onheil voor.

4.2.4 Poëzie

Aan de oever der wijde zee, zeven Hebreeuwse dichters van nu
Vert. uit het Hebreeuws door T. Herzberg en S. Bambergen; (Poetry International Serie). Amsterdam, Meulenhoff, 1988. 88 blz.; Keuze uit het werk van de Israëlische dichters Yehuda Amichai, David Avidan, Ory Bernstein, Moshe Dor, Dahlia Ravikovitch, Meir Wieseltier, Nathan Zach. Deze dichters onderscheiden zich vanaf de jaren vijftig in thematiek, woordkeus, rijm, ritme, en vermijden elke vorm van pathos.

Amichai, Y.
Een grote rust, vragen en antwoorden
Vert. uit het Hebreeuws door T. Herzberg. Amsterdam, Meulenhoff, 1988. 104 blz. (*Shalva gdola: she'elot ve tshuvot*); Het werk van deze Israëlische dichter, die sinds 1955 publiceert, stond sterk in de belangstelling op Poetry International 1988. In zijn gedichten vindt men vele verwijzingen naar bijbelse en historische motieven.

Celan, Paul
Gedichten

Keuze uit zijn poezie met commentaren door P. Sars en vert. uit het Duits door F. Roumer; (Ambo tweetalige editie). Baarn, Ambo, 1988. 252 blz.; De gedichten van de Duits-joodse dichter Paul Celan (1920-1970) zijn diep doordrongen van de joodse traditie en mystiek. In dit boek zijn 25 gedichten van hem opgenomen waarvan twintig nieuwe vertalingen. Verder bevat het boek een uitvoerige toelichting op het werk en leven van de dichter.

Dor, Moshe
En bij het begin al
Vert. uit het Hebreeuws door Sh. Bamberger. Amsterdam, Marsyas, 1989. 41 blz.; De eerste bundel van de in 1932 geboren dichter verscheen in 1952 en ging vergezeld van een voorwoord van Ortsion Bartana. Hij schreef geen experimentele poëzie, maar zocht naar oorspronkelijke en poëtische taal, waarin begrippen als Hebreeuwse taal en Hebreeuwse cultuur herkenbaar waren.

Levi, P.
Op een onzeker uur
Vert. uit het Italiaans door M. Asscher en R. Speelman. Amsterdam, Meulenhoff, 1988. 48 blz. (*Ad ora incerta*); Een bundel met een keuze uit Levi's verzamelde gedichten. Waarom gedichten? 'Op zeldzame ogenblikken namen zekere prikkels vanzelf een bepaalde vorm aan die mijn rationele helft nog steeds als onnatuurlijk ervaart.'

Lipovsky, Sh.
Mir lebn ejbig, Jiddische, Hebreeuwse en Ladino-liederen
Beschreven en bew. door Shura Lipovsky. Rotterdam, Rotterdamse Volksdanskring, 1988. 48 blz., afbn., muz. 20 liederen, 7 in het Jiddisch, 9 in het Hebreeuws en 4 in het Ladino, de taal van de joodse bevolking in Spanje. De liederen gaan over liefde, feesten, de terugkeer naar Tsion, oorlog en vrede. Duidelijke notatie van tekst en begeleiding; C. Lipovsky maakte fraaie ill.

Rachel
Leked mi-shiré Rachel, selectie uit de gedichten van Rachel
Vert. uit het Hebreeuws door M.G. Zuidema-Bos en R. Aronson-Frenk. Amsterdam, Stichting Tarboet, z.j. 64 blz.; Tweetalige tekst, Hebreeuws en Nederlands van 29 gedichten van Rachel Blobsjtein (1890-1931), die in 1919 uit Rusland naar Palestina emigreerde. Door haar ziekte, tuberculose, kon ze niet meer werken. De laatste zes jaar van haar leven schreef ze veel gedichten. Ze werd begraven bij Kinneret, het Meer van Galilea, waaraan enkele van haar mooiste gedichten zijn gewijd.

Rich, Adrienne
Keuze uit de gedichten 1950-1984
Samenst. en vert. M. Meyer. Amsterdam, Sara, 1985. 135 blz.; Levensbeschrijving van de Amerikaans-joodse dichteres Adrienne Rich, gevolgd door een keuze uit haar gedichten. Trefwoorden daarbij zijn: zelfbewustzijn, zelfontplooiïng, lotsverbondenheid met het Jodendom en het thema 'dajenoe' — het ware ons genoeg geweest — uit de Pesach-Haggada.

Wolf, R.
Prins Joessoef van Thebe, leven en werk van Else Lasker-Schuler
's-Gravenhage, Nijgh en v. Ditmar, [1986]. 158 blz.; Ruth Wolf bestudeerde in Jeruzalem het archief van deze aldaar in 1945 overleden, oorspronkelijk uit Duitsland afkomstige, dichteres. Ze wijst op de verbeelde en geleefde werkelijkheid in het werk van Else Lasker-Schuler en vertaalde een twintigtal gedichten.

4.2.5 Autobiografieën

(Glikl Hamel)
De memoires van Glikl Hamel (1645-1724), door haarzelf geschreven
Vert. uit het Jiddisch door M. Rafalowicz. Amsterdam, Sara, 1987. 346 blz., afbn. (*Zichrojnes Maras Glikl Hamil*, 1896); Wanneer Glikl in 1689 als weduwe met twaalf kinderen achterblijft besluit ze de handel van haar man voort te zetten en wordt een succesvolle zakenvrouw. Haar zeven boeken, die ze vanaf 1691 schreef als testament voor haar kinderen bevatten veel informatie over haar persoonlijk leven, maar ook over de ontwikkelingen in de wereld om haar heen.

Cohen, A.
Het boek van mijn moeder
Vert. uit het Frans door P. Syrier. Amsterdam, Amber, 1987. 141 blz. (*Le livre de ma mere*, 1954); Cohen beschrijft hoe zijn moeder en hij in zijn jeugd meestal elkaars enige gezelschap waren in hun geïsoleerde joodse bestaan, eerst op Korfoe en later in Marseille. Het verhaal is een klacht om de dood van zijn moeder maar ook een ode aan haar en een aanklacht tegen zichzelf.

Einstein, A.
Hoogachtend Albert Einstein, brieven van Einstein over God, muziek, Hitler, liefde, doodstraf en jood-zijn, uitgekozen en geredigeerd door H. Dukas en B. Hoffmann
Vert. uit het Duits en Engels door L. v. Straten en M. Wanders. Amsterdam, Annex, 1990³. 124 blz. (*Albert Einstein, the Human Side*; *New glimpses from the*

archives, 1979). De geleerde Einstein ontving veel persoonlijke post, die hij trouw beantwoordde. Helen Dukas, die van 1928 tot aan zijn dood in 1955 Einsteins secretaresse is geweest, maakte een selectie uit brieven en aantekeningen, waaruit Einstein's karakter en persoonlijkheid spreekt.

Einstein, A.
Mijn kijk op het leven, verzamelde teksten 1914-1933, deel 1
Vert. uit het Duits door H. Beneden en A. Bertholet. Amsterdam, Annex, 1990. 208 blz. (*Mein Weltbild*, 1933); Verzameling van zeventig teksten, brieven, opstellen en uitspraken van Einstein over uiteenlopende onderwerpen die hem ter harte gingen. Hij schrijft ook over Jodendom en de toenmalige problemen in Palestina, waarbij zijn optimistische en vredelievende kijk op de wereld helaas niet bewaarheid is.

Kafka, F.
Brieven aan zijn ouders 1922-1924
Vert. uit het Duits door P. Beers. Amsterdam, Querido, 1990. 112 blz. (*Briefe an die Eltern*, 1990); Uitgave, bezorgd door J. Cermak, van negen brieven en 23 kaarten die een indringend beeld geven van Kafka's laatste levensjaren. Zijn ziekte verergert, door inflatie gedwongen verhuist hij in Berlijn van adres tot adres. De laatste kaart, uit een sanatorium, schrijft hij een dag voor zijn dood.

Knobel Fluek, T.
Herinneringen aan het leven in een Pools dorp 1930-1949
Vert. uit het Amerikaans door M. Flothuis. Amsterdam, Contact, 1990. 120 blz., afbn. (*Memories of my life in a Polish village*); Bijzonder boekje met op elke bladzijde een tekening waarbij in heel eenvoudige stijl het leven van de Joden in het Oostpoolse dorp Czernica wordt beschreven: het werk op het land en in de keuken, de gebruiken bij de feesten, de contacten met de niet-joodse buren waaronder de dorpsgenezeres Karolczycha. Bij deze vrouw duikt Toby tijdens de oorlog onder en overleeft de oorlog.

Kohner, H. en W.
Hanna en Walter, een liefdesgeschiedenis
Vert. uit het Amerikaans door A. de By-Benders. Amsterdam, Becht, 1985. 168 blz. (*Hanna and Walter; a love story*); Memoires van een Tsjechisch joods echtpaar, dat elkaar na de oorlog terugvindt in Amsterdam: hij als soldaat in het Amerikaanse leger en zij als overlevende van de concentratiekampen.

Konrad, G.
De medeplichtige

Vert. uit het Frans naar de oorspr. Hongaarse uitg. door J. Versteeg. Amsterdam, Van Gennep, 1986. 425 blz. (*Le complice*); Levensschets van een joodse man in Hongarije gedurende de oorlog, de bezetting en de stalinistische terreur. Veel autobiografische elementen. Gedesillusioneerd belandt de hoofdpersoon tenslotte in een psychiatrische inrichting.

Korczak, J.
Brieven van J. Korczak aan J. Arnon
Vert. uit het Engels door M. Mus; informatiebulletin van de Janusz Korczak Stichting 4 (87) 1. Maartensdijk, J.K. Stichting, 1987. 16 blz.; Vertaling van de Engelse tekst van brieven uit het archief van Beit Lohamei Haghetaot in Israël die Korczak schreef aan zijn vriend Joseph Arnon. De brieven tonen Korczak als zoekend mens.

Levi Montalcini, R.
Lof der onvolkomenheid
Vert. uit het Engels door C.v. Linjer. Amsterdam, Contact, 1989. 256 blz. (*In praise of imperfection*, 1988); Autobiografie van een in 1909 geboren Italiaanse joodse vrouw, die ondanks de rassenwetgeving, ook tijdens de oorlog als arts doorging met haar werk in een provisorisch laboratorium. In 1986 ontving zij de Nobelprijs voor de geneeskunde.

Levine, N.
Vanwege de oorlog, verhalen
Vert. uit het Amerikaans door P. Boyce en J. Brockway. Amsterdam, Van Gennep, 1989. 182 blz., (Gedeeltelijke vert. van *Champagne barn*); Korte verhalen over mensen in randsituaties. De auteur is van Pools-joodse afkomst, geboren in Canada. De met vakmanschap geschreven bundel bevat veel autobiografische elementen.

Levi, P.
Het periodiek systeem, verhalen van een leven
Vert. uit het Italiaans door F. de Matteis-Vogel; 2e dr. (Meulenhoff editie 909). Amsterdam, Meulenhoff, 1987. 240 blz. (*Il sistema periodico*); Deze verhalen vormen de geschiedenis van een beroep met zijn nederlagen en overwinningen. In het periodiek systeem van Mendeljev staan de verschillende scheikundige elementen gerangschikt. Levi verbindt deze elementen met zijn herinneringen, waaraan steeds de dreiging van de Duitse bezetting is verbonden. De vijand was altijd dezelfde: de domme materie, de botte mens.

Mandelstam, O.
Laatste brieven, 1936-1938
Vert. uit het Russisch door Y. Bloemen. Maastricht, Gerard & Scheurs, 1986. 36 blz.; Deze uitgave bevat een vertaling van gedeelten uit de Collected Works van deze in een van Stalins strafkampen gestorven Russisch-joodse dichter. Het zijn de laatste brieven die hij uit zijn gevangenschap schreef.

Perec, G.
W of de jeugdherinnering
Vert. uit het Frans door E. Borger; (Privé Domein, 173). Amsterdam, De Arbeiderspers, 1991. 192 blz. (*W ou le souvenir d'enfance*, 1981); Autobiografie verweven met fictie waarin een man met de naam W(inckler) op zoek gaat naar een in het verleden verdwenen achtjarige jongen die dezelfde naam droeg. Het verhaal krijgt steeds meer het karakter van een verslag van een nachtmerrie-achtige jeugd tijdens en na de oorlog. Het beeld dat het boek oproept is vooral dat van een generatie die in de vroegste jeugd onherstelbare schade heeft opgelopen.

Segre, D.V.
Herinneringen van een gelukkige Jood
Vert. uit de Engels vert. van het oorspr. Italiaans door W. Reedijk. Hilversum, Gooi en Sticht, 1990. 223 blz. (*Storia di un Ebreo fortunato*); Autobiografie van de in 1922 in Italië geboren zoon van een Italiaans-joodse burgemeester. In 1939 emigreerde hij naar Palestina, nam dienst in het Britse leger en later in het Israëlische. Vanaf 1969 doceerde hij aan de Universiteit van Haifa internationale betrekkingen. Ondanks de vele droevige gebeurtenissen die hij meemaakte heeft hij toch zijn optimisme niet verloren.

Singer, I.B.
Op zoek
Vert. uit het Engels door J. van Helmond (Privé-domein nr. 114). Amsterdam, Arbeiderspers. 1985. 204 blz. (*A little boy in search of God*, 1976; *A young man in search of love*); De herinneringen van de Jiddische schrijver aan zijn jeugd als zoon van een conservatieve rabbijn in een dorpje in Oost-Polen en later als jonge man in het schrijvers-milieu van het vooroorlogse Warschau. Het zoeken naar God en het zoeken naar liefde vormen de centrale thema's.

Singer, I.B.
Van een wereld die voorbij is
Vert. uit het Engels naar de oorspr. Jiddische uitgave door P. Sollet. 's-Gravenhage, BZZTôH, 1989. 192 blz. (*Of a world that is no more*, 1989; *Fun a welt wos ist nishto mer*, 1970); Tweeëntwintig autobiografische verhalen geven een

gedetailleerd beeld van het leven en de cultuur van de Oosteuropese Joden van voor de beide wereldoorlogen. De in 1944 overleden auteur, een broer van I.B. Singer, voert de lezer mee naar zijn eerste levensjaren in een door armoede en angst voor pogroms getekend milieu.

Sjtsjaranski, N.
De memoires
Vert. uit het Engels door F. en J. Bruning. Amsterdam, Balans, 1988. 386 blz., afbn. (*Fear no evil*); De in 1986 vrijgelaten Russisch-joodse dissident Sjtsjaranski schreef in Israël zijn herinneringen op aan meer dan acht jaar gevangenschap in werkkampen. Ondanks intimidaties had hij de kracht om te overleven.

Weinreb, F.
Ontmoetingen
Vert. uit het Duits door N. Groenewegen. Groningen, Holmsterland, 1982, 2 dln. (*Begegnungen mit Engeln und Menschen*); Autobiografische aantekeningen uit de periode tussen 1910 en 1936, waarin Weinreb zijn groei schetst vanuit een burgerlijk milieu in Scheveningen, zoekend naar de diepere betekenis achter de dingen, naar het Jodendom van zijn voorouders. Veel ruimte wordt ingenomen door bespiegelingen en interpretaties, meer dan door de beschrijving van werkelijke gebeurtenissen.

Wiesel, E.
Hoop, wanhoop en herinnering
Vert. uit het Frans door H. Wagenmans. Hilversum, Gooi en Sticht, 1987. 48 blz. (*Discours d'Oslo*); Twee toespraken van Elie Wiesel, gehouden in december 1986 ter gelegenheid van de overhandiging van de Nobelprijs voor de vrede.

Wiesel, E.
Tekenen van uittocht, essays, verhalen en dialogen
Vert. uit het Frans. Hilversum, Gooi en Sticht, 1988. 224 blz. (*Signes d'exode*). De auteur maakt zijn persoonlijke balans op na 40 jaar bevrijding. Door de tekenen heen stellen de verhalen elkaar vragen. Wiesel ervaart dat het niet mogelijk is het onzegbare uit te spreken; hij heeft het gevoel te hebben gefaald, hoewel hij het steeds opnieuw probeert.

Wiesenthal, S.
Geen wraak maar gerechtigheid
Vert. uit het Duits door H. de Boer. Amsterdam, Becht, 1988. 383 blz., afbn.; Het levensverhaal over het werk van een uitzonderlijke man die met deze herinneringen

pleit voor de gerechtigheid, maar tevens waarschuwt voor het gevaar van racisme, waardoor de mensheid met een nieuwe holocaust bedreigd kan worden.

Zweig, S.A.
De wereld van gisteren
Vert. uit het Duits door W. van Toorn; (Privédomein 168). Amsterdam, de Arbeiderspers, 1990. 431 blz. (*Die Welt von gestern*, 1944, 1989[2]); Memoires van de schrijver Stefan Zweig die in 1938 uit angst voor Hitler Wenen ontvluchtte en als emigrant in Brazilië ging wonen. In de laatste twee jaar van zijn leven maakt hij de balans op. Hij is van mening dat zijn leven op een mislukking is uitgelopen; 'mijn literaire werk in de taal waarin ik het geschreven heb is tot as verbrand.' Op 22 februari 1942 schreef Zweig een afscheidsbrief en maakten hij en zijn vrouw een einde aan hun leven.

5 *Joden in Nederland*

5.1 Geschiedenis van de Joden in Nederland

5.1.1 Geschiedenis van de Joden in Nederland tot 1940

Brugmans, H. en A. Frank (red.)
Geschiedenis van de Joden in Nederland
Eerste deel (tot circa 1795). Amsterdam, Van Holkema & Warendorff, 1940. 784 blz., afbn.; Dit boek is het enigszins verouderde maar nog steeds niet vervangen standaardwerk over de geschiedenis van de Nederlandse Joden met bijdragen van diverse auteurs. Tengevolge van de Tweede Wereldoorlog is slechts het eerste deel verschenen.

Gans, M.H.
Memorboek
Platenatlas van het leven der Joden in Nederland van de Middeleeuwen tot 1940.
7e dr. Baarn, Bosch & Keuning, 1991. 847 blz.; afbn. Aan de hand van voorstellingen op schilderijen, prenten, foto's, kaarten en van belangrijke documenten uit de tijd tussen de Middeleeuwen en de Tweede Wereldoorlog krijgt men een uitgebreid overzicht van het leven van de Nederlandse Joden, zoals dat zich afspeelde op de meest verscheiden terreinen van het leven: godsdienst, werk, wetenschap en cultuur, temidden van de nietjoodse meerderheid. Eerste druk: 1971.

Lang, W.M. de
De mediene in de vooroorlogse joodse pers
Studia Rosenthaliana, XVIII (1984) 2, blz. 177-182. Assen, Van Gorcum, 1984.; Beschrijving van het Mediene-project door het Joods Historisch Museum, waarbij de Mediene-berichtgeving in de vooroorlogse Nederlands-joodse pers werd gesystematiseerd en geïndiceerd. Een systeem van verwijzingen naar kranteberichten die informatie bevatten over het joodse leven in honderden plaatsen in Nederland vanaf 1849.

Huussen, A.H. jr
De Joden in Nederland en het probleem van de tolerantie
In: *Een schijn van verdraagzaamheid.* Afwijking en tolerantie in Nederland van de

Fig. 5: Illustratie, zwart-wit uit de bundel
PH. VAN PRAAG, *Joodse symboliek op Nederlandse Ex-Libris*,
Gaillarde pers, Zutphen, 1988

zestiende eeuw tot heden; red. M. Gijswijt-Hofstra. Hilversum, Verloren, 1989. blz. 107-129; Overzichtsartikel tot ca. 1940, met de nadruk op: De positie van de Joden in de Republiek, de tolerantiediscussie tijdens de Verlichting en Emancipatie en assimilatie. Uitgebreide en nuttige annotatie.

Benima, T. (red.)
Kippesoep was ondenkbaar zonder saffraan
Joods leven in Nederland voor 1940.
Den Haag, Omniboek, 1983. 142 blz., afbn.; Twaalf interviews met joodse mannen en vrouwen die tussen 1900 en 1923 zijn geboren. Zij vertellen over hun jeugd in het joods milieu van de grote steden als Amsterdam, Rotterdam en Den Haag, maar ook in kleinere plaatsen in de Mediene.

Michman, J. (ed.)
Dutch Jewish History (volume 2)
Proceedings of the fourth symposium of the history of the Jews in the Netherlands.
Jeruzalem/Assen, The Institute for Research of Dutch Jewry, 1989; Een bundel met de tekst van meer dan 25 voordrachten die werden gehouden op het vierde symposium over de geschiedenis van de Joden in Nederland in 1986, in Tel Aviv en Jeruzalem. Het boek is gewijd aan de nagedachtenis van prof. M.H. Gans en bevat een complete bibliografie van zijn werken.

Beukers, M.P. en J.J. Cahen (red.)
Proceedings of the 5th international symposium on the history of the Jews in the Netherlands, The Netherlands and Jewish migration, the problem of migration and Jewish identity
Studia Rosenthaliana XIII (1989) 2 (Fall), special issue. Assen, Van Gorkum, 1989. 192 blz., afbn.; Centraal op dit vijfde symposium voor de geschiedenis van de Joden in Nederland stond de vraag, hoe de Joden in reeds geïntegreerde en geëmancipeerde gemeenschappen reageerden op de komst van andere Joden, die minder geëmancipeerd waren. Met bijdragen van o.a. Yosef Kaplan, Jonathan I. Israël en Dan Michman.

Cahen, J.J. (red.)
De Mediene
De geschiedenis van het joodse leven in de Nederlandse provincie.
Amsterdam, Meulenhoff enz., 1984. 60 blz., afbn.; Dit boek diende als catalogus bij de gelijknamige tentoonstelling in het Joods Historisch Museum in de zomer van 1984. Het bevat gegevens over het joodse leven in de provincie vanaf de Middeleeuwen tot ca. 1930 op religieus, sociaal en demografisch gebied. Met een studiewijzer voor bronnenonderzoek.

Coppenhagen, J.H.
De Israëlitische 'Kerk' en de Staat der Nederlanden
Amsterdam, Nederl. Israël.Kerkgen., 1989. 198 blz., afbn.; Bibliografie over de

betrekkingen tussen de joodse gemeenschap en de Staat der Nederlanden in de periode van 1814 tot 1870. Het materiaal is thematisch geordend en voorzien van een index op personen, plaatsnamen en instellingen.

Gans, M.H.
Het Nederlandse Jodendom, de sfeer waarin wij leefden, karakter, traditie en sociale omstandigheden van het Nederlandse Jodendom voor de Tweede Wereldoorlog
Baarn, Ten Have, 1985. 152 blz., afbn.; De auteur, bekend van het Memorboek (1971), geeft een persoonlijk getinte geschiedschrijving over het leven van de Joden tussen de andere Nederlanders in de periode voor 1940. Hij schrijft over de sociale achtergronden, het verschil tussen Portugese en Hoogduitse gemeenten en tussen Mokum en Mediene.

Joodse pers in de Nederlanden en in Duitsland 1674-1940
Jüdische Presse in den Niederlanden und in Deutschland 1674-1940
Amsterdam, Anne Frank Stichting, 1969. 132 blz., afbn.; Tentoonstellingscatalogus met essays over zowel de joodse pers in de Nederlanden (van L. Fuks) als in Duitsland (van B. Poll). Geeft een nagenoeg compleet overzicht van wat er is verschenen.

Hofmeester, K.
Van talmoed tot statuut,
Joodse arbeiders en arbeidersbewegingen in Amsterdam, Londen en Parijs, 1880-1914. (IISG-studies + essays; 15).
Amsterdam, Stichting Beheer IISG, 1990. 145 blz., afbn.; Na 1880 ontstonden in Londen en Parijs organisaties van joodse arbeiders. In Nederland organiseerden de Joden zich samen met niet-Joden in de Algemene Nederlandse Diamantbewerktersbond. De reeds lang in Nederland wonende joodse gemeenschap was hier blijkbaar goed geïntegreerd. Hofmeester onderzoekt of dat de enige reden van het verschil met andere landen is.

Meijer, J.
Tussentijdse verantwoording, een zionistische enquête uit 1916
Diasporade, no. 10.; In 1916 werd door De joodse Wachter een enquête gehouden over het joodse facet in de contemporaine Nederlandse letterkunde. Die resultaten worden door Meijer geplaatst tegen de achtergrond van onverholen antisemitische citaten uit het werk van enkele auteurs uit die tijd.

Meijer, J.
Jeremias Meyer Hillesum, 1863-1943, roerganger der Rosenthaliana (Balans der ballingschap XVI, XVII).
Heemstede, J.Meijer, 1989. 89 blz., afbn.; De levensloop van J.M. Hillesum die van 1890 - 1930 conservator is geweest van de Bibliotheca Rosenthaliana in Am-

sterdam.

Meijer, J.
Rector en Raw, de levensgeschiedenis van Dr. J.H. Dunner (1833-1911). Heemstede, zonder uitgever, 1984. 192 blz., afbn.; Dit eerste deel van een zeer kritische levensbeschrijving van de uit Polen afkomstige Joseph Hirsch Dünner loopt van 1833-1874. In 1862 werd Dunner rector van het Nederlands Israëlitisch Seminarium in Amsterdam, in 1874 werd hij benoemd tot opperrabbijn.

Michman, D.
Het liberale Jodendom in Nederland, 1929-1943
Amsterdam, Van Gennep, 1988. 176 blz.; Aan de hand van documenten en interviews beschrijft Michman het moeizame begin van de Liberaal-joodse beweging in Nederland, waarbij hij onderzoekt wat de verklaring kan zijn voor het late ontstaan ervan in verhouding tot andere landen.

Michman, J. en J. Ilan-Onderwijzer (samenst.)
Opperrabbijn A.S. Onderwijzer 1862-1934, zijn persoon, zijn tijd
Amsterdam, Nederlands Isr. Kerkgen., 5745/1984. 80 blz.; Een bundel dokumenten en herinneringen aan het leven van de geleerde rabbijn die bekend is door zijn vertaling van de choemasj, de vijf boeken van de Tora, voorzien van de commentaar van Rasji.

Presser, J.
Louter verwachting, autobiografische schets 1899-1919
(Privé-domein, nr. 112). Amsterdam, Arbeiderspers, 1985. 173 blz., afbn.; Autobiografische schets van de latere Amsterdamse hoogleraar geschiedenis, auteur van De Ondergang (1965), over zijn jeugdjaren. Presser geeft een levendig persoonlijk gekleurd maar toch afstandelijk beeld van zijn joodse omgeving. Over Pressers latere historische belangstelling en werken krijgt men in dit boek nog geen informatie. Het boek besluit met een tot maart 1985 bijgewerkte bibliografie.

Schöffer, I.
Joden in Nederland
In *Veelvormig verleden*, zeventien studies in de vaderlandse geschiedenis, blz. 143-216. Amsterdam, De Bataafsche Leeuw, 1987. 284 blz.; In deze bundel bij zijn afscheid als hoogleraar geschiedenis in Leiden zijn vier belangrijke artikelen van Schöffer opgenomen over episoden uit de geschiedenis van de Joden in Nederland: over de geschiedenis van de joodse gemeenschap vanaf de 17de eeuw, over Abraham Kuyper en de Joden, de periode 1940-1945 en de affaire Weinreb.

Swetschinski, D. en L. Schönduve
De familie Lopes Suasso, financiers van Willem III
= the Lopes Suasso family, bankers to William III.
Zwolle, Waanders/JHM, 1988. 88 blz., afbn.; Boek ter gelegenheid van de gelijk-

namige tentoonstelling in het Joods Historisch Museum in 1988. De gefortuneerde Portugees-joodse zakenman Francisco Lopes Suasso stelde aan Willem III een kist met 2 miljoen gulden beschikbaar voor de overtocht naar Engeland.

Voolen, E. van (eindred.)
Gids van het Joods Historisch Museum Amsterdam - Guide tot the Jewish Historical Museum Amsterdam
's-Gravenhage, SDU-uitgeverij, 1988. 151 blz., afbn.; Tweetalige gids bij het in 1985 nieuw ingerichte Joods Historisch Museum in het synagogencomplex aan het Jonas Daniël Meyerplein te Amsterdam. Na een inleiding over de geschiedenis van de synagoges in Amsterdam en over de geschiedenis van de Joden in Nederland volgt een beschrijving van de verschillende afdelingen in het museum. Fraaie illustraties van voorwerpen uit de museumcollectie begeleiden de tekst.

Vries, B.W. de
From Pedlars to Textile Barons
The Economic Development of a Jewish Minority Group in the Netherlands
(Letterkunde Nieuwe Reeks, deel 141). Amsterdam, Verhandelingen van de Koninklijke Nederlandse Academie van Wetenschappen, 1989. 341 blz., afbn.; Bij de bestrijding van de werkloosheid probeerde de Nederlandse overheid in de 19de eeuw de huisnijverheid te ontwikkelen tot exportindustrie. De Joden leverden een belangrijk aandeel in de met horten en stoten opbloeiende textielnijverheid.

5.1.2 Geschiedenis van de Joden in Nederland — periode 1940-1945

De Tweede Wereldoorlog betekende voor de meeste Joden in Nederland het einde van hun normale bestaan. Van de 140.000 Joden van 1941 leefden er na de bevrijding in 1945 nog 27.000. Bijna 80 % werd gedeporteerd en vermoord. Voor degenen die deze tijd hebben overleefd, en ook voor hun eventuele kinderen en kleinkinderen speelt de oorlog nog bijna dagelijks een rol. Uit de stroom van publikaties die daarover verschijnt blijkt hoeveel invloed de gebeurtenissen uit de Tweede Wereldoorlog nog hebben. In deze rubriek over de geschiedenis van de Joden in de periode 1940 - 1945 vinden we eerst de boeken met een meer algemeen karakter. Vervolgens *studies* over die tijd; een grote rubriek is die van de *persoonlijke herinneringen en getuigenissen;* aan het eind staan tenslotte de boeken waarin auteurs in *romans, verhalen en poëzie* uiting aan hun gevoelens hebben gegeven. Boeken over de verwerking van de oorlogsbelevenissen vindt men in rubriek 5.2.

5.1.2.1 Algemeen

Otterspeer, W.
Huizinga voor de afgrond
Het incident-Von Leers aan de Leidse universiteit in 1933
Kwarto-reeks 5. Utrecht, Hes, 1984. 34 blz., afbn.; In 1933 stuurde J. Huizinga, de rector-magnificus van de Leidse universiteit, de Duitse nazi Dr. Von Leers die

een antisemitische toespraak had gehouden, weg van de universiteit. Hoewel latere bijval hem niet is onthouden, stond Huizinga op dat moment vrijwel alleen.

Presser, J.
Ondergang, de vervolging en verdelging van het Nederlandse Jodendom
3e dr. 's-Gravenhage, Staatsuitgeverij, 1985. (Eerste dr. 1965); Herdruk van Pressers standaardwerk.

5.1.2.2 Studies

Benjamin, Y.
They were our friends, a memorial for the members of the Hachsharot and the Hehalutz underground in Holland, murdered in the Holocaust.
Jeruzalem, The association of former members of the Hachsharot and the Hehalutz underground in Holland. 1990. 64 blz. (Engels), 63 blz. (Hebreeuwse tekst), afbn.; Overzicht van de namen van de leden van verschillende Hehalutz en Hachsharot groepen in Nederland, die in de oorlog zijn omgekomen. Met een inleiding over woon- en werkplaats van de groepen.

Berghuis, C.K.
Joodse vluchtelingen in Nederland 1938-1940
Documenten betreffende toelating, uitleiding en kampopname
Met een voorwoord van D. Houwaart. Kampen, Kok, 1990. 240 blz., afbn.; Bronnenpublicatie in opdracht van het Ministerie van Binnenlandse Zaken. Hoe kwam het toelatings- en kampbeleid in deze periode tot stand? Met documenten als politiedossiers, kampverslagen, brieven en dagboekfragmenten wordt de concrete situatie van de joodse vluchtelingen aanschouwelijk gemaakt.

Blom, J.C.H.
De vervolging van de Joden in Nederland in internationaal vergelijkend perspectief
De Gids, 150 (1987), blz. 494-507; In de Tweede Wereldoorlog is 75 % van de Nederlandse Joden om het leven gekomen. Dit is in vergelijking met andere Westeuropese landen een erg hoog percentage, en eerder vergelijkbaar met wat in Oost-Europa gebeurde. Blom, hoogleraar geschiedenis, zoekt naar factoren die misschien deze grote verschillen in percentages kunnen verklaren.

Braber, B.
Passage naar vrijheid, joods verzet in Nederland 1940-1945.
Amsterdam, Balans, 1987. 152 blz. Omstreden beschrijving van de joodse groep 'Oosteinde' in Den Haag, een toevluchtsoord voor uit Duitsland gevluchte Joden, die allen in meer of mindere mate sympathiseerden met het communisme.

Braber, B.
Zelfs als wij zullen verliezen
Joden in verzet en illegaliteit in Nederland, 1940-1945.
Amsterdam, De Bezige Bij, 1990. 192 blz.; Veel meer dan tot nu toe is aangenomen hebben Joden verzet gepleegd en tegen de bezetter gevochten. Braber heeft door het bestuderen van oud en nieuw materiaal en door het voeren van gesprekken met overlevenden dit joods verzet in kaart gebracht.

Brasz, I. e.a.
De Jeugd-Alyah van het Paviljoen Loosdrechtse Rade, 1939-1945
Loosdrecht, Historische Kring, 1987. 136 blz., afbn.; In Loosdrecht vestigde zich in 1939 een groep Duitssprekende Palestina-pioniers. Geholpen door leden van de Westerweelgroep hebben velen geprobeerd tijdens de oorlog Palestina te bereiken. Ter nagedachtenis aan de 23 omgekomen Palestina-pioniers werd in Loosdrecht een monument onthuld.

Dossier Brussel - Auschwitz, de SS-politie en de uitroeiing van de Joden
Voorw. door S. Klarsfeld; gevolgd door gerechtelijke documenten van de rechtszaak Ehlers, Canaris en Asche [...], 1980. Brussel, Steuncomité bij de burgelijke partij in het proces tegen de SS-officieren, 1981. 231 blz.

Flim, B.J.
De NV en haar kinderen, 1942-1945, geschiedenis van een Nederlandse onderduikorganisatie gespecialiseerd aan joodse kinderen.
Amsterdam, CHEV, 1990. 159 blz., afbn.; Onderzoek, oorspronkelijk geschreven als doctoraalscriptie, naar de geschiedenis van de verzetsgroep NV die tussen juli 1942 en mei 1945 tenminste 242 joodse kinderen uit Amsterdam weghaalde en ze onderbracht in de provincie.

Houwaart, D.
Westerbork, het begon in 1933...
Den Haag, Omniboek, 1983. 152 blz., afbn.; De voorgeschiedenis van het kamp Westerbork tussen 1933 en 1940, geschetst op grond van discussies in het parlement, verslagen van vergaderingen, ambtelijke nota's en knanteknipsels. Geen verheffend verhaal. De joodse gemeenschap in Nederland was gedwongen voor alle kosten van de internering van de Duitse vluchtelingen op te komen.

Houwink ten Cate, J.
De justitie en de Joodsche Raad
In: E. Jonker en M. van Rossem (red.), *Geschiedenis en Cultuur, achttien opstellen*. 's-Gravenhage, SDU, 1990. blz. 149-171. Na de oorlog gaan er stemmen op die aandringen op berechting van de voorzitters van de voormalige Joodsche Raad, A. Asscher en D. Cohen. In dit artikel wordt de rol beschreven die de justitie had bij het afwegen van de noodzaak van een dergelijk proces. De zaak wordt geseponeerd. De adviezen van de juristen I. Kisch en A.J. Herzberg vormden daarbij

tegenpolen.

Kopuit, M.
Dat heeft mijn oog gezien, het leven in oorlogstijd in kranteberichten uit de algemene en joodse pers 1940-1945.
Kampen, Kok, 1990. 129 blz., afbn.; De auteur heeft door middel van 100 gemonteerde krantepagina's uit de algemene pers en evenzovele uit het Joodsche Weekblad willen aantonen, dat gedurende de Tweede Wereldoorlog de Nederlandse bevolking gewoon doorleefde, terwijl het onrecht aan de medeburgers ongekende vormen aannam.

Mechanicus, Ph.
In dépôt, dagboek uit Westerbork
3e dr. Amsterdam, Athenaeum-Polak & Van Gennep, 1985. 304 blz.; Herdruk van de observaties van de joodse journalist Mechanicus, die in 1944 in Auschwitz omkwam.

Mulder, D. en B. Prinsen (red.)
Uitgeweken, de voorgeschiedenis van Kamp Westerbork Hooghalen
Stichting Voormalig verzet Kamp Westerbork, 1989. 116 blz. In 1938 werd het kamp Westerbork gebouwd als centrale huisvesting voor Duitse Joden die waren gevlucht. Vooral na de Kristallnacht, november 1938, namen velen de wijk naar Nederland. Op 1 juli 1942 nam de Sicherheitspolizei het beheer van het kamp over. Het boek bevat enkele kritische bijdragen over het beleid van de Nederlandse overheid t.a.v. vluchtelingen in de loop der tijden.

Mulder, H.
Een grote laars, een plompe voet
Nederland en de nazi's in spotprent en karikatuur, 1933-1945
Amsterdam, Rap, 1985. 255 blz., afbn.; Overzicht van de Nederlandse politieke spotprent vóór en tijdens de Duitse bezetting. Aan de hand van meer dan 300 prenten wordt in chronologische volgorde het beeld van nazi-Duitsland geschetst zoals dat in de Nederlandse pers van extreem links tot extreem rechts tot uiting kwam.

Oorlogsdocumentatie 40-45
Jaarboek van het Rijksinstituut voor Oorlogsdocumentatie 1989.
Zutphen, De Walburg Pers, 1989. 240 blz., afbn.; Het eerste jaarboek met bijdragen over gebeurtenissen in Nederland in de Tweede Wereldoorlog met veel aandacht voor het lot van de Joden. Het boek opent met de stelling van J. Houwink ten Cate dat het arme deel van de joodse gemeenschap aanwijsbaar minder kansen heeft gehad de deportaties te ontlopen dan het rijkere deel.

Oosterhof, H.
Het Apeldoornse Bos, joodse psychiatrische inrichting, 1909-1943
Heerlen, De Voorstad, 1989. 44 blz., afbn. Geschiedenis van de joodse inrichting

'Het Apeldoornse Bos', opgericht in 1909 en op 22 januari 1943 op gruwelijke wijze door de Duitsers ontruimd. De brochure verscheen ter gelegenheid van de gelijknamige tentoonstelling in het historisch museum Marialust in Apeldoorn.

Somers, E.
Vrijgegeven door de Duitsche censuur, fotograaf in dienst van de bezetter
Amsterdam, Sijthoff, 1986. 283 blz. afbn.; Een serie persfoto's vrijgegeven door de Duitsers ter beïnvloeding van het publiek. E. Somers van het RIOD schreef de inleidingen erbij en maakte de selectie, die voor een belangrijk deel bestaat uit foto's van de Amsterdamse Jodenhoek uit het begin van de bezetting. Een koele herinnering aan een verdwenen wereld.

Stam, C. van
Wacht binnen de dijken, verzet in en om de Haarlemmermeer
Haarlem, De Toorts, 1986. 146 blz.; De auteur, voorzitter van de Stichting 1940-1945, stelde zijn herinneringen en ervaringen te boek als commandant van het verzetswerk in de Haarlemmermeer, waar circa 600 Joden in de oorlog waren ondergedoken.

Stegeman, H.B. en J.P. Vorsteveld
Het joodse werkdorp in de Wieringermeer, 1934-1941
Met een bijdr. van J. Reutlinger. Zutphen, De Walburg Pers, 1983. 208 blz., afbn.; Tussen 1934 en 1941 heeft in de Wieringermeer een joods werkkamp bestaan, waar een aantal voor de nazi's gevluchte Duitse Joden een opleiding kreeg met het oog op een toekomst in het toenmalige Palestina. In 1941 werd het dorp op bevel van de Duitse bezetter plotseling ontruimd.

Venema, A.
Kunsthandel in Nederland 1940-1945
Amsterdam, De Arbeiderspers, 1986. 652 blz., afbn.; Gedocumenteerde kroniek van de kunsthandel en de veilinghuizen die zich in de periode 1940-1945 verrijkten ten koste van vele vervolgde Joden in Nederland.

5.1.2.3 Persoonlijke herinneringen en getuigenissen

Arjeh, het leven heeft vele gezichten.
Enschede, Van de Berg, 1990. 162 blz. afbn.; Het levensverhaal van de in 1916 geboren Leo Cohen, die opgroeide in een eenvoudige wijk in Hengelo. Het grootste deel van het boek gaat over de oorlog, met onderduikperikelen en verzet. Samen met zijn vriendin overleeft hij de oorlog. Wie Arjeh is wordt uit het boek niet duidelijk.

'Men zou een pleister op vele wonden willen zijn'
Reacties op de dagboeken en brieven van Etty Hillesum
Amsterdam, Balans, 1989. 235 blz. 24 bijdragen van o.a. Andreas Burnier, Marga

Minco, Abel Herzberg, J.L. Heldring, K.A.D. Smelik, met reacties op aspecten van het nagelaten werk van Etty Hillesum.

Alwei, F.
Onuitwisbare herinneringen, gedichten
Weesp, De Gooise Uitgeverij, 1905. 39 blz.; Herinneringen van de schrijfster aan de periode van de Jodenvervolging: kampen, vluchten, onderduiken. De gedichten hebben vooral een functie 'om niet te vergeten'.

Anstadt, S.
Een eigen plek, verhalen van een opgejaagde jeugd
's-Gravenhage, BZZTôH, 154 blz. Tevens verschenen in: *Baambrugge, Grote Letter Bibliotheek*, 1986. 200 blz. De schrijfster van Pools-joodse afkomst vertelt over haar jeugd, vanaf haar komst in 1930 als zevenjarig meisje vanuit Lwow naar Amsterdam tot aan de bevrijding in 1945.

Boas, J.
Boulevard des Misères, het verhaal van doorgangskamp Westerbork
Vert. uit het Amerikaans door A. v. Hoorn en C. van Lingen. Amsterdam, Nijgh en Van Ditmar, 1988. 204 blz., afbn. (*Boulevard des Misères; the story of transit-camp Westerbork*); De in de VS woonachtige auteur beschrijft de situatie in Westerbork, waar hij als kleuter met zijn ouders verbleef. De titel van het boek is de naam voor de straat die midden door het kamp liep. Hij beschrijft de angst voor de transporten en geeft persoonlijke portretten van bekende personen als Etty Hillesum en Philip Mechanicus.

Buchsbaum, N.
Fotograaf zonder camera, herinneringen van Norbert Buchsbaum.
Amsterdam. De Bataafsche Leeuw, 1991. 201 blz.; Wanneer de 17-jarige Buchsbaum in de oorlog probeert illegaal over de Nederlandse grens te komen, wordt hij gevangengenomen en via Westerbork naar Auschwitz gedeporteerd. Bij de ontruiming van het kamp in januari 1945 weet hij aan het transport te ontsnappen en komt via Polen, Odessa en Marseille weer naar Nederland. Uit zijn geheugen probeert hij zijn observaties en herinneringen te verbeelden.

Caransa, A.
Verzamelen op het Transvaalplein
Ter nagedachtenis van het joodse proletariaat van Amsterdam.
Baarn, Bosch en Keuning, 1985. 111 blz., afbn.; Beschrijving van de ondergang van een deel van de joodse arbeiderswereld zoals die was geconcentreerd rond het Transvaalplein in Amsterdam-Oost. De schrijver was één van de weinigen die het overleefden. Een monument voor deze slachtoffers wier leven eindigde in Sobibor en Auschwitz.

Citroen, S. en J.
Duet pathétique, belevenissen van een joods gezin in oorlogstijd, 1940-1945
Utrecht, Veen, 1988. 260 blz. Na meer dan 40 jaar geven Sophie en haar man Jaap beurtelings een chronologisch verslag van hun oorlogsbelevenissen: onderduik, Vught, Westerbork, Auschwitz. Schokkend zijn de ervaringen met Nederlanders, Polen en Joden die de nazi's hielpen hun plannen uit te voeren.

Cleef, R. van
Een hoed vol liefde, gedichten
Hilversum, Gooi en Sticht, 1990. 32 blz.; Een dertigtal aangrijpende gedichten waarin de dichteres gedachten en gevoelens verwoordt die samenhangen met haar ervaringen in de Tweede Wereldoorlog.

Cohen, H.
Mijn zoon uit Israël
In: D. van Galesloot e.a. (red.), *Oorlogsdocumentatie 40-45, Tweede Jaarboek van het Rijksinstituut voor Oorlogsdocumentatie*, blz. 111-132. Zutphen, Walburg Pers, 1990; Jeugdherinneringen van Herman Cohen aan zijn vader David Cohen, die samen met Abraham Asscher van 1941 tot 1943 het voorzitterschap van de Joodsche Raad bekleedde. Aansluitend een serie foto 's die de werkzaamheden van de Joodsche raad weergeven. Ze zijn afkomstig uit het foto-album dat Cohen op 31 december 1942 voor zijn zestigste verjaardag van zijn medewerkers kreeg.

Dasberg, E.
Verbanning en terugkeer, sonnetten en liederen, geschreven in Bergen-Belsen Amsterdam en Jeruzalem, 1943-1986. Amsterdam, Balans, 1986. 54 blz.; Een bundel met gedichten over concentratiekampen, terugkeer naar Amsterdam en in Israël geschreven joodse liederen. In de gedichten over Bergen-Belsen geeft Dasberg met weinig woorden weer wat Abel Herzberg in zijn dagboeken noteerde.

David, K.
De vergeten wieg, Oorlogsjaren
's-Gravenhage, BZZTôH, 1991. 128 blz. In dit boek geeft Kati David in verhalen haar ervaringen weer als joods meisje in en na de Tweede Wereldoorlog in Nederland en Hongarije. De verhalen verschenen voor een deel eerder in *Een klein leven* (1984).

David, K.
Een klein leven
's-Gravenhage, BZZTôH, 1984. 85 blz.; Debuutroman waarin de schrijfster, nu journaliste, haar herinneringen aan de oorlog en de vervolgingen beschrijft door de ogen van een klein joods meisje. Haar moeder neemt daarbij een belangrijke plaats in.

Diamand, F.
Wie wil er nu met Hitler in de tobbe?
Amsterdam, Van Gennep, 1987. 96 blz.; Bundel gedichten waarin de oorlogservaring centraal staat, die bij de auteur heeft geleid tot woede over onrecht dat mensen wordt aangedaan.

Feenstra, J.
Moffenkoppen
Bergen op Zoom, Heeffer, 1986. 203 blz.; Oorlogservaringen van een joodse jongetje. Zijn vader is schoenmaker en beslaat Duitse soldatenlaarzen met kopspijkers (moffenkoppen).

Ferares, M.
Violist in het verzet, herinneringen van Maurice Ferares
Amsterdam, De Bataafsche Leeuw, 1991. 200 blz.; De schrijver, een joodse violist beschrijft de ondergang van de joodse gemeenschap in de Transvaalbuurt. In de oorlog maakte hij vanaf het begin actief deel uit van het kunstenaarsverzet, waarbij hij van het ene onderduikadres naar het andere trok.

Flinker, M.
Dagboek van Mozes Flinker, 1942-1943
2e dr. Amsterdam, Amphora Books, 1985. (oorsp. dr. 1973); Herdruk van het oorlogsdagboek van een orthodox joodse jongen.

Gans-Premsela, J.
Vluchtweg, aan de bezetter ontsnapt
Baarn, Bosch en Keuning, 1990. 180 blz.; Een geslaagde ontsnappingspoging van vier Joden uit bezet Nederland naar Zwitserland. Aangekomen in Zwitserland proberen ze hulp te bieden aan andere vluchtelingen. Ze ondervinden daarbij veel tegenwerking, ook van het Rode Kruis. Een brief hierover aan de 'enquêtecommissie Vorrink van het Roode Kruis' is als bijlage opgenomen.

Garrel, B. van
Een liefde van ...
Amsterdam, Rap, 1986. 127 blz. In korte schetsen, gebaseerd op interviews, vertellen bekende Nederlanders van joodse afkomst over hun eerste liefde in hun jeugd tijdens de Tweede Wereldoorlog. De schetsen zijn eerder verschenen in NRC-Handelsblad en in Hollands Diep.

Hacohen, Sh.
Zwijgende stenen, herinneringen aan een vermoorde jeugd
Vert. uit het Hebreeuws door A. Michael. 's-Gravenhage, BZZTôH, 1991. 400 blz. (*Kemo avanim shotkot*, 1989). De in Israël wonende schrijver van Nederlandse afkomst beschrijft zijn jeugdherinneringen in Amsterdam. Oorlog en vervolging staan daarbij centraal. Hij heeft grote kritiek op de Nederlandse bevolking die zich

weinig aantrok van de Duitse maatregelen tegen de Joden. Als hij in 1945 uit Bergen-Belsen in Amsterdam terugkeert is hij volledig gedesillusioneerd en vertrekt uit Nederland.

Herzog, R.
Sjaloom, Naomi?, brief aan een kleindochter
Kampen, Kok, 1986. 180 blz.; De schrijfster vertelt in briefvorm aan haar eerste kleinkind over haar herinneringen aan haar vlucht uit Westerbork. Hedendaagse ervaringen met andere vormen van discriminatie zijn in het verhaal verweven.

Hillesum, E.
In duizend zoete armen, nieuwe dagboekaantekeningen
Weesp, De Haan, 1984. 171 blz., afbn.; Een aanvulling op het reeds in *Het verstoorde leven* gepubliceerde materiaal. De hier beschreven periode is die van 27 maart t/m 18 juni 1942.

Jakob, V. en A. van der Voet,
Anne Frank was niet alleen
Levensgeschiedenissen van Duitse Joden in Nederland
Vert. uit het Duits door C. Brouwer en A. Böttner. Amsterdam, De Arbeiderspers, 1990. 296 blz., afbn., (Anne Frank war nicht allein). Gebundelde gesprekken met Duitse Joden die tussen 1933 en 1939 naar Nederland vluchtten. Persoonlijke getuigenissen over hun ervaringen. De meesten van hen zijn na de oorlog niet meer naar Duitsland teruggekeerd, maar hebben de Nederlandse nationaliteit aangenomen.

Jong, C. de
In nacht verloren
De deportatie van de Amsterdamse Joden 1940-1945 in tekeningen en schilderijen
Samenst. en eindred. M. v.d. Berg. Amsterdam, Heyerman, 1985. 52 blz., afbn. Het werk van Clara de Jong dat in dit boek is afgedrukt werd aangekocht door het Joods Historisch Museum en aldaar tentoongesteld. In montages van tekst en beeld brengt zij de vernedering, de woede en het verdriet van de gedeporteerden op weg naar Westerbork en de vernietigingskampen tot uitdrukking. Gedeelten van de tekst zijn tevens in het Engels, Duits en Frans.

Koekoek, H.
Geen bange Jood meer, documentaire.
Amsterdam, De Prom, 1990. 200 blz.; Herinneringen van de auteur aan de periode 1940-1945; daarbij hoorde de angst die hij had om zijn joodse vader. Hij voelt zich gevoelsmatig zeer betrokken bij het Jodendom. Ook schrijft hij over zijn positieve gevoelens t.o.v. Israël, maar tevens heeft hij begrip voor de Palestijnen: Onderdrukking biedt geen veiligheid.

Kopuit, M. (red.)
Zo heb ik het overleefd

Kampen, Kok Educatief, 1990. 114 blz.; Tien persoonlijke herinneringen van joodse vervolgden, waaronder Ida Vos, Hans Bloemendal en Andreas Burnier. 'Tienmaal een overlevende van de sjoa betekent tienmaal een wonder' vermeldt het voorwoord; elk van de auteurs kan dit beamen.

Kors, T.
De bocht opnieuw
Amsterdam, Van Gennep, 1990. 160 blz.; Max Groen overleefde zes concentratiekampen. Een halve eeuw later ging hij met de journalist Ton Kors terug naar dit verleden. Samen reconstrueerden zij de gebeurtenissen, te beginnen ver voor de oorlog tot de ontnuchterende terugkeer in Nederland en daarna.

Leeuwen, E. van
Klein in memoriam, late herinneringen
's-Gravenhage, BZZTôH, 1983. 64 blz. Jeugdherinneringen van de schrijfster aan de tijd rondom de Tweede Wereldoorlog.

Lindwer, W.
Kamp van hoop en wanhoop, getuigen van Westerbork, 1939-1945.
Amsterdam, Balans, 1990. 270 blz., afbn.; In een aantal gesprekken met overlevenden van Westerbork krijgen hun herinneringen, hun verdriet, hun hoop maar vooral hun wanhoop opnieuw vorm. Uniek en nog nooit eerder afgedrukt fotomateriaal van de kampfotograaf Breslauer dient als illustratie.

Mechanicus, Ph.
'Ik woon, zoals je weet, driehoog', brieven uit Westerbork.
Amsterdam, Balans, 1987. 74 blz. Philip Mechanicus stuurde vanuit Westerbork brieven naar zijn vrouw Annie en zijn dochter Ruth. Ruth, die vijftien jaar was toen de eerste brieven kwamen, heeft ze bewaard en ze nu samen met brieven aan haar moeder voor publikatie vrijgegeven.

Micheels, L.J.
Dokter 117641, herinneringen aan de holocaust
Vert. uit het Amerikaans door A.J. Koekkoek. Baarn, Ambo, 1990. 201 blz. (*Doctor 117641*); Micheels, die in Utrecht medicijnen studeerde, en zijn verloofde Nora werden omdat ze beiden joods waren, door de nazi's naar Auschwitz gedeporteerd. Hij beschrijft zijn ervaringen als 'Geheimnisträger', de dodenmars naar Dachau en zijn ontsnapping aan het transport. In het laatste hoofdstuk probeert hij met behulp van psychologische scholing inzicht te krijgen in zijn eigen ervaringen en in die van anderen.

Nijstad, J. (samenst. en inl.)
Getekend in Westerbork, leven en werk van Leo Kok, 1923-1945.
Amsterdam, 1990. 128 blz., afbn.; Tweetalige uitgave (Nederlandse en Engelse tekst) over het leven en werk van Leo Kok, met 143 afbeeldingen van tekeningen

zowel uit de periode voor de internering in Westerbork als vervaardigd tijdens zijn verblijf daar. In een toegevoegde oeuvre-catalogus wordt elke tekening gedetailleerd beschreven. Dit zeer verzorgde overzichtswerk werd in eigen beheer uitgegeven in opdracht van de heer en mevrouw Nijstad-de Wijze en vervaardigd door uitgeverij Balans. Aanleiding hiertoe was een tentoonstelling over dit werk in het Yad Vashem Museum in Jeruzalem.

Santen, S.
De B van Bemazzel
Amsterdam, De Bezige Bij, 1989. 150 blz.; 'Een stempel van de joodse Raad helpt je niet om de oorlog te overleven. Wat je nodig hebt is de B van Bemazzel (Geluksvogel).' Sal Santen is zo'n Bemazzel: hij overleeft de oorlog. Al zijn naaste familieleden zijn echter omgekomen. Samen met *Heden Kijkdag* en *De Kinderdief* vormt dit boek een trilogie van zijn jeugd.

Schelvis, J.
Binnen de poorten
2e dr. Amsterdam, De Bataafsche Leeuw, 1990 (Eerste dr. 1982); Herdruk van dit authentiek relaas van twee jaar concentratiekamp. De auteur was een van de weinigen die Sobibor overleefden.

Schrijver, E.
Oorlogsbelevenissen
Amsterdam enz., De Bataafsche Leeuw, 1984, 144 blz.; Een 40-jarige Nederlandse joodse vrouw wordt in 1941 opgepakt wegens verzetsdaden. Zij wordt tot vijf jaar tuchthuisstraf in Duitsland veroordeeld en daar op dezelfde wijze behandeld als haar Duitse medegevangenen. Een vrij onbekend facet uit de periode 1940-1945.

Snatager, H.
Zo gaan we allemaal, brieven van een vervolgd man, 1941-1943
Spaarndam, Ivoorzwart/J.W.Regenhardt, 1988, 104 blz. afbn.; De brieven die Herman Snatager vanaf 1941 schreef vanuit de onderduik en later vanuit Westerbork, lagen jarenlang bij zijn broer in de kast. Diens zoon heeft ze uiteindelijk uitgegeven. Een droevig relaas van een eenvoudig jong Joods gezin dat in 1943 eindigt met de deportatie uit Westerbork en de dood in Auschwitz.

Stilma, L.
Mammie, de trein fluit; schetsen over Westerbork
2de dr. Nijkerk, Intro, 1984. 40 blz.; Twintig korte schetsen over het concentratiekamp Westerbork. De schrijfster heeft met mensen gesproken die de verschrikkingen hebben meegemaakt en hun ervaringen in eenvoudige, aangrijpende teksten vastgelegd. In hun voelen en denken blijft het iets van 'gisteren', het gaat nooit voorbij.

Van Eck, L. (ps. van L. van Eeckhout)
Zo was het in Dachau
2de dr. Leuven, Libertas, 1985. 238 blz.; Een sober, aangrijpend relaas over het dagelijkse kampleven in Dachau; over de altijd heersende angst, de onvoorstelbare smerigheid, de honger en de pijn, met als het vrijwel zekere einde de dood. De schrijver was 23 jaar toen hij Dachau kon verlaten.

Vries, A.A. de
Mazzel, hoe een joodse jongen de oorlog doorkwam.
Amsterdam, SUA, 1991. 139 blz. Een soort schelmenroman waarin de auteur bloemrijk beschrijft hoe de familie vanaf het moment dat in Nederland de Jodenvervolging begon op allerlei listige manieren uit handen van de nazi's wist te blijven.

Vriesland, E. van
Esther, een dagboek 1942
Utrecht, Matrijs, 1990. 159 blz., afbn.; Dagboek van een vijftienjarig meisje uit Gorinchem, dat haar dagelijks leven in oorlogstijd beschrijft. Tussen de regels door wordt duidelijk hoe ze het toenemende isolement ervaart. In de inleiding wordt de situatie beschreven van de familie Van Vriesland in oorlogstijd.

Walda, D.
Amsterdam-Zuid in oorlogstijd
Amsterdam, Werkgroep Gedenkteken Markt voor Joden, 1986. 93 blz., afbn. Ooggetuigen vertellen over de geschiedenis van deze Amsterdamse buurt met zijn vele joodse inwoners tijdens de Duitse bezetting. Tot de maatregelen waarmee de Joden uit de maatschappij werden geisoleerd behoorde onder meer het oprichten van een aparte joodse markt op de plaats van de huidige kinderspeelplaats in de Gaaspstraat.

5.1.2.4 Proza en poëzie

Blatt, R.
Rudy, een strijdbare Jood, 1940-1945
Vert. uit het Engels door G. Grasman. Haarlem, Gottmer, 1985. 270 blz., afbn. (A soldiers diary). Rudy vlucht in 1933 vanuit Duitsland naar Nederland waar hij na de Duitse inval onderduikt, maar al snel gaat deelnemen aan het verzet. Na vele avonturen maakt hij de bevrijding van Nederland mee in de staf van Prins Bernhard.

Blom, R.G.
De rode mist, roman.
Bergen op Zoom, Heeffer/Penboek, 1990. 127 blz.; Roman over een joodse vrouw die als meisje in de oorlog ondergedoken was, en de oorlog overleefde. Zij vertelt een psychiater over haar ervaringen en haar oorlogsverleden.

Coutinho, M.
De stille strijd
2e dr. Schoorl, Conserve, 1989. 197 blz. (oorspr. dr. 1946); Herdruk van een verhaal over de ondergang van een gelukkig joods gezin.

Hornman, W.
Erop of eronder
Utrecht, Het Spectrum, 1984. 240 blz.; Deel 4 uit de zesdelige serie Het geslacht van Galen. In oorlogstijd is deze familie zeer actief in het verzet. De hulp aan Joden speelt door het hele boek heen een belangrijke rol.

Höweler, M.
Tobias
(Grote ABC; no. 526). Amsterdam, De Arbeiderspers, 1985. 144 blz.; Tobias is een novelle en tegelijkertijd een moderne versie van een streekroman. Tegen de achtergrond van de Tweede Wereldoorlog en de Jodenvervolging voltrekt zich het drama rond de boer Tobias en het voor de nazi's uit Duitsland gevluchte joodse meisje Judith.

Jong, D. de
De thuiswacht
3de dr. (Moderne Klassieken). Amsterdam, An Dekker, 1990, 184 blz.; Herdruk van het in 1954 verschenen boek over de relatie tussen twee vrouwen in oorlogstijd. Erica wordt als vermeende 'halfjodin' naar Vught gedeporteerd. Bea emigreert. In een inleiding bij deze herdruk legt L. Kleverlaan de nadruk op de lesbische relatie die tussen de vrouwen zou hebben bestaan.

Keuls, Y.
Daniël Maandag
Amsterdam, De Bijenkorf, 1988. 80 blz.; Daniël Maandag is de naam van een kleine jongen die in de oorlog opgroeit bij zijn joodse vader. Hij beleeft de sfeer van onzekerheid en valse hoop en ziet tenslotte hoe zijn vader tijdens een razzia wordt weggevoerd.

Maanen, W.G. van
Etty
Baarn, De Prom, 1988. 96 blz.; Een toneelstuk over Etty Hillesum.

Mendels, J.J.
Je wist het toch
2e dr. Amsterdam, Meulenhoff, 1982. 173 blz. (oorspr. dr. 1948); Een Nederlandse joodse man en een vrouw die elkaar tijdens de oorlog in Engeland ontmoeten, beleven een grote liefde waarvan ze weten dat die slechts tijdelijk kan zijn, omdat de man een gezin in Nederland heeft.

Minco, M.
De glazen brug
Amsterdam, CPNB, 1986. 94 blz.; Op een winterdag in het begin van de oorlog lopen een joods meisje en haar vader in Amsterdam langs een boogbrug. Het beeld van die brug blijft in het leven en in de dromen van de vertelster aanwezig. Zij overleeft de oorlog, haar vader niet. De brug wordt een symbool van wat haar scheidt van, maar ook wat haar verbindt met haar vader en al de anderen die in de oorlog omkwamen. Boekenweekgeschenk 1986.

Presser, J.
De nacht der Girondijnen, novelle
Met een nawoord van Primo Levi; 6e dr. Amsterdam, Meulenhoff, 1991. Herdruk van de aangrijpende novelle uit 1957, waarin de ellende in het doorgangskamp Westerbork voor de transporten wordt beschreven. Primo Levi: 'Het is een van de weinige boeken waarin een beeld van het Westeuropese Jodendom wordt gegeven op literair niveau'.

5.1.3 Locale geschiedenis

Over de plaatselijke geschiedenis van de joodse gemeenschappen in Nederland is en wordt het nodige geschreven. Vaak verschijnen deze publikaties als artikelen in kranten of tijdschriften. In principe zijn in deze bibliografie slechts afzonderlijke publikaties opgenomen. Slechts een enkele maal is hierop een uitzondering gemaakt. Zoals in het spraakgebruik onderscheid wordt gemaakt tussen Mokum en Mediene, zo zijn ook in deze rubriek eerste de uitgaven over Amsterdam vermeld, en daarna in alfabetische volgorde, die over de andere joodse gemeenschappen. Aanvullend materiaal is te vinden in:

Michman, J., H. Beem en D. Michman
Pinkas Hakehillot — The Netherlands Encyclopaedia of Jewish Communities
Jeruzalem, Yad Vashem, 1985. 434 blz., afbn., krtn.; Onder auspiciën van het Holocaust-Museum Yad Vashem verscheen in Israël een in het Hebreeuws geschreven alfabetisch overzicht van plaatsen waar in Nederland Joden hebben gewoond. Na een uitgebreide inleiding vindt men bij elke plaats demografische gegevens en een beschrijving van de geschiedenis waarbij veel aandacht wordt geschonken aan de periode 1940-1945. In 1992 verschijnt hiervan een Nederlandse vertaling en bewerking:
Michman, J., H. Beem, D. Michman
Pinkas, geschiedenis van de joodse gemeenschap in Nederland
Vert. uit het Hebreeuws door R. Verhasselt; red. en bew. V. Brilleman.
Ede, Kluwer, 1992. 608 blz.; Vertaling van het in 1985 in het Hebreeuws verschenen *Pinkas Hakehillot*. Bijgewerkt en aangevuld met literatuur en artikelen over 'Joods Nederland tussen 1951 en 1991': een karakteristiek van vier decennia.

5.1.3.1 Amsterdam

Bakker, B. (eindred.)
Vier eeuwen Waterlooplein
Amsterdam, Balans, 1987. 171 blz., afbn., krtn.; Bevat synomieme Engelse en Nederlandse tekst. Een uitgave van de Stichting 400 jaar Waterlooplein. Rondom de thema's Waterlooplein, Muziektheater, Stadhuis en Joods Historisch Museum worden verschillende gebouwen en firma's beschreven die hebben bijgedragen aan de sfeer die typerend was voor het plein. Van elk gebouw is er een foto en een plattegrondje.

Belinfante J. e.a.
De snoge, monument van Portugees-joodse cultuur
Amsterdam, D'ARTS, 1991. 96 blz., afbn.; Hoofdstukken door verschillende auteurs over aspecten van de Portugees-joodse gemeente en de Portugees-Israëlietische synagoge aan het J.D. Meijerplein: de herkomst van de gemeente, de bouwgeschiedenis en de functie van de synagoge, de bibliotheek Ets Haim, en een fraai geïllustreerd overzicht van de ceremoniële voorwerpen.

Boas, H.
Herlevend bewaard, aren lezen in joods Amsterdam
Amsterdam, Keesing, 1987. 248 blz., afbn.; Een keuze uit de artikelen van de schrijfster voor Hakehilla, het maandblad van de Amsterdamse joodse gemeente. Veel aandacht is besteed aan beschrijvingen van bekende personen uit Amsterdamse joodse families.

Bueno de Mesquita, A.
Portuguesade, herinneringen aan het Amsterdam van de Portugese Joden
Delft, Eburon, 1988. 102 blz., afbn.; Ter gelegenheid van zijn 80ste verjaardag schreef de auteur voor zichzelf en zijn kinderen deze bundel met herinneringen. Op humoristische wijze, soms met milde zelfspot wijst hij op de karakteristieke trekken in deze kleine gemeenschap, waarover in het algemeen weinig bekend is.

Cahen, J.J. en C.J. Roosen
Wehoter- En er was nog over..., fotoboek ter gelegenheid van het 350-jarige bestaan van de joodse Gemeente Amsterdam.
Antwerpen, De Vries/Brouwers, 1985. 128 blz., afbn.; Oorspronkelijk uit Midden-Europa afkomstige Joden hebben 350 jaar geleden in Amsterdam hun eerste synagogedienst gehouden. Ter herdenking hiervan werd een platenboek samengesteld over de geschiedenis van joods Amsterdam in de periode 1900-1985.

Calado, R.S.
Portugese Faience - Faianca Portuguesa 1600-1660
Amsterdam/Lissabon, Amsterdams Historisch Museum enz., 1987. 96 blz., afbn.; Tijdens de opgravingen op het Waterlooplein voor de bouw van de Stopera werd door Jan Baart, de stadsarcheoloog van Amsterdam, in de huisplaatsen van de

Portugese Joden uit de 17de eeuw een grote hoeveelheid Portugees aardewerk aangetroffen. Catalogus bij de tentoonstelling Exodo.

Caransa, A.
Van school verwijderd, Jood. Dokumenten betreffende de verwijdering van joodse leerlingen van Amsterdamsche ambachtssscholen in 1941.
Haarlem, Tuindorp, 1990. 51 blz., afbn.; In eigen beheer uitgegeven inventarisatie. De auteur was in 1941 leerling aan de 3de Ambachtsschool aan het Tuindorpplein in Amsterdam-Noord. Hij verbaast zich over het ontbreken van protest tegen hun verwijdering op last van de Duitsers. 9% van de leerlingen op zijn school was joods.

Dahan, B., H. Lindwer-Emanuels e.a. (red.)
60 jaar, 1928-1988/5689-5749
Van Joodsche Hogere Burgerschool tot joodse Scholengemeenschap Maimonides [Amsterdam], Stichting Lustrum Organisatie Maimonides 60 jaar, 1989/5749. 72 blz., afbn.; Uit foto's, brieven, krantenknipsels, schoolboekjes en archieven werd een boek samengesteld ter herinnering aan de 60 jaar oude school voor voortgezet onderwijs. Eerst als joodse HBS op Herengracht 501, vanaf 1950 aan de voormalige Stadstimmertuinen en vervolgens in 1980 als Joods Lyceum en JSG Maimonides in een nieuw gebouw in Buitenveldert.

Dam, J. van (ps.)
Poppetje gezien, kassie dicht
Het levensrelaas van een Amsterdamse Jood Amsterdam
Amphora Books, 1985. 244 blz.; De auteur is een joodse verkoper, die hoewel hij geen communist was, in de oorlog betrokken raakte bij verzetsactiviteiten van de CPN. Ook zijn jeugd in het vooroorlogse Amsterdam en zijn leven na de oorlog beschrijft hij in dit zeer persoonlijke verhaal.

Dulken, H. van en T. Jansen (red.)
Het leven als leerschool, portret van Emanuel Boekman, 1889-1940
Amsterdam, Boekmanstichting/Van Gennep, 1989. 176 blz., afbn.; Bundel artikelen over leven en werk van de sociaal-democratische wethouder van kunstzaken in Amsterdam, die in mei 1940 een eind aan zijn leven maakte. Over zijn werk als wethouder is geschreven in *Kunstbeleid in Nederland, 1920-1940* van T. Jansen en J. Rogier. De bedoeling van deze bundel is om ook minder bekende aspecten van zijn werk te belichten. Johan Polak schrijft over Boekman als Amsterdamse Jood. Zijn demografische studies over Joden in Nederland worden nader geëvalueerd door de Israëlische historicus R. Cohen.

Fuks-Mansfeld, R.G.
De Sefardim in Amsterdam tot 1795, aspecten van een joodse minderheid in een Hollandse stad
(Hollandse studiën, 23). Hilversum, Historische Vereniging Holland /Verloren,

1989. 224 blz., afbn. Eerder verschenen als proefschrift RU Leiden, 1989.; Geschiedschrijving van de Portugees-joodse gemeenschap die in het begin van de 17de eeuw in Amsterdam ontstond. De auteur geeft een samenvatting van de huidige stand van kennis over dit onderwerp en vult deze aan op grond van eigen onderzoek. Veel aandacht schenkt zij aan de culturele en literaire uitingen.

Gans, M.H.
De Amsterdamse Jodenhoek in foto's andermaal, 1840-1940
Baarn, Ten Have, 1985. 80 blz., afbn.; Reeds eerder verschenen publikaties over dit onderwerp van dezelfde auteur. Daarna is nog veel nieuw materiaal bekend geworden dat een beeld geeft van het leven van de over het algemeen zeer arme joodse inwoners van de hoofdstad.

Joods Amsterdam, een wandeling door de vroegere Jodenbuurt
Amsterdam, VVV, Joods Historisch Museum, 1991. 16 blz., afbn., krt.; Brochure met gegevens voor een wandeling van ca 2 uur door de oude joodse buurt rondom de synagoges van het J.D. Meijerplein.

Kistemaker, R. en T. Levie (red.)
Exodo, Portugezen in Amsterdam, 1600-1680.
Amsterdam, De Bataafsche Leeuw, 1987. 112 blz., afbn.; 12 artikelen over het leven van de Sefardiem, de Portugese Joden in Nederland; hoe ze woonden op Vlooyenburg, de allereerste publikaties tussen 1584 en 1622; de grafstenen in Ouderkerk. Uitgegeven naar aanleiding van een gelijknamige tentoonstelling over dit onderwerp in het Amsterdams Historisch Museum.

Kramer, W.
Op de stoeprand
Purmerend, Publipers, 1988. 79 blz., afbn.; Herinneringen aan een stukje joodse buurt in Amsterdam Nieuw-Zuid.

Leydesdorff, S.
Wij hebben als mens geleefd, het joodse proletariaat van Amsterdam 1900-1940
diss. Amsterdam, Meulenhoff, 1987. 332 blz., afbn., krtn.; Geschiedschrijving op grond van interviews over de situatie waarin een groot gedeelte van het Amsterdamse vooroorlogse Jodendom verkeerde. Informatie over het leven in armoe in de oude buurt rondom het Waterlooplein en over de pogingen daaraan te ontkomen o.a. door te vertrekken naar De Pijp of de Indische buurt.

Lipschitz, S.
De Amsterdamse diamantbeurs
Amsterdam, Stadsuitgeverij, 1990. 158 blz., afbn.; Geschiedschrijving van de Amsterdamse Diamantbeurs ter gelegenheid van het 100-jarig bestaan. Tweetalige uitgave (Engels en Nederlands) met aandacht voor de handel en de mensen die er werkten. Tweederde van de diamantbewerkers en -handelaren verloren tijdens de

Tweede Wereldoorlog hun leven; de beurs zou dit verlies nooit meer te boven komen. S. van Praag schreef de inleiding; Lipschitz verzorgde de tekeningen.

Portegiezen en Tedescos, Joods leven in Amsterdam 1592-1796
Amsterdam enz., Joods Historisch Museum enz., 1982. 96 blz., afbn.; Catalogus voor de gelijknamige tentoonstelling in het Joods Historisch Museum met een inleiding van drs. J. Belinfante en één van dr. J. Michman.

Praag, S.E. van
Een lange jeugd in joods Amsterdam
Een visie op joods Amsterdam in foto's door Willy Lindwer
's-Gravenhage, Nijgh en Van Ditmar, 1985. 239 blz., afbn.; Herinneringen aan het joodse Amsterdam van voor de oorlog, over de buurt en de mensen die er woonden. Willy Lindwer legde de afbraak van de oude Jodenbuurt in de jaren '60 vast in een serie foto's.

Roegholt, R.
De Jodenhoek, een Amsterdamse wandeling
Amsterdam, Het 4 en 5 mei Comité van de Raad van kerken, 1990. 32 blz., afbn.,krtn.; Een wandeling door de oude joodse buurt van Amsterdam en de daaraan grenzende Plantage, met veel aandacht voor resten van gebouwen en sporen van joods leven. De uitgave bevat tevens zes gedichten van o.a. Ida Vos en Ed. Hoornik.

Stoutenbeek, J. en P. Vigeveno; (Cahen, J.J. eindred.)
Wandelingen door joods Amsterdam
Weesp, De Haan, 1985. 153 blz., afbn.; Na een beknopte inleiding over de geschiedenis van de Amsterdamse Joden en de joodse gemeente volgen negen wandelingen langs 'joodse' objecten in verschillende delen van Amsterdam zoals: Jonas Daniël Meyerplein, Weesperplein, Oud-Zuid, de oude joodse buurt en de Rivierenbuurt. Ook aan de joodse begraafplaatsen en andere joodse plekken rond Amsterdam worden twee excursies gewijd.

Uijenkruijer, D. (tekst) en J. van Velzen (samenst.)
Een ansicht uit de Mediene, Joods leven in de provincie
Amsterdam, Repro-Holland/Joods Historisch Museum, 1991. 124 blz., afbn.; Een verzameling ansichtkaarten van voor 1940 die een indruk geven van het joodse leven buiten Amsterdam, van de synagoge van Bolsward tot de Jodenstraat in Venlo. De begeleidende tekst geeft informatie over de afbeelding op de kaart en over de joodse gemeenschap ter plaatse.

Walda, D. en W. Boezeman
Mazzel en sores
Uit het leven van Jossy en Jacques Halland en hun Jiddische cabaret LiLaLo
Amsterdam, Pegasus, 1989. 80 blz., afbn.; Vanaf 1959 was in de De Clercqstraat

in Amsterdam het Jiddisch cabaret-café LiLaLo gevestigd, bestaande uit Jossy en Jacques Halland. In dit boek staat hun levensverhaal opgetekend uit de mond van de nu 79-jarige Jacques.

5.1.3.2 Mediene

Becker, J.
Het smousekerkhof te Geffen, 1693-1908
Uden, Stichting Iacobus Iudeus, 1987. 227 blz., afbn.; Een beschrijving met illustraties van de grafstenen op de joodse begraafplaats in het Noordbrabantse Geffen. Tevens aandacht voor joodse families die een aandeel hebben gehad in de industriele ontwikkeling in dit gebied, zoals Van den Bergh en Van Zwanenburg.

Bekkum, W. van en E. Schut
De joodse gemeente van Groningen
In Halsema, G. van e.a. (red.), *Geloven in Groningen, Capita Selecta uit de geloofsgeschiedenis van een stad*, blz. 157-184. Kampen, Kok, 1990; In het midden van de 16e eeuw kwamen voor het eerst enkele Joden binnen de wallen en grachten van de handelsstad Groningen. Toch waren de Groningers aanvankelijk zeer tegen hun komst gekant.

Berg, A. van den en R. van den Berg
De joodse gemeenschap van Oud-Beyerland
's-Gravendeel, Robbemont, 1987. 85 blz., afbn.; Joden woonden er in dit dorp voornamelijk in de 19de en 20ste eeuw, tot aan het uitbreken van de oorlog. Het boekje gaat in op aspecten van de joodse cultuur zoals synagoge en kasjroet. Uit de namenlijsten spreekt het wel en wee van de joodse families.

Brasz, I.
De Kille van Kuilenburg, Joods leven in Culemborg
Culemborg, Koolhof, 1984. 143 blz., afbn.; Na 1600 vestigden zich Joden in Culemborg. Het verhaal over deze 'Kille' (gemeente) wordt niet alleen verteld vanuit de eigen kring, maar ook gesitueerd binnen de locale gemeenschap. Centraal staat de periode van 1870-1940. In de oorlog is vrijwel de gehele joodse gemeenschap gedeporteerd en omgekomen.

Coppenhagen, J.H.
Neveh Shalom a Esnoga de Marca
Bibliographical list on the history of the Portugese Community at Maarssen, Maarsseveen and the Countryseats along the river Vecht, 1652-1839
Zonder plaats, zonder uitgever, 1983. 11 blz.; Niet geannoteerd overzicht.

Cornelissen, I. (samenst.)
Joods levensbeeld als Joods tijdsbeeld
Ter gelegenheid van de tachtigste verjaardag van Leo Marcus

Zwolle, Drukkerij Nobbpless, 1981.; Leo Marcus die op 88jarige leeftijd in Israël overleed, was een markante persoonlijkheid in de Zwolse gemeenschap. Voor de oorlog stichtte hij in Amsterdam de koosjere slagerij in de Ferdinand Bolstraat.

Cornelissen, I.
Ode aan een slecht mens, oom Japie uit de mediene
Amsterdam, Van Gennep, 1991. 79 blz., afbn.; Reconstrucie van het leven van Jopie de Vries, een oom van de schrijver, die in 1986 op 92-jarige leeftijd overleed. De auteur werd gefascineerd deze niet erg fijnzinnige zakenman. Hij schetst met zijn beschrijving tevens het beeld van het vooroorlogse joodse leven in en rondom Zwolle.

Creveld, I.B. van
De verdwenen buurt, drie eeuwen centrum van joods Den Haag
Zutphen, De Walburgpers, 1989. 264 blz., afbn., krtn.; Vanaf het eind van de 17de eeuw tot aan de Tweede Wereldoorlog speelde een groot deel van het joodse leven in Den Haag zich af in 'de buurt', vier straten rondom de Nieuwe Kerk aan het Spui. Van Creveld geeft een interessante historische en sociologische analyse van het leven in deze buurt. Registers, duidelijke kaarten en veel foto's completeren deze studie.

Dam, C. van
Jodenvervolging in de stad Utrecht
(Stichtse Historische Reeks, nr.10). Zutphen, De Walburg Pers, 1985. 160 blz., afbn.; Na een schets over het leven van de Joden in Utrecht voor de Tweede Wereldoorlog beschrijft Van Dam hoe door de Duitse maatregelen de joodse gemeenschap uiteenviel en vrijwel verdween. De ontwikkeling van de gebeurtenissen wordt beschreven vanuit het perspectief de joodse gemeenschap.

Derksen, S.C.
Opkomst en ondergang van een toonaangevende joodse gemeente, 250 jaar joods leven in Meppel
Meppel, Ten Brink BV, 1988. 382 blz., afbn.; Een omvangrijke, gedetailleerde studie over vele aspecten van de joodse gemeente in Meppel, van ontstaan tot ondergang. Fraai geïllustreerd.

Dinter, W.S. van
De Joden van Gennep, 1650-1950
Zutphen, Walburg Pers, 1990. 96 blz., afbn.; Driehonderd jaar geschiedenis van de kleine joodse gemeenschap in het Noordlimburgse stadje. Sommige families woonden er langer dan een eeuw. Aan de hand van archiefonderzoek volgt de auteur hun geschiedenis, die ook tot uitdrukking komt in stambomen van een achttal families.

Eyck, M.J.E.C.
Er woonden Joden in Oud-Beyerland, lesbrief ter gelegenheid van de onthulling

van het joods gedenkteken op 29 okt. 1987.
's-Gravendeel, Robbemont, 1987. 20 blz. , afbn.; Na een algemene inleidng op het Jodendom en de vervolging in de Tweede Wereldoorlog, wordt er aandacht besteed aan het lot van de Joden van Oud-Beyerland. Het gedenkteken bestaat uit een hand die een Davidster omvat.

Gelderen, J. van (red.)
Fragmenten, Joods leven in Zwolle en omgeving
(Publicaties van de IJsselakademie, nr.30). Kampen, IJsselakademie, 1985. 111 blz., afbn.; Een bundel artikelen over joodse geschiedenis en cultuur 'om niet nog een keer te vergeten'. Aspecten van joods leven in Zwolle, Dalfsen en Hattem, o.a.: De synagoge in Zwolle, het joodse onderwijs aldaar en een schets van het leven van de Zwolse opperrabbijn Samuel Juda Hirsch.

Giebels , L.
Inventaris van de archieven van Jacob Fränkel
Opperrabbijn van Zwolle en de joodse gemeenschap van Oldenzaal
Amsterdam, Universiteitsbibliotheek, 1986. 136 blz.; Beschrijving van de joodse gemeenschap van Oldenzaal aan de hand van het persoonlijk archief van Izak Salomon Zwartz (1879-1965). Het materiaal voor Zwolle ontleende zij aan Jacob Fränkel. Beide inventarisaties vormen een belangrijke bron voor de geschiedenis van de Joden in Overijssel.

Herpen, J. van (red.)
Hilversum anno 1850
Hilversum, Verloren, 1990. 144 blz., afbn.; In deze beschrijving van Hilversum omstreeks het jaar 1850 neemt de geschiedenis van de joodse gemeenschap in het Gooi een belangrijke plaats in.

Houwaart, D.
Kehillo Kedousjo Den Haag, een halve eeuw geschiedenis van joods Den Haag
Den Haag, Omniboek, 1986. 244 blz., afbn.; De journalist Dick Houwaart beschrijft de geschiedenis van de joodse gemeente in Den Haag gedurende de laatste 60 jaar. Van de grote gemeente van ca. 20.000 Joden voor 1940 waren er na de oorlog slechts 2.000 overgebleven. Een boeiend boek, mede door de vele interviews.

Huisman, P.H.
De stenen spreken, speaking stones
Son, Huisman, 1983. 133 blz., afbn.; Scriptie over de geschiedenis van de Sefardische Joden, waarbij de nadruk ligt op Nederland en op Curaçao. Veel aandacht wordt besteed aan de begraafplaatsen in Ouderkerk aan de Amstel en op Curaçao.

Koeman-Poel, G.S.
Een synagoge in het veen, het verhaal van de 'Pekelder' Joden, 1693-1942

Oude Pekela. Hoekstra, 1989. 160 blz., afbn.; Een schets van twee eeuwen familie-, verenigings- en synagogaal leven in Pekela.

Kooger, H.
Joods leven in Dieren, Rheden en Velp
Zutphen, De Walburgpers, 1987. 144 blz., afbn.; De geschiedenis van de joodse gemeenschap in Rheden tot en met de Tweede Wereldoorlog. Aandacht wordt besteed aan de begraafplaats van Dieren, de synagoge en aan het wel en wee van diverse families.

Lemmens, J.M.
Joods Leven in Maastricht
Maastricht, Stichting Historische reeks, 1990. 128 blz. afb.; Het honderdvijftigjarig bestaan van de synagoge te Maastricht heeft de aanleiding gevormd voor een fraai uitgevoerd gedenkboek, waarin de complete geschiedenis van de Maastrichtse Joden is vastgelegd. Die geschiedenis wordt gekenmerkt door een verregaande aanpassing aan de katholieke omgeving en een voortdurende strijd om de joodse identiteit te behouden.

Lurvink, P.
De joodse gemeente in Aalten, een geschiedenis, 1630-1945
Zutphen, Walburg Pers, 1991. 208 blz., afbn.; In de kleine Achterhoekse gemeente Aalten hebben sommige joodse families honderden jaren gewoond. Het waren vooral handelaars - slagers, veehandelaars-en hun aantal was afhankelijk van de behoefte van de bevolking. Van de ca. 80 leden die de gemeente voor de oorlog telde waren er in 1945 nog 46 over. De Joden vormden geen geïsoleerde gemeenschap en konden meer dan elders rekenen op hulp van de bevolking. De synagoge is na de oorlog gerestaureerd, maar de joodse gemeenschap is vrijwel verdwenen.

Meijer, J.
Tolk van 't olle volk, joods supplement op het Nieuw Groninger Woordenboek van K. ter Laan
Heemstede, (Meijer), 1984. 64 blz., afbn.; Deze woordenlijst bevat ca. 300 woorden in Gronings dialect en die vooral door Joden in de vorige eeuw werden gebruikt. Ze zijn ontleend aan het Hebreeuws en het Jiddisch. De uitgave bevat tevens achtergrondinformatie over de taal en de situatie van de vooroorlogse Groningse Joden.

Morasja Kehillat Jaacov, Het erfdeel van de gemeente van Jacob
Geleen, Stichting Leerhuis Limburg, 1988. 139 blz.; Een vriendenboek voor Jaap van Gelder, voorganger van de joodse gemeenschap in Limburg, die in 1986 is overleden. Het eerste deel bevat persoonlijke herinneringen aan leraar en voorganger; de artikelen in het tweede deel van het boek dragen als opschrift: 'Terug naar de wortels van de joodse traditie.'

Muilwijk, P.
Twee eeuwen joods leven in Schoonhoven
In *Historische Encyclopedie Krimpenerwaard*, 12 (1987) 1, blz. 1-23. Schoonhoven, Stichting Krimpenerwaard, 1987. afbn.; In 1747 vestigden zich de eerste Joden in Schoonhoven. In 1838 werd een tot synagoge verbouwd huis ingewijd. Aan het begin van de oorlog waren er nog slechts 20 joodse inwoners, waarvan een echtpaar de oorlog overleefde.

Püttmann, F.
Joden in Diemen
In *Diemen buyten Amsterdam*, blz. 134-147. Amsterdam, De Bataafsche Leeuw, 1987. 186 blz., afbn.; De joodse gemeenschap in Diemen is altijd sterk afhankelijk geweest van Amsterdam. Het dorp is in joodse kring vooral bekend door de beide joodse begraafplaatsen, het voormalige Zeeburg en Oud-Diemen.

Schoonheim, F.
De joodse gemeente van Edam 1779-1886
Inventaris van het archief, catalogus van voorwerpen
Hoorn, Vereniging Oud Edam, 1989. 32 blz., afbn.; Naar aanleiding van een tentoonstelling in het Edams Museum over de voormalige joodse gemeente Edam, waartoe ook Purmerend, Ilpendam, De Beemster, De Rijp en Zeevang behoorden, schreef de adjunct-archivaris van het streekarchief Waterland een geschiedkundig overzicht over deze joodse gemeente, die in 1886 werd opgeheven. Met o.a. foto's van het in 1976 bij opgravingen ontdekte joods rituele bad en van de onthulling van het momument opgericht in 1967 tegenover de joodse begraafplaats.

Schut, E.
Geschiedenis van de joodse gemeenschap in de Pekela's 1683-1942
Groninger Historische Reeks 7. Assen, Van Gorcum, 1991. 248 blz., afbn.; Over de geschiedenis van deze gemeenschap bestaan vrijwel geen joodse bronnen. De auteur maakte voor zijn geschiedschrijving vooral gebruik van algemene en sociaal culturele gegevens. Zorgvuldig gedocumenteerd.

Stamkot, B.
Joods Gorcum 1349-1964, een gedenkboek
Met medew. van J. Becker en H.H. Meyler. Gorinchem, Stichting Merewade, 1989. 120 blz., afbn.; Geschiedenis van de joodse gemeente te Gorinchem, vastgelegd in een rijk geïllustreerd gedenkboek. Relatief veel aandacht voor de oorlogsjaren en de gevolgen daarvan voor de joodse gemeenschap in deze plaats.

Weustink, G.J.J.W.
Bijdrage tot de geschiedenis der Joden van Twente en het aangrenzende Duitsland
Oldenzaal, De Bruin, 1985. 208 blz., afbn.; Een overzicht van de geschiedenis van het joodse volksdeel in Oldenzaal, maar ook in plaatsen als Ootmarsum, Almelo en

Hengelo, vanaf het einde van de Middeleeuwen. Daarbij wordt aandacht geschonken aan de komst van Joden uit Duitsland en Polen na de dertigjarige oorlog. Na de machtsovername door de nazi's zette de niet-joodse bevolking zich al snel in voor hulp aan politieke vluchtelingen, een houding die zich ook in de oorlog als daadwerkelijke hulp aan de vervolgde Joden uitte.

Weustink, G.J.J.W.
Uit de geschiedenis der Joden van Oldenzaal
Oldenzaal, De Bruyn, 1990. 119 blz., afbn.; De eerste sporen van joods leven in Oldenzaal dateren uit 1336; er woonden toen zes Joden. In 1956 werd de joodse gemeente opgeheven en bij Enschede gevoegd. Het eerste deel van het boek beschrijft de geschiedenis van de gemeente, in deel 2 worden alle familie's behandeld en de beschikbare foto's gereproduceerd.

Woolderink, R.
Raalte in oorlogstijd, 1940-1945
Doetinchem, Uitgave in eigen beheer, 1987. 128 blz., afbn.; Geschiedenis van de joodse gemeente in Raalte, die teruggaat tot 1767. De nadruk ligt op de vervolging tijdens de periode 1940-1945. Toegevoegd is een plaatselijk Memorboekje, met de lijst van de omgekomen Joden.

Zomeren, D. van
Geschiedenis van de joodse gemeenschap in Weesp
Ze waren gewoon ineens weg
2de dr. Weesp, Heureka, 1984. 112 blz., afbn.; Uit 'verwondering' dat er voor de joodse gemeenschap van Weesp, die na de oorlog "plotseling" geheel verdwenen bleek te zijn ', geen enkel monument bestond, werd dit boek geschreven. Het behandelt vooral de geschiedenis van de verschillende joodse families, voor zover die na veel speurwerk was te achterhalen.

5.2 Joods leven in Nederland tot heden

In deze rubriek zijn publikaties opgenomen die het na-oorlogse Jodendom als onderwerp hebben. Ook die boeken die over een langere periode gaan, soms vanaf voor de oorlog tot op heden, zijn in deze rubriek opgenomen.
Aan het eind zijn een aantal boeken bijelkaar gezet, die zich bezig houden met de verwerking van het oorlogsverleden voor oorlogsslachtoffers en hun kinderen. Het bestaan van de tweede generatie- problematiek komt hierin duidelijk tot uitdrukking.

5.2.1 Algemeen

Abram, I.B.H., E.A. Hemelrijk e.a.
Joodse stemmen in Nederland I
Rondom het Woord 24 (1982) nr. 4, Hilversum, NCRV (postbus 121), 1982. 72 blz.; Neerslag van radio-uitzendingen over de huidige situatie van Joden in Nederland, aangevuld met artikelen. Aan de orde komen: identiteit, tweede generatie, synagogale muziek, homoseksualiteit en in het bijzonder de positie van de vrouw.

Agt, J.F. van, en E. van Voolen
Nederlandse synagogen
Weesp, De Haan enz., 1984. 112 blz., met foto's van Willy Lindwer.; Een overzicht van alle nog in Nederland bestaande synagogale gebouwen, alfabetisch gerangschikt naar plaats. Naast de met gevoel voor interessante détails geschreven tekst bevat het boek een fotodocumentatie van een groot deel van de beschreven gebouwen.

Boer, H. den, J. Brombacher en P. Cohen (red.)
Een gulden kleinood, liber amicorum aangeboden aan de heer D. Goudsmit ter gelegenheid van zijn afscheid als bibliothecaris van 'Ets Haim/Livraria Montezinos' van de Portugees-Israëlietische Gemeente te Amsterdam.
Apeldoorn, Garant, 1991. 318 blz., afbn.; Een gevarieerde verzameling opstellen die de belangstelling van de heer Goudsmit weerspiegelt.

Cohen. R.
Jews in Another Environment:
Surinam in the Second Half of the Eighteenth Century.
Leiden, E.J. Brill, 1991. 350 blz.; Analyse van de wisselwerking tussen de joodse gemeenschap en de Surinaamse koloniale samenleving in de 18de eeuw.

Dam, F. van (red.)
Benedictus homini homo, Baruch is de mens een medemens
Liber Amicorum voor Dr. J.Z. Baruch ter gelegenheid van zijn 70ste verjaardag op 11 chesjwan 5748/3 november 1987. Amsterdam, 1987. 195 blz., afbn.; De arts Dr. Baruch is voorzitter van de Portugees Israëlietische Gemeente in Amsterdam. De Parnassiem (bestuurders) van deze gemeente boden hem een bundel aan met 20 artikelen van vrienden met aandacht voor zijn werk als medicus, politicus en als joods geleerde. De bundel bevat tevens een bibliografie van de artikelen van Baruch in de joodse pers van 1935 tot en met 1986.

Goot, Y. van der en K.A.D. Smelik (red.)
Joods leven in Nederland, enkele actuele aspecten
Delft, Meinema, 1986. 119 blz.; De basis van dit boek is een serie gesprekken, gevoerd met Nederlandse Joden. Vanuit verschillende invalshoeken krijgt men een beeld van het huidige Jodendom in Nederland. Het gaat om hedendaagse problema-

tiek: joodse identiteit, de positie van de vrouw, de Staat Israël, homosexualiteit en vragen rondom geloof en praxis.

[Greenberg, D. en Y. Danieli]
Chanoekat Habajit, inwijding van het huis
Assen etc., Van Gorcum, 1990. 35 blz.; Twee lezingen, gehouden op 8 december 1988 ter gelegenheid van de feestelijke openingsplechtigheid van het H.J. Mansfeldhuis voor de joodse Ambulante Geestelijke Gezondheidszorg. Greenberg sprak over raakvlakken tussen Jodendom en psychiatrie; Danieli over verschillende stijlen van aanpassing in gezinnen van holocaust-overlevenden.

Herzberg, A.J.
Het joodse erfgoed
Gekozen door H. Oosterhuis. Amsterdam, Querido, 1991. 141 blz.
Twintig artikelen, op één na eerder verschenen in *De man in de spiegel*, 1980. De eerste negen essays verschenen in 1940/41 in *De joodsche Wachter*; zij vormden toen een joodse stem in moeilijke tijden die de overlevingskracht van het Jodendom in de geschiedenis benadrukte. De andere stukken werden geschreven tussen 1946-1977 en zijn voorbeelden van Herzbergs soms controversieel maar altijd goed gefundeerd geluid bij ethische en politieke beslissingen.

Jacobs, J.S., E. van Voolen e.a.
Joodse Stemmen in Nederland 11
Rondom het Woord 25 (1983) nr. 1, Hilversum, NCRV (postbus 121), 1983. 96 blz., afbn.; In deze tweede serie gesprekken en artikelen geven joodse Nederlanders hun visie op verschillen tussen liberaal en orthodox, de relatie tot de Staat Israël, de Mediene, joodse kunst en de overgang tot het Jodendom.

Jongkind, B.
Lijst van incidenten tegen Joden in Nederland in 1985
CIDI-informatie 12/2. 's-Gravenhage, CIDI, 1986. 20 blz.: In 1985 registreerde het CIDI 61 gevallen van antisemitische leuzen, bedreigingen, geschriften, waaronder ook vormen van religieus antisemitisme.

Jongkind, B.
Antisemitisme in Nederland in 1986
CIDI-informatie, 's-Gravenhage, CIDI, 1987. 18 blz.; Jaaroverzicht van 76 bij het CIDI ter kennis gekomen incidenten in Nederland, die varieren van diep kwetsende gedragingen jegens Joden tot gebeurtenissen die als discriminerend jegens hen kunnen worden beschouwd. Tevens zijn 10 rechtszaken, die in 1986 plaatsvonden vermeld.

Joodse begraafplaatsen in Nederland
Misjpoge, 3 (1990) 4, Noordwijk, Misjpoge, 1990. blz. 97-144., afbn.; Inventari-

satie van in Nederland thans nog bestaande joodse begraafplaatsen, gerangschikt per provincie. De inventarisatie wordt aangevuld met toelichtende artikelen en zakelijke informatie.

Lanser, J. (red.)
Joodse identiteit in de geestelijke gezondheidszorg
Assen, Van Gorcum, 1987. 152 blz.; Een bundel essays, voor en door hulpverleners, in het kader van het 40-jarig jubileum van het Sinaicentrum in Amersfoort. Centraal staat de specifieke hulpverlening aan de joodse doelgroep.

Perath, A.
Mooi oud
Herzlia, Tacy, 1987. 116 blz.; De schrijfster emigreerde in 1939 met haar gezin naar Israël. In 1979 ging zij wonen in Queen Juliana's Parents Home, een bejaardenhuis voor mensen die afkomstig zijn uit Nederland. Zij beschrijft haar indrukken en emoties; ook betrekt ze bij haar belevenissen haar kinderen en haar kleinkinderen. Haar werk wordt gekenmerkt door een milde kijk op het alledaagse leven.

Stoutenbeek, J. en P. Vigeveno
Joods Nederland, een cultuurhistorische gids
Amsterdam, Querido, 1989. 310 blz., afbn., krtn.; Een overzicht van de nog herkenbare sporen van joods Nederland, ingedeeld naar regio en alfabetisch gerangschikt naar plaats. Na algemene historische informatie volgt een beschrijving van o.a. begraafplaatsen, oude en nieuwe synagoges, gebouwen waar joodse instellingen waren en zijn gevestigd, verduidelijkt aan de hand van overzichtelijke kaartjes.

Wesley, J.E.
Joods, een fotografische impressie van de joodse gemeenschap in Nederland in de jaren tachtig
Tekst E. v. Voolen. Haarlem, Becht, 1987. 123 blz., afbn.; De fotografe Jenny Wesley geeft een veelzijdig overzicht van de joodse gemeenschap in Nederland, ingedeeld naar diverse onderwerpen als: leren, feestdagen, spijswetten, levenscyclus, herdenken en demonstreren, wat is joods? E. v. Voolen schreef een informatieve inleiding.

5.2.2 Verwerking oorlogsverleden

Arnoni, M.S.
De overlevenden tellen niet
Amsterdam, Meulenhoff, 1986. 176 blz.; Posthuum uitgegeven autobiografisch geschrift over de juridische doolhof waarin Arnoni als oorlogsslachtoffer, 'afgestudeerd aan de universiteit van Auschwitz', na de oorlog terecht kwam. Onthutsend

relaas over de problemen bij de schadeloosstelling van slachtoffers van concentratiekampen.

Bastiaans, J.
Isolement en bevrijding
Amsterdam,Balans, 1987. 178 blz.; Bundeling van lezingen van de auteur waarin hij voor een groot publiek probeert duidelijk te maken hoe pessimisme bij vervolgingsslachtoffers langzaam kan worden omgebogen tot een meer optimistische levenshouding.

Benima, T. en F.J. Hoogewoud (red.)
Le-ezrath Ha-am - het volk ter hulpe
Het eerste joodse blad in 1945 Eindhoven-Amsterdam
Assen, Van Gorcum, 1985. LVIII. 98 blz., afbn.; Facsimile-uitgave van alle in de periode januari-oktober 1945 verschenen nummers van het enige joodse blad in bevrijd Zuid-Nederland. Naast inleidende artikelen over aspecten van het na-oorlogse leven van de hand van T. Benima, I. Brasz met medewerking van J. Hagen, en van J. Brauer en J. Driever, bevat het boek ook een interview met A. Yinnon, Bram de Jong, de initiatiefnemer en enige redacteur van het blad.

Borno, D., M. de Keizer en G. van der Stroom (red.)
1940-1945 — onverwerkt verleden?
Utrecht, Hes, 1985, 79 blz.; Bundeling van lezingen gehouden op een symposion ter gelegenheid van het 40-jarig bestaan van het RIOD over de wijze waarop men in Nederland de confrontatie met de ervaringen van de bezettingsjaren is aangegaan. De Jodenvervolging vormde hierbij een belangrijk aspect.

Eland, J., P.G. van der Velden e.a.
Tweede generatie joodse Nederlanders; een onderzoek naar gezinsachtergronden en psychisch functioneren.
Deventer, Instituut voor Psychotrauma/Van Loghum Slaterus, 1990. 147 blz.; Vergelijkend onderzoek tussen 30 mensen van de zogenaamde tweede generatie joodse Nederlanders en 30 niet-joodse Nederlandse leeftijdsgenoten. Doel van het onderzoek was een inzicht te krijgen in de psychische problematiek van de eerste groep en de gevolgen die daardoor ontstaan voor hun functioneren in gezin en samenleving.

Engelsman, A. (red.)
Oorlogstrauma's na 45 jaar? Politiek en psychiatrisch ongeduld.
Amsterdam, Van Gennep, 1989. 112 blz.; Naast een inventarisatie van de problematiek van oorlogsslachtoffers wordt een zorgvuldige juridische uiteenzetting gegeven van de ontwikkeling van de overheidszorg met betrekking tot oorlogsgetroffenen.

Hondius, D.
Terugkeer, Antisemitisme in Nederland rond de bevrijding
'ʼs-Gravenhage, SDU-uitgeverij, 1990. 120 blz., afbn.; Met voorbeelden toont de auteur aan, dat er vlak na de bevrijding in Nederland een tijdelijke opleving was van antisemitisme. Joden die de concentratiekampen hadden overleefd, werden bij hun terugkeer in Nederland vaak zeer onvriendelijk ontvangen. 'Terugkeer' is gebaseerd op de doctoraalscriptie van de auteur, die hiervoor in 1989 de Hartog Beemprijs van de Stichting joodse Studiën ontving.

Ka-Tsetnik
Bestendig voor ogen, een terugkeer naar Leiden
Vert. uit het Engels naar het Hebreeuws door L. Mock. Kampen, Kok, 1989. 140 blz., afbn. (*Tsofen ED'MA*); De auteur doet verslag van de behandeling door prof. Bastiaans met behulp van LSD om van zijn KZ-syndroom af te komen. Een eerdere behandeling in 1976 had hij halverwege afgebroken. Een indringend en aangrijpend relaas, waarin de auteur vertelt over de hallucinaties en visioenen, waarin hij zijn jeugd en de verschrikkingen van Auschwitz opnieuw beleefde.

Veld, N.K.C.A. in 't
De joodse ereraad
's-Gravenhage, SDU-uitgeverij, 1989. 124 blz.; Een heldere en kritische uiteenzetting over de werkwijze van de joodse ereraad, die in 1946 werd ingesteld om de zuivering binnen joodse kring ter hand te nemen. De ereraad heeft zich in de vier jaar van haar bestaan voornamelijk bezig gehouden met de beoordeling van de handelwijze van de joodse Raad.

Verhey. E.
Om het joodse kind
Amsterdam, Nijgh en Van Ditmar, 1991. 279 blz., afbn.; Van de vierduizend joodse kinderen die de Tweede Wereldoorlog overleefden, waren velen bij christelijke pleegouders ondergebracht. Na de bevrijding bleek dat een groot deel van hen geen ouders meer had. Over deze kinderen ontbrandde een strijd tussen de Commissie Oorlogspleegkinderen vanuit het voormalig verzet en Le-ezrath Ha-jeled (Het kind ter hulpe), de organisatie van de joodse gemeenschap. Elma Verhey deed onderzoek naar deze gebeurtenissen en hun achtergronden, en geeft in interviews met toenmalige kinderen hun reacties weer.

Weinreb, F.
De gevangenis, herinneringen 1945-1948
Vert. uit het Duits door B. van Gelder. Amsterdam, Meulenhoff, 1989. 192 blz. (*Die Haft, Geburt in eine neue Welt, Erinnerungen 1945-1948*)
Zure, rancuneuze herinneringen van de inmiddels overleden schrijver aan zijn rol in de oorlogsjaren en aan zijn arrestatie, proces en gevangenisperiode daarna.

Wertheim-Cahen, T.
Getekend bestaan; Beeldend creatieve therapie met oorlogsgetroffenen.
Icodo, Utrecht, 1991. 136 blz., afbn.; De schrijfster is een beeldend-creatieve therapeute, die mensen met psychische moeilijkheden tracht te helpen door hen te laten schilderen en tekenen. Zij werkte met deze methode onder vervolgingsslachtoffers in het Centrum '45 in Oegstgeest.

Weyel, H.
In twee werelden, gesprekken met kinderen van joodse overlevenden
Amsterdam, Van Gennep, 1985. 132 blz.; Tien interviews over de invloed van oorlogs- en kampverleden van ouders op de kinderen die na de oorlog in joods milieu opgroeiden en over de manier waarop elk van hen een 'oplossing' voor zijn problematiek tracht te vinden.

5.3 Nederlandstalige proza en poëzie

5.3.1 Titels over joodse literatuur en auteurs in Nederland

Bruggen, C. van
Een documentatie
Samengest. en ingel. door J. Fontijn en D. Schouten; 2de uitgebr. dr.
's -Gravenhage, Nygh en Van Ditmar, 1985. 288 blz., afbn.; Eerder verschenen in: De Engelbewaarder, 3 (1978), 13. Aan het materiaal dat in 1978 in het overzicht van het leven en werken van Carry van Bruggen werd gepubliceerd is in deze uitgebreide herdruk nog een tiental nieuwe bijdragen toegevoegd.

Cartens, D.
Speels verzet, het werk van Josepha Mendels.
Amsterdam, Meulenhoff, 1988. 30 blz.; Informatief boekje over het leven en werk van de schrijfster. Bevat een bibliografie. De uitgave wordt verkocht bij 'Als wind en rook', één van de boeken van Josepha Mendels.

Hazeu, W.
Jos Vandeloo
3de herz. dr. (Grote Ontmoetingen, 4). Antwerpen, Manteau, 1984. 88 blz., afbn.; Een vrij volledig beeld van de Vlaamse dichter en prozaschrijver Jos Vandeloo, in wiens werk het Jodendom een belangrijke plaats inneemt (De Muggen).

Peene, B.
Marga Minco, een leeg huis
(Memorreeks). Apeldoorn, Walraven, 1985. 37 blz.; Inleiding over de vraag welke plaats de Tweede Wereldoorlog in de Nederlandse literatuur inneemt en in Minco's

werk in het bijzonder. Eén hoofdstuk handelt over de Joden tijdens en na de oorlog. Bevat bibliografieën.

Regenhardt, J.W.
Het gemaskerde leven van Eduard Veterman
Amsterdam, Balans, 1990. 275 blz., afbn.; Biografie van Eduard Veterman, voor de oorlog auteur en liedjeszanger in het theater, in de oorlog illegaal werker en in 1946 omgekomen door een ongeluk? Welke rol zijn jood-zijn in Vetermans leven speelde was en blijft een raadsel.

Roegholt, R.
Ben Sijes, een biografie
'Gravenhage, SDU, 1988. 256 blz., afbn.; Geboren in een armoedige woning in Amsterdamse Jodenhoek, ontwikkelde Sijes zich tot één van de grootste Nederlandse deskundigen op het gebied van de 2de wereldoorlog. Hij was de naaste medewerker van L. de Jong op het RIOD. Zijn meest bekende boek is *De Februaristaking,* die hij vanuit zijn achtergrond als radencommunist belicht.

Zee, N. van der
Jacques Presser, het gelijk van de twijfel: een biografie
Amsterdam, Balans, 1988. 325 blz. De historicus Presser verwierf met de verschijning van zijn hoofdwerk *Ondergang — De vervolging en verdelging van het Nederlandse Jodendom 1940-1945* nationale bekendheid. In zijn biografie wordt niet alleen het portret van de historicus, maar van 'de hele mens' Presser geschetst. De auteur gebruikt daarbij het werk van Presser, zijn particuliere correspondentie en interviewde mensen die hem hebben gekend. Affiniteit en distantie kenmerken dit boek.

5.3.2 Romans

In rubriek 5.1.2. staan o.a. romans en verhalen over de periode van de Tweede Wereldoorlog. Ook in de na-oorlogse romans spelen de herinneringen aan die tijd en de verwerking van het oorlogsverleden een grote rol. De scheidslijnen zijn ook hier niet altijd duidelijk te trekken.

Anstadt, S.
De weg, een Poolse generatie in de verstrooiing
's-Gravenhage, BZZTôH, 1990. 176 blz.; De lotgevallen van drie generaties geassimileerde Poolse Joden. vanaf de laatste regeringsjaren van keizer Frans Jozef tot aan het einde van de Tweede Wereldoorlog. Het noodlot blijkt onontkoombaar, waarheen ze ook vluchten. De enige overlevende probeert na de oorlog elders een nieuw bestaan op te bouwen.

Anstadt, S.
Een zachtmoedig mens

's-Gravenhage, BZZTôH, 1988. 227 blz.; Het leven van Aron Grinspan, die door aanleg en omstandigheden slachtoffer van het noodlot wordt. Een tragisch verloop ontneemt hem het geluk dat zo dichtbij was.

Anstadt, S.
Je bent maar een mens
Den Haag, BZZTôH, 1986. 128 blz.; Beschrijving van de na-oorlogse overlevingsgeschiedenis van twee joodse vrouwen en een man. Hun onvermogen om het verleden te vergeten maakt dat alles stuk loopt.

Arab, M.
Zalig zijn de zonderlingen
Kampen, Kok, 1987. 223 blz.; De joodse kunstenaar Daniel vertelt over zijn liefde voor Norma tegen de achtergrond van de herinneringen aan zijn jeugd in de oorlogsjaren. Hij worstelt met God, de mensen en met zichzelf, maar weigert daaraan te gronde te gaan.

Bruggen, C. van
Uit het leven van een denkende vrouw
's-Gravenhage, Nygh en Van Ditmar, 1985. 180 blz.; Roman over een vrouw, die door bewuste en onbewuste tegenwerking van anderen slachtoffer wordt van de gerechtvaardigde eis zichzelf te mogen zijn. De thematiek van dit boek, dat in 1920 verscheen onder het pseudoniem Justine Abbing, bleek actueel genoeg voor een herdruk in 1985.

Dubi, M.
Hotel Moledeth, een documentaire roman
Baarn, Bosch en Keuning, 1987. 160 blz.; De geschiedenis van oude Russische Joden die na decennia wachten een uitreisvisum hebben gekregen. In Israël worden zij opgevangen in hotel Moledeth = vrijheid. Temidden van allerlei spanningen ontluikt tussen twee bewoners een ontroerende liefde. De Nederlandse schrijfster werkte in Israël een leidinggevende functie bij de opvang van Russische immigranten. Onder de schuilnaam Anna Boom publiceerde zij: Joden zonder nummers.

Guensberg, M.
Foto Jozef
Utrecht, Veen, 1989. 104 blz.; De hoofdpersoon Esther probeert door een terugblik op haar jeugd zin te geven aan de invloed die haar Pools-joodse moeder op haar heeft gehad. De herinneringen aan deze vroege jaren vinden hun apotheose bij fotograaf Jozef. De moeder smeekt hem haar relatie met haar dochter voorgoed vast te leggen.

Haan, J.I. de
Pijpelijntjes
2e versie. Amsterdam, Nijgh en Van Ditmar, 1991. 203 blz.; Na de opschudding

die de Haans homo-erotische roman bij het verschijnen in het voorjaar van 1904 teweegbracht, bewerkte hij de gewraakte tekst, waarbij vooral de herkenbaarheid van Aletrino ongedaan werd gemaakt, en bracht in oktober 1904 een herziene versie uit. Deze tweede, nooit eerder herdrukte tekst wordt nu opnieuw onder de aandacht gebracht.

Hellema
Kimberley
Amsterdam, Querido, 1987. 108 blz.; De joodse Samuel - Manu - Zomerplaag is de hoofdfiguur van deze roman. In een kunstige combinatie van vertelling, brieven en dagboekfragmenten, gedateerd tussen 1926 en 1946, wordt Zomerplaag getekend als zakenman, echtgenoot, vriend en tenslotte als een overlevende in Zuid-Afrika die eenzaam en teleurgesteld de toekomst niet meer aandurft.

Keesing, E.
Op andere voeten
Amsterdam, Querido, 1986. 139 blz.; Een oudere vrouw bevindt zich met een gebroken enkel in een verlaten huis. Haar echtgenoot, onkundig van het ongeluk, gebruikt die tijd om zijn verdrongen joodse verleden te verwerken.

Laare, J.C. ter
Terug naar de bron, een document humaine
Vert. door E. Nurieff. Hillegom, Altamira, 1988. 254 blz.; De levensgeschiedenis van de in 1941 in Amsterdam geboren joodse Betty. Na de onderduikperiode in de oorlog trachten de ouders hun jood-zijn te ontkennen, maar Betty gaat op zoek naar haar joodse identiteit. Na vele omzwervingen en moeilijkheden vestigt zij zich tenslotte met haar kinderen in Israël.

Lampo, H.
Wijlen Sarah Silberman
(Meulenhoff-editie E 616; 7e dr.). Amsterdam, Meulenhoff, 1986. 341 blz.; Een cineast die een televisiefilm wil maken over carnavalsgebruiken in Vlaanderen, ontdekt een verband tussen de dood van Prins Carnaval en de moord op een joodse antiquaire.

Lewin, L.
Voor bijna alles bang geweest
's-Gravenhage, Nijgh & Van Ditmar, 1989. 358 blz.; Levensgeschiedenis van Emma Morgenblatt, die geboren wordt uit joodse ouders aan de vooravond van de Tweede Wereldoorlog. Na 1945 wordt zij opgevoed door een tweede moeder, die niet joods is. Als jonge vrouw heeft zij grote moeite haar 'joodse zelfhaat' te overwinnen.

Logher, K.
Ibbur; een antwoord op de holocaust.

's Gravenhage, BZZTôH, 1990. 254 blz.; Een geestelijk gestoorde zoon is er van overtuigd dat zijn in Sobibor omgekomen vader in hem is gereïncarneerd. Tevens is hij van mening dat een tweede holocaust inmiddels is begonnen.

Logher, K.
Krijgen zal ik je, pijn en angst van een overlevende Jood
Amsterdam, Sijthoff, 1985. 192 blz.; De 'pijn en angst' duiden op het verleden van de hoofdpersoon, die dagelijks gekweld wordt door zijn oorlogsherinneringen. Gesprekken met zijn psychiater geven daarin geen verlichting.

May, L. S.
Wacht u voor de hond
Amsterdam, De Bezige Bij, 1986. 103 blz.; Roman over een joodse vrouw die een confrontatie met zichzelf zoekt, maar als ze daarmee begonnen is, niet weet door te zetten. Het boek is geschreven als een reisverslag: enerzijds in geografische zin — Kiev, Lwow, Moskou —, maar anderzijds als een reis in de tijd.

Mendels, J.
Spel is het leven
Waarin opgenomen *Rolien en Ralien, Als wind en rook, De speeltuin.*
Amsterdam, Meulenhoff, 1985. 440 blz.; De hoofdpersonen van deze resp. in 1947, 1950 en 1970 voor het eerst verschenen romans zijn steeds meisjes met een grote drang naar onafhankelijkheid.

Mock, M.
Tussenstop
Amstelveen, Amphora Books, 1983. 148 blz.; Een jonge Amerikaan zoekt in de geloofsovergang naar het Jodendom een oplossing voor zijn persoonlijke problemen.

Möring, M.
Mendels erfenis
Amsterdam. Meulenhoff, 1990. 166 blz.; Mendel Adenauer, de hoofdpersoon, komt uit een joodse familie in Twente. Zijn vader heeft hij nooit gekend. Mendel sluit zich steeds meer op in zichzelf. In zijn isolement ziet hij een weerspiegeling van het isolement van de Joden. Alleen met het meisje Anna, een dochter van NSB-ouders, heeft hij nog contact.

Praag, S.E. van
La Judith
4e dr. Antwerpen, Standaard, 1980. 380 blz. (1ste dr. 1930); Verhaal over een joodse circusartieste die er van droomt een groot actrice te worden. Ze slaagt erin haar droom in daad om te zetten.

Santen, S.
Heden kijkdag
Amsterdam, De Bezige Bij, 1987. 168 blz.; Dit boek is samengesteld uit jeugdherinneringen, die verstrooid in de inmiddels uitverkochte eerdere boeken van Santen voorkwamen. Hij verwerkte dit materiaal tot een roman.

Schmidt, E.
Geloof en liefde
Rotterdam, De Vries Brouwers, 1991. 281 blz.; Historische roman over de lotgavallen van een joodse familie in Antwerpen. De auteur, die al verscheidene publikaties over de joodse gemeenschap in Vlaanderen en vooral in Antwerpen op zijn naam heeft, schetst hier een beeld van het leven van joodse families in de Nederlanden ten tijde van de Spaanse overheersing en de inquisitie.

Steiner, G.
Het transport van Adolf H. naar San Cristobal
Maastricht, Goosens, 1986. 192 blz.; Zes Israëlische nazi-jagers vinden de inmiddels 90-jarige Hitler in de oerwouden van Zuid-Amerika. Elk van hen heeft zijn eigen redenen om op hem te jagen, maar niemand weet raad met een gevangen genomen Hitler.

Verrips, G.
De trots van de morgen
Amsterdam, Amber, 1987; Roman in twee delen over een echtpaar dat op het punt staat hun huwelijk te beeeindigen. In het eerste deel blikt de vrouw Judith terug op haar huwelijk en haar jeugd, die getekend werden door de oorlog. In het tweede deel beschrijft de man Johan zijn poging om pogingen om Judith beter te begrijpen.

Weyel, H.
Zonder jas de straat op, roman
Amsterdam, Van Gennep, 1989. 136 blz.; In dit romandebuut beschrijft de auteur enkele maanden uit het leven van Julia, Gilda en Boaz. Alle drie waren ze kind in de oorlog. Nu ze volwassen zijn geworden, ervaren ze hoe ze als nabestaanden bezig zijn met hun rouwproces. Geen van hen heeft een afdoend antwoord op de eisen die het verleden stelt.

Wiel, R. van der
Hier aan land gaan, hier blijven
Amsterdam, Querido, 1988. 126 blz.; De hoofdpersoon Vladimir Cremers, zoon van een gereformeerde vader en van een joodse moeder, heeft op gezag van zijn vader zijn joodse afkomst verdrongen. Als tijdens een vakantie zijn zoon verdrinkt gaat hij op zoek naar zijn identiteit.

Winter, L. de
Hoffman's honger

Amsterdam, De Bezige Bij, 1990. 290 blz.; Roman over de joodse Felix Hoffman, Nederlands ambassadeur in Praag, die na de tragische dood van zijn beide dochters aan chronische honger lijdt. Hij wordt verliefd op een Tsjechische journaliste, die werkt in opdracht van de veiligheidsdienst.

Winter, L. de
Kaplan
Amsterdam, De Bezige Bij, 1986, 464 blz.; Hoofdfiguur van deze roman is de joodse schrijver Leo Kaplan die met zijn werk in een impasse is geraakt. In een meeslepende compositie wordt het proces beschreven waarin hij zijn evenwicht tracht te hervinden. Zijn jeugd vol oorlogsbeelden en vervolgingsangst spelen op de achtergrond een belangrijke rol.

Winter, L. de
Supertex
Amsterdam, De Bezige Bij, 1991. 252 blz.; Wanneer de succesvolle joodse zakenman, eigenaar van 'Supertex', op de Sabbath met zijn snelle wagen een orthodox joodse jongen aanrijdt, betekent dit een omwenteling in zijn leven. In een sessie die de hele dag duurt, vertelt hij zijn therapeut over zijn familie en legt hij uit waarom hij zich heeft afgekeerd van de orthodoxie.

5.3.3 Verhalenbundels, novellen, essays

Bruggen, C. van
Reisimpressies uit Tirol; 2de dr.
Schoorl, Conserve, 1989. 79 blz.; In haar inleiding geeft Ruth Wolf drie redenen voor deze herdruk uit 1926: een beschrijving van het Oostenrijk uit de jaren 20; talrijke verwijzingen naar de gedachtenwereld van de auteur; en tenslotte de politieke intuïtie waarmee ze het fanatieke Duitse nationalisme en het giftige, nog niet openlijke antisemitisme ontwaart.

Bruggen, C. van
Van een kind
3e dr. 's-Gravenhage, Nygh en Van Ditmar, 1987. 97 blz.; Drie verhalen, waarvan twee met joodse thematiek. In deze beide laatste verhalen is de hoofdpersoon een jong meisje uit een orthodox joods gezin in een provincieplaats. Haar dromen en fantasieen zijn die van Carry van Bruggen zelf. Eerste druk 1918.

Frenkel, F.E.
Identiteitskaart
Persoonlijkheid, een kwestie van wisselwerking
Amsterdam, De Beuk, 1989. 42 blz.; Litterair essay waarin de auteur in een peroonlijk relaas aandacht vraagt voor de variabelen die invloed kunnen uitoefenen op het menselijk gedrag en op de vorming van de identiteit. Ieders 'identiteitskaart' vertoont verschillende gezichten: zo is Frenkel enerzijds de strafrechtgeleerde,

anderzijds voelt hij zich nog steeds het joodse jongetje uit de gegoede middenklasse, dat opgroeide tijdens de opmars van het nationaal-socialisme in Duitsland.

Friedman, C.
Tralievader
Amsterdam, Van Oorschot, 1991. 119 blz.; Novelle over het dagelijks leven in een gezin met drie opgroeiende kinderen. De oorlog duurt er hardnekkig voort, omdat de vader in eindeloze herhaling praat over 'het kamp' zonder ooit de naam ervan te noemen. Zijn kinderen behandelt hij als vreemden die hem nooit zullen begrijpen.

Herzberg, A.J.
Aartsvaders, het verhaal van Jacob en Jozef
Amsterdam, Querido, 1986. 92 blz.; Herzberg vertelt het verhaal in de vorm van een sfeervolle novelle. Het gaat over de aartsvader Jacob en zijn zoon Jozef, die zelf weer vertellen over hun voorouders Abraham en Isaak.

Herzberg, J.
Teksten voor toneel en film 1972-1988
Amsterdam, International Theatre & Film Books, 1991. 954 blz.; Teksten van zestien toneelstukken en scenario's . Naast bekende toneelstukken als Kras, Leedvermaak ook het niet eerder gepubliceerde scenario van de film Charlotte en vertalingen van toneelstukken. Steeds weer wordt de lezer getroffen door de bijzondere klank van haar taal.

Izaak, Ph.
Kaddisj, een bundel joodse verhalen
2e dr.; ingel. door M. Wertheim. 's-Gravenhage, Kruseman, 1985. 104 blz., afbn.; Herdruk van een bundel uit 1966 met negen vertellingen waarin de elementen godsdienst en oorlog een belangrijke rol spelen. Het zijn indringend geschreven verhalen die uiteenlopende figuren uit het joodse leven voor ons neerzetten.

Kayzer, W.
Geen dag, geen nacht, maar ook geen schemering
Amsterdam, Veen, 1987. 207 blz.; Negen korte verhalen, waarvan het laatste een toespraak is van Kayzer bij de dood van Arnoni met herinneringen uit de twee laatste jaren van diens leven. De verhalen zijn thematisch geordend en handelen over het individuele leed dat aan Joden in de oorlog is aangedaan.

Kopuit, M.
Jodenmensen en andere verhalen
Kampen, Kok, 1991. 94 blz., afbn.; Zeven verhalen over joods leven in Nederland na de oorlog

Kopuit, M.
Terug in het stadje en andere verhalen

Kampen, Kok, 1989. 90 blz., afbn.; Een bundel korte verhalen geschreven door de hoofdredacteur van het Nieuw Israëlitisch Weekblad. Hij schetst het leven van de gedecimeerde joodse gemeenschap in Nederland na de oorlog; het pogen om door te leven met de herinneringen alsof er niets gebeurd is. De illustraties zijn van J. Naftaniël-Joëls

May, L.S.
Oom Bennetje raaskalt; een jeugd tussen twee wereldoorlogen.
Amsterdam, Sythoff, 1987. 152 blz.; Bundel met 27 verhalen, gerangschikt in chronologische volgorde. De verhalen vertonen sterk autobiografische trekken.

Mendels, J.
Alle verhalen
Amsterdam, Meulenhoff, 1988. 245 blz.; Bundel met verhalen, samengesteld uit *Welkom in dit leven* (1981), *Joelika* (1986) en *Mirjam* uit de bundel *Je wist het toch* (1948; herdr. 1982).

Mendels, J.
Joelika
Amsterdam, Meulenhoff, 1986. 66 blz.; Vier verhalen, waarin ondanks de moeilijke situaties steeds weer de moed klinkt om door te gaan. Joodse motieven spelen op verschillende plaatsen een rol, o.a. in de 'open brief aan onze lieve heer' die zoveel misstappen heeft begaan.

Mok, M.
Het haarlint; twaalf verhalen.
Baarn, De Prom, 1982. 157 blz.; Twaalf verhalen, deels jeugdherinneringen van de schrijver (geb . 1907) aan de joodse levenssfeer van voor de oorlog. De laatste verhalen beschrijven het wel en wee van kleine joodse gemeenten in oorlogstijd.

Pointl, F.
De aanraking, verhalen
Amsterdam, Nijgh en van Ditmar, 1990. 159 blz.; Thematische verhalen die men als een soort vervolg kan beschouwen op Pointls eerste bundel 'De kip die over de soep vloog.' De oorlog is op de achtergrond steeds aanwezig, evenals het isolement van het kind dat in de verhalen de hoofdrol speelt.

Pointl, F.
De kip die over de soep vloog
Amsterdam, Nygh & Van Ditmar, 1989. 144 blz.; Autobiografische verhalen met als hoofdpersoon de in 1933 geboren zoon van een joodse moeder. Hij herinnert zich nog enkele dingen van voor de oorlog, maar de meeste verhalen spelen na die tijd. De jongen groeit op bij zijn door oorlogsverschrikkingen getraumatiseerde moeder. Zij sterft in 1957, maar de zoon is door de gebeurtenissen voorbestemd tot een eenzaam bestaan.

Polak, Ch.
Een tijd van zwijgen
Amsterdam, Amber, 1990. 106 blz.; Een tweede bundel melancholieke verhalen, waarin de oorlog de allesbeheersende achtergrond is gebleven. Ch. Polak woont en werkt in Rome; in dit boek speelt het Italiaanse landschap een belangrijke rol.

Polak, Ch
Zomaar een vrijdagmiddag, verhalen
Amsterdam, Amber, 1989. 108 blz.; Terughoudend vertelde verhalen over joodse mensen na de oorlog. Ogenschijnlijk gaat het in deze verhalen om onopvallende mensen in hun gewone bestaan. Maar plotseling raken ze van streek door een foto of een voorwerp. Hun geschiedenis gaat gaten vertonen waar zij geen raad mee weten.

Praag, S. van
De lieve glorie van Truitje Bonnettemaker
Hilversum, Gooi en Sticht, 1988. 118 blz.; Novelle uit het vooroorlogse Amsterdam over een joodse weesmeisje dat dienst neemt bij een rijke joodse familie. Ze krijgt daar de zorg voor een verwend en lastig jongetje. Van Praag brengt de sfeer van de jaren dertig weer tot leven.

Praag, S. van
Langs de Pasen
Hilversum, Gooi en Sticht, 1989. 160 blz., afbn.; Zeven verhalen, waarin op de een of andere wijze de viering van het joodse Paasfeest - Pesach - centraal staat. De verhalen spelen in verschillende perioden van de joodse geschiedenis, te beginnen met de uittocht uit Egypte en eindigend in Israël, kort na het ontstaan van de Staat. Het thema 'bevrijding' wordt op verschillende manieren uitgewerkt.

Salamon, S.
De mantel
Antwerpen, Houtekiet, 1987. 109 blz.; Een verzameling van elf korte verhalen vormt het debuut van deze joodse-vlaamse schrijver. De verhalen vallen op door de wisselingen in klankkleur en de variatie van plaatsen waar ze zich afspelen.

Tailleur, M.
Horen, zien en smoezen
Weesp, Van Holkema en Warendorf, 1985. 86 blz., afbn.; Verzameling joodse grappen, voornamelijk nieuwe, aangevuld met 'bekende' uit de jaren '50.

Verpaele, E.
Alles in het klein
Amsterdam, De Arbeiderspers, 1990. 249 blz.; Het boek begint met zes samenhangende verhalen met herinneringen van de schrijver, bijvoorbeeld aan zijn Poolse grootmoeder, die overdag op het jongetje past en hem Jiddische teksten laat zien.

Het tweede gedeelte bestaat uit brieven, waarin de verhalen worden voortgezet. Eigentijdse variant op autobiografische traditie.

5.3.4 Poëzie

Groot, M. de, en Chr. Méroz
Westerbork, gedichten
Baarn, De Prom, 1985. 79 blz.; Een bundel met Nederlandstalige gedichten van Maria de Groot en Franstalige van Christiane Méroz, benevens een vertaling van deze laatste door Maria de Groot. De verzen zijn bedoeld als herinnering, maar ook als tekenen die verwijzen naar de wereld van vandaag. Ze zijn opgedragen aan Etty Hillesum en Debora Presser-Appel.

Messel, S. van (ps. van Meijer, J.)
Groningen, een bundel joodse poëzie
Heemstede, (Meijer), 1983. 48 blz.

Messel, S. van
Vaderland in den vreemde, joodse balladen uit Groningerland
Amsterdam, De Engelbewaarder, 1982. 36 blz.

Messel, S. van
Westerbork for ever
Een bundel joodse poezie met tekeningen van R. Abram
Assen, Iwema, 1987. 29 blz.; Gedichten over een 'joods verleden dat nooit wederkeert', verschenen ter gelegenheid van de opening van het educatieve centrum van de Stichting Voormalig Westerbork.

Verbeek, H., S. Drukker en R. Toxopeus
In 't sjoelportaal
Aalsmeer, boekmakerij Luyten, 1988. 72 blz., afbn.; Het geheimenis van de synagoge, de Torarollen en de profetische oorsprong van het christendom raakten Herman Verbeek in het diepst van de ziel toen in 1981 de synagoge in Groningen werd heropend. Met tekeningen van Sam Drukker.

Wijnberg, Ch.
Aan mij is niets te zien, furie
Amsterdam, In de Knipscheer, 1989. 76 blz.; Gedichten met herinneringen aan de oorlog en de overlevingsstrijd, op zoek naar een nieuwe kwaliteit van het bestaan.

5.3.5 Autobiografieën

Anstadt, M.
Kind in Polen
Amsterdam, Tiebosch, 1982. 176 blz.; Herinneringen van de schrijver Milo An-

stadt aan zijn jeugd in een arm joods gezin in Polen. Een kleurrijk beeld van een voorgoed verdwenen wereld.

Augustin, E.
Het patroon
(Privédomein 167). Amsterdam, De Arbeiderspers, 1990. 216 blz., afbn.; Autobiografie van de auteur van o.a. Het Labyrinth, die is opgegroeid in het Duitsland tussen de beide wereldoorlogen in een geassimileerd joodse milieu. Ze trouwde met een Nederlander en publiceerde haar boeken in het Nederlands.

Boom, A.
Joden zonder nummers
Baarn, In den Toren, 1985. 94 blz.; Vele jaren na de Tweede Wereldoorlog tracht een joodse vrouw haar moeder die de ervaringen uit de kampen heeft verdrongen en verzwegen, tot spreken te krijgen. Tenslotte moet de moeder door haar herinneringen aan die gebeurtenissen worden opgenomen in een kliniek. Autobiografisch debuut over de nasleep van de Tweede Wereldoorlog.

Choekat, D.
Daantje's jeugdjaren in het joodse jongensweeshuis
Bne Brak, P.I.B. 347, Israël, Daan Choekat en zonen, 1986. 236 blz., afbn.; Als Daantjes vader is gestorven brengt zijn moeder hem als vijfjarig jongetje naar het joodse jongensweeshuis aan de Amstel waar hij tot zijn 18de jaar blijft. Vier jaar later breekt de oorlog uit. De auteur overleefde de oorlog en emigreerde naar Israël. Hij beschrijft zijn herinneringen waarbij het gevoel van dankbaarheid overheerst.

Croiset, J.
Met stomheid geslagen, met een nawoord van S. Teuns.
Amsterdam, Thoth, 1989. 107 blz.; In een tiental brieven aan de 'edelachtbare' lezer, wil Jules Croiset verantwoording afleggen over zijn zelfontvoering in 1987. Hij doet met fragmenten uit zijn leven, hoogte- en dieptepunten uit zijn loopbaan als acteur en door middel van beschouwingen en dromen.

Frank, C.
Alsof er niets gebeurd was, terugblik van een joods verzetsman
Haarlem, Onze Tijd/In de Knipscheer, 1985. 256 blz.; Tijdens de oorlog werkte Frank als verslaggever bij het illegale Parool. Na de oorlog was hij zwaar teleurgesteld over het uitblijven van een doorbraak in de Nederlandse samenleving. Door zijn niet aflatende opsporing van collaborateurs moest hij uiteindelijk ook bij het Parool verdwijnen, hetgeen hem tot grote bitterheid stemt.

Freudenthal, H.
Schrijf dat op, Hans, knipsels uit een leven
Amsterdam, Meulenhoff Informatief, 1987, 368 blz.; Autobiografische notities van

de in 1905 in Duitsland geboren wiskundige Freudenthal. In 1930 kwam hij naar Nederland en was van 1946-1976 in Utrecht hoogleraar. Hij schreef literaire werken in het Nederlands. In een lange brief aan zijn zuster in Argentinie beschrijft hij zijn oorlogsbelevenissen

Hertzberger, E.
Door de mazen van het net, herinneringen van Eleonore Hertzberger.
Amsterdam, De Bataafsche Leeuw, 1990. 256 blz.; De in 1917 in Berlijn geboren auteur emigreerde na de machtsovername van Hitler met haar ouders naar Nederland. Zij trouwde in 1939. In 1942 vluchtte zij voor de razzia's naar Zwitserland en vandaar door naar Engeland om samen met haar man de strijd tegen Hitler te helpen voortzetten.

Praag, S. van
Met steltloperspasjes, verhalen en schetsen
Hilversum, Gooi en Sticht, 1990. 128 blz.; Een bundel met vijftien korte autobiografische fantasieën, waarin Van Praag uit zijn levens- en liefdesgeschiedenissen put.

Santen, S.
Een slecht geweten
Amsterdam, De Bezige Bij, 1990. 108 blz.; Zestien verhalen over mensen en gebeurtenissen uit het vooroorlogse Amsterdam. Herinneringen aan een wereld die voorbij is en aan mensen die niet meer leven. Santen is zich pijnlijk bewust dat hij door te schrijven tenminste de herinnering aan hen levend kan houden.

Santen, S.
Kinderdief
Amsterdam, De Bezige Bij, 1988. 139 blz.; Santen beschrijft hoe hij zich in de jaren dertig, tijdens de crisis, ontwikkelt tot revolutionair. Na de HBS werkt hij op een kantoor en treedt toe tot de revolutionaire jeugdbeweging.

Simons, I.
Een dwaze maagd
5de dr.; (Nimmer Dralend Reeks; Nederlandse Klassieken van de twintigste eeuw). 's-Gravenhage, Nygh en Van Ditmar, 1981. 199 blz.; Jeugdherinneringen van een joods meisje in Antwerpen, Scheveningen en Berlijn voor de Tweede Wereldoorlog.

Soetendorp, A.
Volgend jaar in Jeruzalem, Rabbijn in Nederland.
Bussum, De Haan, 1983. 187 blz.; Levensherinneringen van de liberale rabbijn van Den Haag over zijn jeugd in de oorlog en later in het pas onafhankelijke Jeruzalem, over zijn strijd voor de mensenrechten en voor de Joden in de Sovjet-Unie.

Soetendorp, D.
Op weg naar het verleden
Amsterdam, SUA, 1990. 120 blz.; De in 1945 geboren zoon van de liberale rabbijn Jakob Soetendorp groeide op temidden van oorlogsoverlevenden. Hij ervaart hoezeer het onverwerkte oorlogsverleden ook zijn leven beïnvloedt. In 1987 begint hij een zoektocht naar het verleden, waarover hij in dit egodocument verslag uitbrengt.

Tellegen, A.
De dood van tante Miesje, roman
Haarlem, De Toorts, 1984. 107 blz.; Fragmentarisch opgezet boek, waarin de hoofdpersoon verhaalt over zijn traumatische ervaringen in de oorlog. Slechts een joodse verpleegster kan iets van zijn verleden en heden begrijpen.

Visser, H.
Het verleden voorbij
Sliedrecht, Merweboek, 1989. 239 blz.; Een dochter van een NSB-er vertelt haar levensverhaal aan een Israëlische psycholoog. Een menselijk verhaal over geloof en kerk, over schuld, liefde, over Israël. Een indringend verslag van een verwerkingsproces .

Wolf Catz, L.
Kind in de schaduw
Den Haag, Nygh en Van Ditmar, 1985. 261 blz.; Autobiografie geschreven als documentaire in de vorm van een roman. Een verlichte culturele opvoeding, humor, zelfspot en dramatische oorlogsherinneringen wisselen elkaar af in de beschrijving van de strijd tegen de armoede, lichamelijke ziekten en psychiaters met gerechtelijke machtigingen.

6 Verhouding Jodendom andere godsdiensten

6.1 Verhouding Jodendom — christendom

Hoewel Joden ook in aanraking zijn gekomen met andere religies als Islam en Hindoe'isme beperkt de Nederlandstalige literatuur zich vrijwel geheel tot de verhouding Jodendom — christendom.

Aan de basis van deze vaak moeizame verhouding staat het conflict rond de betekenis van Jezus van Nazaret, zoals dat in de eerste eeuw ontstond. In de loop van de eerste eeuw raakten zijn volgelingen van het Jodendom geïsoleerd en ontwikkelde het christendom zich tot een afzonderlijke godsdienst. Toch bleef de herinnering aan de band met het Jodendom bewaard, al was het alleenmaar door het handhaven van TeNaCH, door de Christenen als het Oude Testament aangeduid. Die band leidde echter in veel gevallen juist tot een negatieve houding ten opzichte van het Jodendom. Ook al ontwikkelt zich de laatste tientallen jaren een gesprek tussen Joden en Christenen, de relatie Jodendom — christendom blijft een zeer moeilijke zaak. In de literatuur weerspiegelt zich deze gecompliceerdheid. Uitgaven in rechts-reformatorische kring handelen vaak over de bekering van individuele Joden, terwijl in andere publikaties duidelijk afstand wordt genomen van de idee van Jodenzending. De titels van en over joodse Christenen vormen nog een categorie apart.

Door de indeling van deze rubriek en de annotaties hopen we de gebruiker van deze bibliografie enige steun te geven bij het bepalen uit welke kring een uitgave stamt. In 6.1.1 zijn onder de naam van de redacteuren van de verschillende delen de titels opgenomen uit de serie *Compendia Rerum Iudaicarum ad Novum Testamentum.*

6.1.1 Het Nieuwe Testament en de Joden

Baarda, T., e.a.
Paulus en de andere Joden, exegetische bijdragen en discussie
Delft, Meinema, 1984. 206 blz.; Drie auteurs van christelijke zijde gaan in op teksten van Paulus over het Jodendom: I Thess. 2:16 (Baarda), Gal. 4:21-31 (Jansen) en Rom. 8-11 (Vos). Een genuanceerd boek van belang voor het joods-christelijk gesprek.

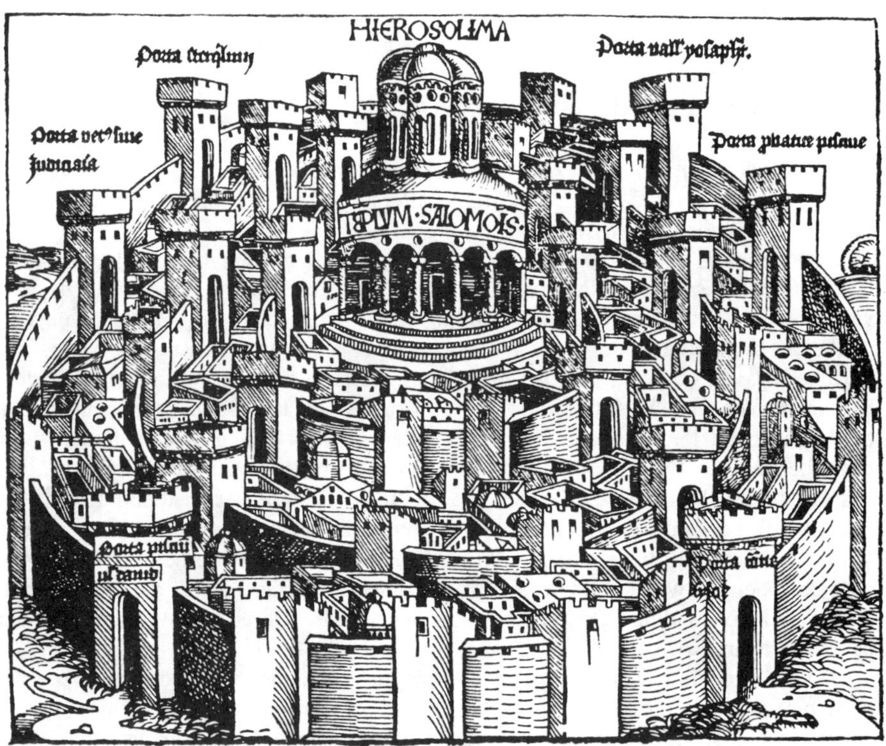

Fig. 6: Middeleeuwse afbeelding van de stad Jeruzalem met in het midden de Koepel van de rots die het opschrift 'Tempel van Salomo' draagt. Uit *The Nuremberg Chronik*, Hartmann Schedel, 1440-1514.

Barnard, W.J. en P. van 't Riet
Lukas, de Jood
Een joodse inleiding op het Evangelie van Lukas en de Handelingen der Apostelen
Kampen, Kok, 1984. 104 blz.; Hoewel meestal wordt aangenomen dat Lukas een christen uit de heidenen is geweest, gaan de schrijvers van dit boek ervan uit dat Lukas een Jood uit de diaspora is geweest.

Barnard, W.J. en P. van 't Riet
Zonder Tora leest niemand wel, bouwstenen voor een leeswijze van de evangeliën gebaseerd op Tenach en joodse traditie.
Kampen, Kok, 1986. 188 blz.; Basisinformatie over de Hebreeuwse taal, de Hebreeuwse bijbel en de joodse geschriften, nodig voor een juist verstaan van het Nieuwe Testament. Het tweede deel is gewijd aan de midrasj in de evangeliën en het uiteengaan van Jodendom en christendom.

Dijk, J.
Het begon in Jeruzalem, joodse achtergronden in de boeken van Lucas.
Ede, Zomer en Keuning, 1980. 144 blz.; De verbondenheid tussen christenen en Joden, uitgelegd aan de hand van het Lucasevangelie en de Handelingen der Apostelen.

Flusser, D. (red.)
De laatste dagen in Jeruzalem, de Paasweek op de voet gevolgd
Een joodse visie op de gebeurtenissen rond het proces tegen Jezus
Vert. uit het Engels door A.J. Spee-de Lugt. Kampen, Kok, 1983. 135 blz., afbn. (*Last days in Jeruzalem*); Verslag van een symposium over de laatste dagen van Jezus' leven, met joodse en christelijke deelnemers. Door kritische bestudering van de evangeliën en joodse bronnen, en aan de hand van archeologische gegevens wordt een zo nauwkeurig mogelijke reconstructie gemaakt.

Flusser, D.
Het christendom — een joodse religie
Vert. uit het Duits door B. van Rijswijk. Baarn, Ten Have, 1991. 170 blz. (*Das Christentum - eine jüdische Religion*, 1990); Het Nieuwe Testament is doortrokken van de 'Hebreeuwse waarheid,' die naar voren komt uit de joodse literatuur van TeNaCH/OT, maar ook uit rabbijnse bronnen. De Israëlische nieuwtestamenticus geeft hiervan veel voorbeelden, o.a. in relatie tot Jezus en Paulus.

Flusser, D.
Ontdekkingen in het Nieuwe Testament, woorden van Jezus en hun overlevering
Vert. uit het Duits door P. Booij. Baarn, Ten Have, 1988. 168 blz. (*Entdeckungen im neuen Testament; Jesusworte und ihre Überlieferung*); De joodse nieuwtestamenticus D. Flusser bespreekt gedeelten uit het NT. Hij doet dat niet alleen in het kader van de joods-christelijke dialoog, maar vooral om recht te doen aan de uitspraken van Jezus. Hij rekent af met ingeburgerde anti-judaistische vooroordelen.

Graves, R.
Koning Jezus
Vert. uit het Engels door K. v. Dorsselaer. Utrecht, Het Spectrum, 1986. 396 blz., krt. (*King Jezus*); Roman over het leven van Jezus, gezien tegen de joodse en hellenistische achtergrond van zijn tijd. Veel aandacht voor bronnenmateriaal en moderne theologische, historische maar vooral mythologische gezichtspunten.

Gollwitzer, H. en P. Lapide
Een vluchtelingenkind, gedachten over Lucas 2
Vert. uit het Duits door H. v.d. Vinne. Baarn, Ten Have, 1984. 95 blz. (*Ein Flüchtlingskind*); Een tweegesprek tussen de protestantse theoloog Gollwitzer en de joodse theoloog Lapide. De kernvraag of Jezus de Messias is wordt niet eensluidend beantwoord, maar wel klinkt de oproep om elkaar te respecteren als messiaanse coalitiegenoten.

Horst, P.W. van der
De onbekende God, essays over de joodse en hellenistische achtergrond van het vroege christendom
(Utrechtse theologische reeks, 2). Franeker, Wever/Fac. der Godgeleerdheid van de R.U.U., 1988, 285 blz.; 18 artikelen die een beeld geven van de veelkleurige wereld van Jodendom en hellenisme rondom het begin van de jaartelling.

Stone, M.E. (ed.)
Jewish writing of the second temple period
Apocrypha, Pseudepigrapha, Qumran sectarian writings, Philo, Josephus
(Compendia Rerum Iudaicarum ad Novum Testamentum, II, 2). Assen, Van Gorcum, 1984. 521 blz.; Veel van het behandelde materiaal is uitsluitend via Griekse bronnen bekend geworden omdat het oorspronkelijk in het Grieks is geschreven dan wel in een Griekse vertaling overgeleverd, terwijl de oorspronkelijke in het Hebreeuws of Aramees geschreven teksten verloren zijn gegaan. Het Qumran-materiaal vormt hierop een uitzondering. Bevat registers.

Jezus de Jood
(Wat ieder van het Jodendom moet weten nr. 3). Leusden, Interkerkelijk Contact Israël (postbus 202), 1982. 8 blz.; Folder met duidelijke informatie over het leven van Jezus als Jood.

Jonge, M. de
Jezus als Messias, hoe Hij zijn zending zag.
Boxtel/Brugge, KBS/Tabor, 1990. 128 blz.; Een rijk gedocumenteerd en diepgaand onderzoek naar de historische figuur van Jezus van Nazareth en naar de vraag of hij zich bewust was van zijn messiaanse zending.

Kruyff, Th.C. en M.J.H.M. Poorthuis
Abinoe — Onze Vader, over de joodse achtergronden van het Onze Vader

(1-2-1-reeks, nr. 7). Utrecht, Secr. RK Kerkgenootschap in Nederland, 105 blz.; De auteurs gaan er van uit dat het Onze Vader een joods gebed is. Hiervoor wijzen zij op de rabbijnse bronnen en op de overeenkomsten met het joodse gebedsleven.

Lapide, P.
De bergrede, utopie of programma?
4de dr. Baarn, Ten Have, 1987. 143 blz. (*Die Bergpredigt, Utopie oder Programm*); Lapide wijst op de joodse achtergrond van de bergrede. Hij leest de uitspraken in het licht van oudtestamentische en rabbijnse teksten.

Lapide, P.
Geen nieuw gebod, een joodse visie op de evangeliën
Vert. uit het Duits door B. van Rijswijk. Baarn, Ten Have, 1985. 116 blz. (*Er wandelte nicht auf dem Meer; ein jüdischer Theologe liest die Evangelien*); Vanuit zijn joodse visie bespreekt Lapide vijf thema's uit het N.T.: het Onze Vader, het verhaal van Jezus die over het water loopt, de beeldspraak: oude wijn in nieuwe zakken, de kruiswoorden en Jes. 53.

Lapide, P.
Hij leerde in hun synagogen, een joodse uitleg van de evangeliën
Vert. uit het Duits door H. v.d. Vinne. Baarn, Ten Have, 1983. 96 blz. (*Er predigte in ihren Synagogen*); Naar de mening van deze joodse nieuwtestamenticus horen het oude en het nieuwe testament onverbrekelijk bij elkaar. Aan de hand van thema's als 'troon en altaar', 'sabbatsgebod' toont hij aan dat kennis van het Jodendom voorwaarde is om door te dringen tot de kern van het N.T.

Lapide, P.
Hoe heeft men zijn vijanden lief? met een nieuwe vertaling van de Bergrede
Vert. uit het Duits door J. v.d. Berg. Kampen, Kok, 1984. 87 blz. (*Wie liebt man seine Feinde?*); Een studie over de bergrede, met name over het slot van Matt. 5, waarin wordt gewezen op de joodse achtergrond van deze tekst.

Lapide, P. en P. Stuhlmacher
Paulus — rabbi en apostel, een joods-christelijke dialoog
Kampen, Kok, 1988. 67 blz. (*Paulus Rabbi und Apostel, Ein jüdisch-christlicher Dialog*); De Jood Lapide en de christen Stuhlmacher voeren een geloofsgesprek over Paulus: hoe verhoudt hij zich tot Jezus en welke rol speelt zijn joodse achtergrond daarbij?

Lapide, P.
Wie waren er schuldig aan de dood van Jezus?
Vert. uit het Duits door M.P. v.d. Marel. Kampen, Kok, 1988, 126 blz.; Wie droeg tweeduizend jaar geleden de verantwoording voor de terechtstelling van Jezus van Nazareth? De studie onderzoekt drie aspecten uit de lijdensgeschiedenis: Judas, miskend en verraden? Het proces voor de Hoge Raad; de persoon van Pilatus. Van

belang voor het gesprek tussen Joden en christenen.

Marja, ooggetuigeverslag van het leven van Jezus
Onder hypnose verteld, opgetekend door Peter van Mare
Deventer, Ankh-Hermes, 1986. 143 blz.; In 12 hypnose-sessies vertelt een joodse vrouw over haar leven als Mirjam, echtgenote van Immanuel (later Jezus). Het laatste hoofdstuk bestaat uit Mirjams weergave van Jezus' woorden over controversiële onderwerpen als homofilie en echtscheiding.

Mulder, M.J.
Miqra, reading, translation and interpretation of the Hebrew Bible in ancient Judaism and early Christianity
(Compendia Rerum Iudaicarum ad Novum Testamentum, II, 1). Assen, Van Gorcum, 1988. 962 blz.; Tekst, vertaling, lezing en interpretatie van Tenach/OT in het Jodendom en christendom van de eerste eeuwen. Joodse en christelijke auteurs geven een grondig inzicht in de wijze waarop Tenach destijds in beide geloofsgemeenschappen is gelezen.

Monshouwer, D.
Markus en de Torah
Kampen, Kok, 1987. 224 blz.; Dissertatie over de relatie tussen het evangelie van Markus en de synagogale lezingen van de Tora. De auteur vraagt zich af of het evangelie niet in hetzelfde rhythme gelezen zou moeten worden.

Monshouwer, D.
Markus en drie jaar Torah, het evangelie geschreven als drie jaren schriftuitleg
Kampen, Kok, 1989. 336 blz.; Als vervolg op zijn dissertatie betoogt de auteur hier dat Markus is gecomponeerd tegen de achtergrond van de joodse feesten en past in de driejarige cyclus van Toralezingen. Deze opvatting heeft consequenties voor de lezing en de uitleg van dit evangelie.

Neusner, J.
De joodse wieg van het christendom
Vert. uit het Engels door B. v.d. Woude. Kampen, Kok, 1987. 119 blz.; (*Judaism in the beginning of christianity*); In vijf hoofdstukken beschrijft de auteur de joodse wereld van het land Israël ten tijde van het leven van Jezus: de omstandigheden in het land, drie typen van joodse heiligen, Farizeeën, Hilleel en het judaisme na 70.

Oegema, G.S.
De messiaanse verwachtingen ten tijde van Jezus
Een inleiding in de messiaanse verwachtingen en bewegingen gedurende de hellenistisch-romeinse tijd.
Baarn, Ten Have, 1991. 214 blz.; Een overzicht van messiaanse verwachtingen en bewegingen ten tijde van Jezus zonder dat daarbij het geloof in Jezus Christus centraal wordt gesteld. Het is een literaire en historische studie met materiaal vanaf

Daniël en de Makkabese opstand tot en met de apokalypsen van Ezra en Baruch en de opstand van Bar Kochba.

Ogtrop, H.J. van
In het leerhuis van Mattheüs, de schriftlezingen van de liturgie van de zondag in hun relatie met het joodse geloofsgetuigenis; A-jaar.
Boxtel, KBS/Brugge, Tabor, 1989. 184 blz.; In het rhythme van de liturgische lezingen van het NT wijst de auteur op vergissingen en verkeerde interpretaties in de tekst en gaat in op de joodse achtergronden.

Ogtrop, H.J. van
In het leerhuis van Marcus, de schriftlezingen van de liturgie van de zondag in hun relatie met het joodse geloofsgetuigenis; B-jaar.
Boxtel/Brugge, KBS/Tabor, 1990. 172 blz.; De auteur draagt als priester in een Amsterdamse parochie iedere week zorg voor de schriftlezingen van de zondag. In het tweede jaar van de driejarige lezingencyclus is meer dan de helft van de evangelielezingen uit Marcus. De auteur leest deze lezingen in het licht van het Jodendom als levende traditie.

Poorthuis, M.J.H.M.
De joodse groeperingen ten tijde van Jezus, oorsprong, inhoud en relatie tot Jezus
(Oecumenereeks 892-d). 's-Hertogenbosch, St.-Willibrordvereniging, 1989. 48 blz.; Brochure over de joodse wereld waarin Jezus leefde. Welke groepen bestonden daarin, en hoe verhield Jezus zich tot hen. Een beschrijving van Farizeeën, Sadduceeën, Zeloten en Essenen. Pluriformiteit hoeft geen bedreiging voor het geloof te vormen.

Rivkin, E.
Wat kruisigde Jezus?, de politieke executie van een charismaticus
Vert. uit het Engels door B. van Rijswijk; Baarn, Ten Have, 1988. 106 blz. (*What crucified Jesus? The political execution of a charismatic*); Vanuit joods perspectief tekent de historicus Rivkin Jezus als een charismatische figuur, die een bedreiging vormde voor de Romeinse machthebbers.

Safrai, S.
The literature of the sages
First part: Oral Thora, Halakha, Mishna, Tosefta, Talmud, External Tractates
(Compendia Rerum Iudaicarum ad Novum Testamentum, II, 3a). Assen, Van Gorcum, 1987. 464 blz.; Dit deel bevat de bespreking en vergelijking van de literatuur van de wijzen, veelal bekend als Rabbijnse literatuur, die oorspronkelijk in het Hebreeuws en Aramees is overgeleverd.

Schoon, S.
Zijn bloed over ons en over onze kinderen, een tekst en zijn uitwerking

Verkenning en Bezinning 16 (1983) 4. Leusden, Bureau Kerk en Israël (postbus 202), 1983. 41 blz.; Mattheus 27 vers 25 wordt meestal fout vertaald; 'zijn bloed kome...' — 'kome' staat niet in de oorspronkelijke tekst. Dat deze tekst binnen kerkelijke kringen is gebruikt om daden tegenover Joden glad te strijken, wijdt de auteur aan de anti-joodse traditie in het christelijke denken.

Theien, G.
Ik moest van Pilatus achter Jezus aan, verslag van een speurtocht
Vert. uit het Duits door T. v.d. Worp. Baarn, Ten Have, 1988. 266 blz. (*Der Schatten des Galiläers*); De joodse graanhandelaar Andreas, een fictieve tijdgenoot van Jezus, krijgt van Pilatus opdracht inlichtingen in te winnen over joodse godsdienstige stromingen. In zijn dagboek beschrijft hij wat hij daarbij over Jezus te weten komt. De auteur maakt hierbij theologische kanttekeningen.

Weinreb, F.
De joodse wortels van het Mattheus evangelie
Vert. uit het Duits. Sint-Baafs-Vijve, Oranje/De Eenhoorn, 1983. 232 blz. (*Die Jüdischen Wurzeln des Matthäus Evangeliums*); Weinreb richt zich als 'belangstellende broeder' tot het christendom, dat naar hij zegt zich voor het sap uit de gemeenschappelijke wortel ontoegankelijk heeft gemaakt. Na een uitvoerige inleiding over de grondbeginselen van het Jodendom volgen verhandelingen over Matt. 1-3.

6.1.2 Geschiedenis van de verhouding Jodendom — christendom

Aalders, G.J.D.
Synagoge, kerk en staat in de eerste vijf eeuwen
Kampen, Kok, 1985. 104 blz.; De accenten die Aalders legt bij zijn onderzoek naar het uiteengaan van kerk en synagoge verschillen van de uitgangspunten van auteurs als P. Lapide of H. Jansen. Aalders gaat in op de conflicten tussen Joden en christenen, op de houding van de wereldlijke heersers en stelt de vraag naar de oorsprong van het religieus antisemitisme.

Boer, C. den, M. van Campen e.a. (red.)
Messiasbelijdende Joden, vroeger en nu
's-Gravenhage, Boekencentrum, 1989. 232 blz.; Bewerking van radiolezingen voor de EO in het programma Zicht op Israël. Theologische achtergronden en historische informatie over deze groepering, die steeds tussen wal en schip dreigde te raken: niet meer thuis in het Jodendom en niet volledig geaccepteerd binnen het christendom.

Boon, R.
Hebreeuws reveil
Wat bracht christen-theologen rond 1500 in de leerschool der rabbijnen?
Kampen, Kok, 1983. 208 blz., afbn.; Omstreeks het jaar 1500 is er onder christe-

nen een toenemende belangstelling voor het Hebreeuws en de leer der rabbijnen. In historische essays over geleerden als Johannes Reuchlin, Pico della Mirandola, worden de beweegredenen geschetst die leidden tot het Hebreeuws reveil waarvan de invloed reikte tot ver in de tijd van de Verlichting.

Boxel, P.W. van
Rabbijnenbijbel en Contrareformatie, kerkelijk toezicht op de joodse traditie onder Gregorius XIII (1572-1585), getoetst aan drie manuscripten uit de Bibliotheca Vaticana
Hilversum, Gooi en Sticht, 1983. 184 blz., afbn.; Een proefschrift over drie handschriften uit een pauselijk instituut dat de bekering van moslims en Joden beoogde. De hier behandelde manuscripten dienden ertoe de Joden te overtuigen van het gelijk van de christelijke bijbelexegese.

Drayer, M.
Dominee Eliëzer Kropveld, Israël en de kerk
Verkenning en Bezinning, 22 (1988) 2. Kampen, Kok, 1988. 53 blz.; Ds. E. Kropveld was als predikant gedurende vele jaren (1874-1908) betrokken bij het werk van Kerk en Israël van de Chr. Geref. Kerk. Hij werd in 1840 geboren in een joods gezin in Coevorden. In 1862 liet hij zich dopen. M. Drayer beschrijft Kropvelds bekeringsgeschiedenis, zoals die is op te maken uit zijn geschriften.

Duijtsch, Ch.S.
Jehovah verheerlijkt, door de erkenning van de ware Messias Jezus Christus, uit de schriften der profeten aangetoond, en uit die der evangelisten en apostelen bevestigd, uit het handschrift
Vert. uit het Duits door J. Traats; vlgs. de tweede dr. van 1769, in hedendaags Ned. overgezet en bew. door J. Haitsma. Kampen, De Groot Goudriaan, 1986. 149 blz., afbn.; 'Belijdenis van het geloof' van de tot het christendom bekeerde rabbijn Duijtsch uit Praag. Later werd hij predikant te Mijdrecht. Aan de hand van de vraag van de 'stokbewaarder' (Hand. 16:30) komen aspecten van het christelijk geloof aan de orde. J. Haitsma schreef een inleiding en een nawoord.

Ericksen, R.P.
Theologen onder Hitler, Gerhard Kittel, Paul Althaus, Emmanuel Hirsch
Vert. uit het Engels door E.W. v.d. Poll. Franeker, Wever, 1987. 243 blz. (*Theologians under Hitler*); Drie bekende Duitse theologen kozen in de nazi-tijd de zijde van Hitler en ondersteunden met verschillende argumenten zijn pogingen om de Joden uit Duitsland 'kwijt te raken.' Deze studie belicht de culturele, sociale, theologische en menselijke achtergronden van deze keuze.

Haitsma, J.
Christiaan Salomon Duijtsch, zijn laatste levensjaren
Kampen, De Groot Goudriaan, 1988. 108 blz., afbn.; Door onderzoek in oude documenten, verslagen en brieven, ontstaat een beeld van de laatste levensjaren van

deze tot het christendom bekeerde Hongaarse rabbijn uit de 18de eeuw.

Haitsma, J.
Fridericus Ragstat à Weille
(Vergeten eerstelingen, no 1). Leiden, Groen, 1989. 87 blz., afbn.; Eerste monografie in een serie over Messiasbelijdende Joden. Ragstat a Weille (1648-1729) was afkomstig uit Kleef. Na zijn overgang tot het christendom werd hij in Nederland predikant.

Heyer, C.J. den
De messiaanse weg
dl.1: *De messiaanse verwachtingen in het Oude Testament*; dl. 2: *Jezus van Nazareth*; dl.3: *De christologie van het Nieuwe Testament.*
Kampen, Kok, 1984, 1987, 1990; Studie in drie delen over de betekenis van Jezus in joodse en christelijke context. Na het ontstaan van de vroege christelijke gemeente, die de oude bronnen vanuit een nieuw perspectief begon te lezen, ontstonden er conflicten met de joodse gemeenschap. Na de verwoesting van de tempel groeiden Jodendom en christendom steeds verder uiteen.

Hof, W.J. op 't
De visie op de Joden in de Nadere Reformatie, tijdens het eerste kwart van de zeventiende eeuw
Amsterdam, Holland, 1984. 110 blz., afbn.; Uitgewerkte versie van een lezing over de visie op de Joden van de gebroeders Teillinck en Godefridus Udemans in de periode 1609-1624. Hoewel deze vertegenwoordigers van de Nadere Reformatie de Joden voornamelijk als object van bekeringsarbeid beschouwden, bleven zij hen ook zien als het volk van het verbond en van de belofte.

Jansen, H.
Christelijke theologie na Auschwitz
dl. 2: *Nieuwtestamentische wortels van het antisemitisme*; A 1, Diagnose en therapie in geschriften van Joden en christenen. 's-Gravenhage, Boekencentrum, 1985. 2bd., 1054 blz., afbn.; In dit deel onderzoekt de auteur of de wortels van het antisemitisme in het N.T. te vinden zijn. Het boek bevat een chronologische lijst van uitspraken van niet-Nederlandse theologen over nieuwtestamentische teksten die een anti-joodse strekking zouden kunnen hebben.

Jansen Schoonhoven, E.
Jodendom-Christendom-Verlichting, Johann Georg Hamann en Mozes Mendelsohn, een achttiende-eeuws dispuut als bijdrage aan hedendaagse discussie
(Toerusting). Nijkerk, Callenbach, 1985. 183 blz.; De Lutherse theoloog Hamann discussieerde fel met de joodse wijsgeer Mozes Mendelsohn over diens geschrift Jeruzalem, waarin hij volgens Hamann ideeën verkondigde die meer overeenstemming vertoonden met die van de Verlichting dan met het geloof der vaderen.

Lapide, P.
Ieder komt tot de vader
Karl Barth, Barmen en een poging tot een nieuwe christologie
Vert. uit het Duits door B. Endedijk. Kampen, Kok, 1985. 89 blz. (*Jeder kommt zum Vater*); In de 'Barmer Thesen' van 1934 wordt over het antisemitisme gezwegen. Lapide neemt dit aspect als uitgangspunt om het falen van de kerk in Hitler-Duitsland aan de orde te stellen. Daarbij wijst hij op de ambivalente visie van Barth op het Jodendom.

Naftaniël, R. en S. Schoon
De zaak Goeree
Kampen, Kok, 1986. 128 blz.; Overzicht van juridische en theologische aspecten van het vonnis betreffende geschriften van het echtpaar Goeree, waarin zij een verband leggen tussen de Jodenvervolging en de kruisdood van Jezus.

Ploeg, A. van der
Philippus S. van Ronkel (1829-1890)
Leiden, Groen, 1990. 108 blz., afbn.; Levensverhaal van Philippus S. van Ronkel, die werd geboren in Groningen waar zijn vader rabbijn was. In 1856, op de eerste kerstdag, liet de jongeman zich dopen en ging theologie studeren. Daarna was hij bijna dertig jaar predikant in de Hervormde Kerk.

Poorthuis, M.
Hamer op de rots, artikelen over teksten en hun uitleg in Jodendom en christendom; met een woord vooraf van Y. Aschkenasy.
Hilversum, B. Folkertsmastichting voor Talmudica, 1989. 151 blz.; Zeven opstellen over vragen die in de rabbijnse literatuur worden opgeworpen. In zijn uitleg betrekt de auteur, die studiesecretaris is van de Katholieke Raad voor Israël, ook gegevens ontleend aan de kerkvaders. Studiemateriaal voor het leerproces rondom de ontmoeting Jodendom — christendom.

Roon, G. van
Protestants Nederland en Duitsland 1933-1941
2de herz. dr. Kampen, Kok, 1990. 410 blz.; Standaardwerk over deze cruciale fase in de geschiedenis van de kerk. Het behandelt o.a. de houding van de verschillende kerken, en enkele Protestants Christelijke organisaties; ook reacties uit de studentenwereld en contacten met de 'belijdende kerk' in Duitsland. Aandacht voor de verhouding kerk en staat, het antisemitisme en het Nationaal Socialisme.

Ruiter, E.J. de
Op zoek naar identiteit, geschiedenis van gemeenschapsvorming bij Messiasbelijdende Joden in Nederland
Hardinxveld, Narratio, 1989. 128 blz.; Een boeiende, sympathieke beschrijving van de geschiedenis van drie eeuwen joods christendom in Nederland, waarbij vooral de vraag wordt gesteld naar de interne organisatie. Door hun moeilijke positie tussen

kerk en synagoge hadden veel joodse christenen behoefte aan een plaats, waar zij op eigen wijze aan hun geloof in Jezus als Messias vorm konden geven.

Salomon, H.P.
Saul Levi Mortera en zijn tractaat betreffende de waarheid van de wet van Mozes
Braga, Barbosa & Xavier, 1988. CXXXVII-1268 blz.; Deze dissertatie (KU Nijmegen) bevat de handgeschreven tekst met transcriptie van het Portugese tractaat door Saul Levi Mortera (1596-1660), rabbijn van de Portugees-Israëlitische Gemeente van Amsterdam. Een Nederlandse vertaling van de tekst, die een polemiek inhoudt tegen het christelijk geloof, ontbreekt. Wel schreef Salomon een lange inleiding in het Nederlands over de levensgeschiedenis en de publikaties van deze uit Venetië afkomstige geleerde.

Smelik, K.A.D.
De antijoodse prediking van Johannes Chrysostomus
Verkenning en Bezinning 19 (1985) 2. Kampen, Kok, 1985. 42 blz.; Toelichting bij de felle preken tegen de Joden die de kerkvader Johannes Chrysostomus in de jaren 386 en 387 in het Kleinaziatische Antiochië heeft gehouden.

Snoek, J.M.
De Nederlandse kerken en de Joden: 1940-1945
Kampen, Kok, 1990. 211 blz., afbn.; Uitgebreid en goed gedocumenteerd verslag over de houding van de Nederlandse kerken in hun officiële contacten met de Duitse bezetter. Tevens schetst de auteur een beeld van de hulp die door diverse kerkelijke en christelijke instanties en particulieren aan joodse onderduikers is geboden.

Süss, R.
Het genadeloze bestaan, Israël bij Barth
Verkenning en bezinning 21 (1987) 4. Kampen, Kok, 1987. 84 blz.; Een onderzoek naar de ontwikkeling in de Israëlleer van Karl Barth, eerst tijdens zijn verblijf in Duitsland (1932-1935) en daarna in Zwitserland (1942-1959). De conclusie moet zijn, dat Barhts theologie weinig perspectief biedt voor een vruchtbaar gesprek tssen kerk en synagoge.

6.1.3 Huidige situatie: dialoog

In deze rubriek vindt men o.a. bundels met bijdragen van joodse en christelijke auteurs. Ook titels met betrekking tot het lesgeven over Jodendom worden hier genoemd. Lesmateriaal dat specifiek voor jongeren is geschreven vindt men echter in rubriek 7.1.1

Abram, I.B.H., L.P. Rosenzweig e.a.
Beth ha-Midrasj, leerhuis; Ervaringen van Joden en christenen

(OJEC-serie no.1) Kampen, Kok, 1983. 103 blz.; Artikelen van zeven joodse en christelijke geleerden over de geschiedenis en het werk van leerhuizen, waar Joden en christenen zonder vooroordelen samen studeren. J. op 't Root schreef het verhaal van het Vrije joodse Leerhuis in Frankfurt, een experiment van Franz Rosenzweig.

Barnard, W.J. en P. van 't Riet
De slip van een joodse man vastgrijpen
Christelijke eredienst in het spoor van de joodse Jezus
Kampen, Kok, 1989. 136 blz.; Veel christenen beginnen de evangeliën te lezen als joodse geschriften uit de eerste eeuw. Deze nieuwe oriëntatie zal consequenties kunnen hebben voor de christelijke eredienst. Twee modellen van in dit spoor uitgewerkte liturgieën vormen het besluit van dit boek.

Het beeld van Joden en Jodendom in katechetische methoden, een onderzoek ten behoeve van predikanten, katecheten en producenten van katechetisch materiaal
Driebergen, Raad voor de verhouding van Kerk en Israël/Raad voor de Katechese. 1984. 60 blz.; Op grond van een aantal kriteria worden verschillende methoden voor gebruik in de kerkelijke katechese onderzocht om te zien hoe daarin over Joden en Jodendom wordt gesproken. Dit om een eerste aanzet te geven tot het signaleren van vooroordelen die een eerlijk begin van de dialoog in de weg kunnen staan.

Bellemakers, S., A. Bosch e.a. (red.)
Van horen en verstaan
Verklaring en gebruik van de schrift; Opgedragen aan Pius Drijvers
Hilversum, Gooi en Sticht, 1987. 156 blz.; Bij zijn afscheid van de uitgeverij Gooi en Sticht werd aan de R.K. theoloog Pius Drijvers een bundel opgedragen met 13 artikelen van collegae theologen. Uit het merendeel van de bijdragen spreekt een betrokkenheid bij de joodse exegese, waaraan ook Drijvers in zijn werk steeds weer uiting heeft gegeven.

Berg, M. van den, B. Cozijnsen e.a. (red.)
Uit de sjoel geklapt, christelijke belangstelling voor joodse traditie
Hilversum, Gooi en Sticht, 1986. 224 blz., afbn.; Een uitgave ter gelegenheid van het 23ste lustrum van een Utrechts theologendispuut. De bundel bevat één getekende en dertien geschreven bijdragen van bekende publicisten zowel van joodse als van christelijke zijde, die ieder vanuit een eigen invalshoek de christelijke belangstelling voor het Jodendom onder de loupe nemen.

Buddingh, G.P.F.
Kinderbijbels en anti-joodse beeldvorming, verslag van een onderzoek naar de invloed van het anti-judaïstisch vooroordeel in een genre van de kinder- en jeugdliteratuur
Voorburg, Prot. Stichting tot bevordering etc., 1988. 52 blz.; Voor volwassenen

die werkzaam zijn op het terrein van de levensbeschouwelijke vorming van kinderen, stelt de auteur aan de hand van een onderzoek van 19 kinderbijbels en bewerkingen van bijbelse verhalen voor kinderen een beoordelingsschema samen, dat gebruikt kan worden voor het opsporen van anti-judaïstische vooroordelen.

Cohen Stuart, G.H.
Bezinning op de ontmoeting van christenen met Joden in Jeruzalem Verkenning en bezinning 20 (1986) 4. Kampen, Kok, 1986. 47 blz.; Cohen Stuart is predikant in Jeruzalem. Hij geeft informatie over de christelijke groeperingen in Israël en gaat in op de thematiek en de stand van zaken bij het joods-christelijk gesprek.

Cornille, C. en J. Bulckens (red.)
Jodendom en Islam in het vak godsdienst
Verslagboek van de Vliebergh-Sencie leergang, afdeling Cateches. (Nike-reeks). Leuven/Amersfoort, Acco, 1989. 218 blz.; Achtergronden van Jodendom en Islam ten behoeve van het godsdienstonderricht in een pluralistische samenleving. Artikelen over o.a. Jodendom en catechese, de joodse godsdienst (Dequeker), het rabbijnse Jodendom (Zuidema). Op soortgelijke wijze wordt aandacht besteed aan de Islam. Het slothoofdstuk gaat over de dialoog.

Druk, J., e.a.
De ander in beeld, Joden en christenen over vooroordeel
(OJEC-serie nr. 3). Kampen, Kok, 1985. 94 blz.; Zeven bijdragen van joodse en christelijke auteurs die elk vanuit een andere invalshoek schrijven over vooroordelen die ze hetzij in eigen kring, hetzij bij 'de ander' constateren. Door deze opzet is het boek geschikt voor gespreksgroepen.

Ellis, M.H.
Een joodse bevrijdingstheologie
Vert. uit het Engels door R. Vink. Baarn, Ten Have, , 1989. 200 blz. (*Towards a Jewish theology of liberation*); De werkelijkheid van de Exodus, maar ook van de sjoah en de stichting van de Staat Israël vormen voor de auteur een basis voor een nieuwe bevrijdingstheologie die uitgaat van het profetisch getuigenis van joodse en christelijke geschriften.

Evers, R., E. van Voolen e.a.
Lezen Joden en christenen dezelfde bijbel?
(OJEC-serie nr. 8). Kampen, Kok, 1990. 130 blz.; Het eerste deel van dit boek geeft informatie over de verschillende wijzen van bijbellezen onder Joden en christenen. Het tweede deel bestaat uit exegetische bijdragen van zowel joodse als christelijke zijde. Bedoeld als gespreksmateriaal voor leerhuizen, bijbelgroepen e.d.

Frishman, J. e.a.
Sara en Maria, vrouwen in synagoge en kerk
(OJEC-serie nr. 5). Kampen, Kok, 1987. 104 blz.; Zes vrouwen, twee met een

joodse en vier met een christelijke achtergrond, gaan in op de rol van de vrouw in hun eigen geloofstradities. De meesten zijn daarover niet erg tevreden.

Jakobovits, I. e.a.
Laten we een mens maken, religieuze traditie en de ethiek van medisch handelen (OJEC-serie nr. 9). Kampen, Kok, 1991. 128 blz.; Ontwikkelingen in de medische wetenschap stellen Joden en christenen voor de vraag of alles wat kan, vanuit moreel oogpunt of vanuit de religieuze traditie gezien ook geoorloofd is. Vijf auteurs, van joodse en christelijke zijde, geven hun visie op de samenhang tussen moraal en religieuze traditie en illustreren deze aan de hand van vragen over ondermeer reageerbuisbevruchtring en abortus op genetische indicatie.

Joden en Jodendom in katechese-methoden, enz.
Verbum, 54 (1987) nr. 7. Nijmegen, Hoger Katechetisch Instituut 1987. 22 blz., afbn.; Dit nummer van het tijdschrift voor jongerenkatechese is geheel gewijd aan de joods-christelijke dialoog en de wijze waarop deze in materiaal bestemd voor de godsdienstige vorming aan de orde gesteld kan worden.

Jodendom en catechese, richtlijnen voor het onderzoek naar anti-joodse vooroordelen in catechetisch materiaal voor kerk en school
Amsterdam, OJEC, 1991[3]. 44 blz.; In zeven richtlijnen wordt gesignaleerd op welke momenten bij de godsdienstige vorming van jonge mensen in kerk en op school over Joden en Jodendom wordt gesproken, welke anti-joodse tendensen daarbij vaak voorkomen en hoe men die zou kunnen vermijden.

Joodse vragen!... Christelijke antwoorden?
Rondom het Woord; theologische etherleergang 31 (1989) 1. Hilversum, NCRV, 89. xx-blz.; Drie artikelen waarin twee joodse en twee christelijke auteurs hun visie geven op aspecten van de joods-christelijke dialoog.

Lange, J.J. de e.a.
Jodendom in de godsdienstige vorming
(OJEC-serie, nr. 6). Kampen, Kok, 1988. 136 blz., ill.; Artikelen over het lesgeven over Jodendom, op godsdienstpedagogisch, didactisch en theologisch gebied, aangevuld met lessuggesties voor praktische verwerking. Ook enkele suggesties van joodse auteurs hoe vooroordelen in de dagelijkse praktijk van de lessen te voorkomen en te bestrijden.

Lapide, P. en J. Moltmann
De Heer uw God is één
Joods monotheïsme en de christelijke leer van de Drieëenheid
Vert. uit het Duits door E.W. v.d. Poll. Baarn, Ten Have, 1985. 158 blz. (*Jüdischer Monotheïsmus-Christliche Trinitätslehre, Israël und Kirche: ein gemeinsamer Weg?*); Een diepgaande discussie tussen de joodse geleerde en schrijver Lapide en de protestantse theoloog Moltmann, waarin zij beide tradities met elkaar

confronteren.

Lapide, P. en K. Rahner
Heil uit de Joden? een discussie
Hilversum, Gooi en Sticht, 1984. 104 blz. (*Heil von den Juden?*); Interessante discussie tussen de joodse geleerde Lapide en de inmiddels overleden R.K. theoloog Rahner over de mogelijkheden en grenzen van de joods-christelijke dialoog.

Lapide, P.
Het bezit van de waarheid: het einde van de dialoog, gedachten over wet en liefde in de Hebreeuwse bijbel; de vreemdeling in uw poorten; Messiasverwachtingen bij Joden en christenen
Vert. uit het Duits door H. v.d. Vinne. Baarn, Ten Have, 1989. 117 blz. (*Können wir die Fremden lieben?*); Een werkelijke dialoog is alleen mogelijk wanneer de gesprekspartners voor elkaar openstaan en er niet van uitgaan alleen de waarheid in pacht te hebben. Vanuit deze achtergrond behandelt Lapide drie belangrijke thema's in de joods-christelijke dialoog.

Lapide, P. en U. Luz
Jezus de Jood, thesen van een Jood, antwoorden van een christen
Vert. uit het Duits door E.W. v.d. Poll. Kampen, Kok Agora etc., 1985. 184 blz. (*Der Jude Jesus; These eines Juden, Antworten eines Christen*); In het eerste deel van dit boek is Lapide aan het woord, die een aantal thesen over de joodse achtergrond van Jezus poneert. De nieuwtestamenticus Luz reageert positief op Lapide's opvattingen, ook al signaleert hij hier en daar struikelblokken.

Lapide, P. en H. Kung
Jezus in tegenspraak, een joods-christelijke dialoog
Vert. uit het Duits door R. Koneck en H. Wagemans. Kampen, Kok/Agora, 1986. 59 blz. (*Jesus in Widerstreit*); Dit boekje kan worden beschouwd als een vervolg op het meer informatieve *Jezus de Jood*. Het is het begin van een poging tot de echte dialoog, waarin over het Messiasschap van Jezus wordt gesproken. S. Schoon schetst in een uitvoerige inleiding de plaats van Lapide in de joods-christelijke dialoog.

Lapide, P.
Was Eva overal de schuld van? Gesprekken over de schepping
Vert. uit het Duits door L.F. Stolk. Kampen, Kok, 1986. 74 blz. (*War Eva an allem Schuld?*); Gesprekken van Lapide met Duitse theologen. Zowel de tekst van Genesis als de rabbijnse uitleg geven op deze vraag geen bevestigend antwoord.

Mönnich, W.
Een tak van de wilde olijf, het Griekse erfgoed en de weg naar Israël
Baarn, Ten Have, 1984. 184 blz.; In de dialoog tussen kerk en Israël wijst de auteur op het verschil in achtergrond tussen beide godsdiensten en maant de kerk

tot bescheidenheid in de onderlinge confrontatie.

Monshouwer, D.
Gevierde schrift, systematische leesoefeningen in een Amsterdams leerhuis (Reeks van het Bezinningscentrum van de Vrije Universiteit van Amsterdam over levensbeschouwing en wetenschap; nr. 11). Kampen, Kok, 1987. 173 blz.; Een introductie op de bijbel vanuit het gezichtspunt dat de bijbelse teksten in de eerste plaats hebben gefunctioneerd in de liturgie van de synagoge en van de vroegchristelijke kerk.

Petuchowski, J.J.
Van Pesach tot Chanoeka, de wereld van de joodse feesten en gebruiken
Vert. uit het Duits door R. Vink. Baarn, Ten Have, 1987. 127 blz. (*Feiertage des Herrn; Die Welt der jüdischen Feste und Brauche*); Aanknopend bij gegevens uit Tenach, maar vooral bij wat uit het N.T. over de joodse feesten bekend is, geeft rabbijn Petuchowski achtergrondinformatie over de betekenis en de gebruiken van de feesten. Hij verwijst ook naar christelijke gebruiken en gaat in op de viering in huidige joodse kringen.

Rodrigues Pereira, H. e.a.
Vreugde om de Tora
(OJEC-serie, nr. 2). Kampen, Kok, 1984. 95 blz.; Artikelen van schrijvers van joodse en christelijke zijde over het belang en de uitleg van de Tora.

Rosenberg, A.W., Liliënthal, D. e.a.
Jeruzalem, in Jodendom, christendom en Islam
(OJEC-serie, nr. 4). Kampen, Kok, 1986. 105 blz.; In zes artikelen, drie van joodse, twee van christelijke en één van islamitische zijde spreken de schrijvers elk over hun eigen betrokkenheid tot de heilige stad.

Sandt, H. v.d. en L. van Tongeren (red.)
Naar mijn daden word Ik genoemd
Over de betekenis van het gebruik van de Godsdnaam
Boxtel, KBS / Brugge, Tabor, 1989. 176 blz.; Een bundel artikelen opgedragen aan oud-deken Jozef Keet bij zijn afscheid als voorzitter van de Katholieke Raad voor Israël. Veertien auteurs, van joodse, Roomskatholieke en Protestants-christelijke achtergrond schrijven vanuit hun eigen traditie over de betekenis van de Godsnaam en de wijze waarop men die zou kunnen weergeven.

Sante, C. di
Het gebed van Israël
Vert. uit het Italiaans door I. Woestenburg; vert. van de Hebreeuwse teksten door P.W. v. Boxel. Hilversum, Gooi en Sticht, 1989. 264 blz. (*La preghiera di Israele*); Bronnen en structurele kenmerken van de joodse liturgie in de gebeden, vieringen in huiselijke kring en in de synagoge. In voor- en nawoord wordt ingegaan

op de relevantie van de joodse liturgie voor de christelijke eredienst. De auteur is verbonden aan het SIDIC in Rome.

Schoon, S.
Naar aanleiding van de joodse najaarsfeesten
Verkenning en Bezinning. 20 (1986) 2. Kampen, Kok, 1986. 40 blz.; Zes overwegingen over de najaarsfeesten die werden uitgesproken voor de NCRV-radio. Na een korte beschrijving van elk feest volgt er een overdenking naar aanleiding van een oud- of nieuwtestamentisch bijbelgedeelte, waarin het accent ligt op het geloof van Israël en de joodse traditie als 'wortel' van het christendom.

Schoon, S.
Naar aanleiding van de joodse feesten
Kampen, Kok, 1988. 94 blz.; Tekst van 12 radiolezingen in de rubriek 'Woord op zondag' van de NCRV. Na een inleiding over de verbondenheid van Kerk en Israël volgt een hoofdstuk over de sjabbat. Daarna worden 9 belangrijke feesten en hoogtijdagen van de joodse kalender uitgelegd. Steeds wordt hierbij de vraag gesteld hoe christenen hiervan kunnen leren voor hun eigen leven en belijden.

Schoon, S.
De weg van Jezus
Een christologische heroriëntatie vanuit de joods-christelijke ontmoeting
Kampen, Kok, 1991. 282 blz.; De vragen en het denken over de figuur van Jezus raken het hart van de joods-christelijke ontmoeting. De auteur is in Nederland en in Israël al lange tijd betrokken bij de joods-christelijke dialoog. Hij schetst de contouren van een christologie die vrij is van anti-judaisme en kerkelijk triomfalisme.

Schoon, S.
Herkenning na de nacht
Een nieuw zicht op de verhouding tussen de kerk en het joodse volk
Kampen, Kok, 1984. 121 blz.; Voor hen die ernst maken met de dialoog rijzen vragen vooral op bijbels-theologisch gebied. Schoon wil deze vragen bespreekbaar maken voor het grondvlak van de gemeente. De uitleg van Romeinen 9-11 krijgt in dit boek veel aandacht.

Schoon, S. (eindred.)
Joodse vragen! ... Christelijke antwoorden?
Leusden, Dienstencentrum van de Gereformeerde Kerken (Postbus 202, 3830 AE), 1987. 61 blz.; Twee rabbijnen, de orthodoxe H. Rodrigues Pereira en de liberale E. van Voolen, stellen in deze brochure een aantal vragen aan christenen, waarop door verschillende gereformeerde auteurs wordt ingegaan.

Schoon, S.
Leven in één wereld, een uitdaging voor Joden en christenen
Kampen, Kok, 1987. 116 blz.; Joden en christenen worden vaak geconfronteerd

met dezelfde problemen en uitdagingen in de hedendaagse wereld. Voortschrijdende secularisatie, emancipatie, milieu, vrede en bevrijding zijn daarbij trefwoorden die de gemeenschappelijke agenda bepalen. Joden en christenen kunnen elkaar daarbij helpen, door te luisteren naar elkaars ervaringen. Scheidslijnen lopen daarbij lang niet altijd tussen de beide godsdiensten.

Schoon, S.
Nieuwere ontwikkelingen in de joods-christelijke ontmoeting
Verkenning en Bezinning, 18 (1984) 3. Kampen, Kok, 43 blz.; Een overzichtelijke gids van wat er op het vlak van de joods-christelijke betrekkingen, zowel theologisch als praktisch gaande is.

Uitverkoren: voorrecht of last? joodse en christelijke visies
(OJEC-serie, nr. 7). Kampen, Kok, 1989. 107 blz.; Twaalf auteurs geven hun mening op het begrip uitverkiezing, een religieus thema met een ethische en politieke lading. Na twee historisch theologische opstellen volgen tien persoonlijke visies op dit begrip: vijf van joodse zijde en vijf van christelijke kant. Tot de joodse auteurs behoren o.a. A. Soetendorp, S. Leydesdorff, H. Bleich; Tot de christelijke schrijvers Jos Brink, Aleid Schilder en H. Vreekamp.

Zuidema, W. en J. op 't Root
En God sprak tot Noach en zijn zonen, een joodse code voor niet-Joden?
Baarn, Ten Have, 1991. 196 blz.; Halacha is een systeem van bindende afspraken, voor de joodse gemeenschap. Voor anderen die binnen het westers christendom geen antwoorden meer vinden op hun vragen, denken de auteurs aan een halachisch stelsel van de noachidische voorschriften als levensoriëntatie. Wat dit zou kunnen inhouden wordt in hun studie nauwkeurig geanalyseerd.

6.1.4 Huidige situatie — Joodse visies

Ben-Chorin, S.
De tien woorden
Vert. uit het Duits door R. Vink. Baarn, Ten Have, 1988. 144 blz. (*Die Tafeln des Bundes*, 1987[2]); De auteur wil een basis leggen voor een beter inzicht in de tien woorden van de Sinaï, geïnterpreteerd vanuit de Hebreeuwse bijbel. Hij confronteert de lezer daarbij steeds met elementen uit het christendom en het hedendaagse denken.

Ben-Chorin, S.
En God bleef zwijgen, een joods credo
Vert. uit het Duits door M. Middelhoff-v.d. Sande.; Hilversum, Gooi en Sticht, 1988. 100 blz. (*Als Gott schwieg*); Een bundel opstellen van een joodse auteur en theoloog waarin de vraag naar het lijden en het probleem van theologie na Auschwitz opnieuw aan de orde worden gesteld. Ben-Chorin betrekt bij zijn beschouwin-

gen ook de visie op het lijden in de christelijke traditie.

Flusser, D.
Tussen oorsprong en schisma
Artikelen over Jezus, het Jodendom en het vroege christendom
Vert. uit het Duits onder red. van T. de Bruin e.a. (Informatie Jodendom, 2); Hilversum, B. Folkertsma Stichting voor Talmudica, 1984. 360 blz.; Bundeling van 24 eerder gepubliceerde artikelen over de joodse oorsprong van het christendom dat als nieuwe godsdienst onder Jezus' volgelingen ontstond. De uitgave wil een stimulans zijn tot herbezinning op de bijbels-joodse wortels van de westerse beschaving.

Lapide, P.
Het leerhuis van de hoop, joodse geloofservaringen voor christenen van vandaag
Vert. uit het Duits door B. van Rijswijk. Baarn, Ten Have, 1986. 103 blz. (*Am Scheitern hoffen lernen; Erfahrungen jüdischen Glaubens fur heutige Christen*); Zeven artikelen waarin het thema van de hoop — op het onheil van vandaag volgt het heil van morgen — een centrale plaats inneemt. Het joods-christelijk gesprek is daarbij één van de aspecten.

Lapide, P.
Is dat niet de zoon van Jozef, Jezus in het hedendaagse Jodendom
Vert. uit het Duits door R. v. Hengel. Baarn, Ten Have, 1984. 144 blz. (*Ist das nicht Josephs Sohn?; Jesus im heutigen Judentum*); Een overzicht van de wijze waarop Jezus ter sprake komt in de Hebreeuwse literatuur, in het huidige onderwijs in Israël en bij de rabbijnen.

Lapide, P.
Is de bijbel goed vertaald?
Vert. uit het Duits door M.P. v.d. Marel. Kampen, Kok, 1986. 148 blz. (*Ist die Bibel richtig übersetzt?*); De joodse auteur gaat in op problemen die zich bij het vertalen van de bijbel kunnen voordoen. Hij wijst op de joodse achtergrond van het NT, die niet altijd werd begrepen, hetgeen tot foutieve vertalingen heeft geleid.

Lapide, P.
Opstanding, een joodse geloofservaring
2de dr.; vert. uit het Duits. Kampen, Kok, 1984. 93 blz. (*Auferstehung*); Lapide gaat in op mogelijke relaties tussen de opstandingsverhalen zoals die in het Jodendom voorkomen en de opstanding van Jezus in het Nieuwe Testament.

Lapide, P.
Uit de Bijbel leren leven, op joodse wijze de schriften lezen
Vert. uit het Duits door R. Vink. Baarn, Ten Have, 1984 (*Mit einem Jude die Bibel lesen*); Lapide wijst op het belang van de joodse wortels voor het christendom. Drie thema's komen daarbij aan de orde: Liefde tot de Tora, Oorlog en vrede

in het joodse denken, en Uit de Bijbel leren leven.

Miranda, F. de
Uitverkiezing
's-Gravenhage, Boekencentrum, 1983. 263 blz.; Filosofisch getinte bijbelstudies, die passen in de traditie van Buber. Ten opzichte van het christendom stelt de auteur: samen bijbellezen — ja; samen bidden — nee.

Sanders, J.
Ontmoetingen met de paus? Een joods standpunt tegen de achtergrond van twintig jaar katholieke theologie en politiek
Amsterdam, Nederlands-Israëlitisch Kerkgenootschap, 1984. 44 blz.; Deze brochure beoogt voorlichting te geven aan de joodse gemeenschap over de houding van de rooms-katholieke kerk ten aanzien van het Jodendom, het joodse volk en de Staat Israël.

6.1.5 Huidige situatie — Roomskatholieke visies

Andel, P.C. van
Rome en Jeruzalem
Voorburg, Protestantse Stichting tot bevordering van het Bibliotheekwezen, 1989. 135 blz.; De protestants christelijke schrijver analyseert de ontwikkeling van de maatschappijvisie van Rome, de plaats van de kerk daarbinnen en als gevolg daarvan het uitsluiten van Joden en andere vreemdelingen. Hij gaat in op de veranderingen in de RK sociale leer na Auschwitz. In dit boek is een leeswijzer opgenomen van de RK theoloog Th. Salemnink.

Arab, M. (Pseud. van E.J. van der Vlekkert)
Mensen... kinderen, de tien geboden, bevrijd doen en horen
Kampen, Kok, 1983. 131 blz., afbn.; Een bundel van 10 opstellen waarmee de schrijver wil doordringen tot de kern van de Torah. Hij gebruikt daarbij ook verhalende stof, deels ontleend aan de joodse traditie, deels door hemzelf geschreven, waaruit blijkt hoezeer hij gefascineerd wordt door de joodse wijze van denken.

Arab, M.
Vijf geboden om een zegen te zijn
Tweede werkboek bij Mensen...kinderen, de tien geboden.
Kampen, Kok, 1987. 86 blz. afbn.; In dit werkboek over het zesde tot en met het tiende gebod staat de relatie tussen de mensen centraal. Met o.a. verhalen en korte teksten probeert de auteur de essentie van elk gebod tot uitdrukking brengen. Zijn taal en zijn voorbeelden zijn sterk beïnvloed door de rabbijnse traditie.

Arab M.
Vijf geboden op hoop van zegen
Eerste werkboek bij Mensen... kinderen, de tien geboden.
Kampen, Kok, 1986. 124 blz., afbn.; Door middel van bijbels georiënteerde dialogen, overdenkingen en verhalen in de sfeer van de midrasj tracht de auteur door te dringen tot de wezenlijke bedoeling van de eerste vijf van de tien geboden, die hij samenvat in termen als hoop en bevrijding.

Arborelius, A.
Edith Stein, biografie; zr. Teresia Benedicta van het Kruis
Vert. [uit het Zweeds door E. Martens]. Gent, Carmelitana, 1987. 160 blz. (*Edith Stein;biografi*); Een beknopte biografie van de in 1891 geboren en in 1987 door de R.K. kerk zaligverklaarde Edith Stein, die in 1942 in Auschwitz werd vermoord vanwege haar joodse afkomst en haar lidmaatschap van de katholieke kerk. In dit boek wordt zij getekend als Jodin, filosofe, katholiek, vrouw, karmelietes, martelares en mystica.

Bakker, L.A.R., H.P.M. Goddijn, (red.)
Joden en Christenen, een moeizaam gesprek door de eeuwen heen
(Annalen van het Thymgenootschap, jrg. 73/2). Baarn, Ambo, 1985. 184 blz.; Acht auteurs, voornamelijk werkzaam aan de Katholieke Theologische Hogeschool te Amsterdam, belichten aspecten van de geschiedenis van de verhouding Jodendom-christendom. Aan de orde komen de nieuwtestamentische periode, de vroege kerk en de Middeleeuwen.

Drijvers, P. en P. Schilling
De twaalf gezichten van de messiaanse mens, Jacob zegent zijn twaalf zonen
Hilversum, Gooi en Sticht, 1986. 152 blz.; Na *Op zoek naar de Alef* behandelt de R.K. auteur P. Drijvers nu het bijbelgedeelte uit Gen. 44 betreffende de zegen van Jacob over zijn twaalf zonen. Opnieuw staat centraal wat in de rabbijnse traditie daarover is geschreven.

Engelen, J.
Joods (?) — Christelijk, over nabijheid en afstand
Hilversum, Gooi en Sticht, 1986. 80 blz.; Zeven hoofdstukken, bedoeld als lessen voor het vervolgonderwijs over de vraag naar de relatie tussen Joden en christenen. Jezus was een Jood, een christen zal moeten weten wat dit jood-zijn betekent.

Hartog, E.
Het zingende zand, een meditatieve pelgrimstocht door het Heilige Land
Haarlem, Gottmer, 1985. 104 blz.; Overpeinzingen bij heilige plaatsen in Israël die in verband staan met gebeurtenissen uit de evangeliën. Het land en de bewoners van nu spelen daarbij geen rol van betekenis.

Klappe, J.
Sedermaal-Eucharistie, teksten voor het leerhuis in de liturgie
Heeswijk-Dinther; Abdij van Berne, 1990. 109 blz.; Aan de hand van bijbelteksten en teksten uit de joodse liturgie wordt een vergelijking gemaakt tussen het joodse Sedermaal en de christelijke eucharistieviering. In de bijlagen de teksten van de Sederviering en een ontwerp van een eucharistieviering op Witte Donderdag.

Klappe, J.
Sukkoth, Huttenfeest, Palmzondag
Kampen, Kok, 1986. 57 blz.; De auteur zoekt naar de joodse wortels van de christelijke feesten. De viering van Palmzondag ziet hij als de evangelische variant van het Loofhuttenfeest.

Logister, W.M.E.
Heilsgeschiedenis en Jodendom, de Israëltheologie van Pannenberg in discussie
Nijmegen, Gottmer, (1984). 109 blz.; Logister, hoogleraar fundamentaaltheologie in Tilburg, onderzoekt de consequenties die de heilshistorische geschiedopvatting van de Duitse systematicus Pannenberg kan hebben voor de christelijke visie op het Jodendom. Kritiek op Pannenberg wordt getoetst aan de confrontatie van diens ideeën met die van de Duitse voortrekker in de joods-christelijke dialoog Rendtorff.

Oosterhuis, H.
Israël, volhard in Hem
Een dienst voor de Goede Vrijdag, met muziek van B. Huybers en A. Oomen.
Hilversum, Gooi en Sticht, 1986. 31 blz.; Een viering van de Stichting Leerhuis en Liturgie die werd gecomponeerd als gedachtenis van al de vermoorden van het joodse volk. De dood van Jezus maakte christenen schuldig aan de miljoenenmoord op Joden. Via de liturgische praktijk kan worden bijgedragen tot andere inzichten.

Sjaloom, ter nagedachtenis van mgr. dr. A.C. Ramselaar.
Wolfheze, B. Folkerstmastichting voor Talmudica, 1983. 197 blz.; Herinneringen en studies door vrienden van de in 1981 gestorven oprichter van de Katholieke Raad voor Israël, met de nadruk op Ramselaars betekenis voor de joods-christelijke betrekkingen.

Vaticaan en Jodendom in de periode 1965-1985, twintig jaar in 14 documenten
Met een voorw. van M.J.H.M. Poorthuis. Utrecht, Secr. van het RK Kerkgenootschap, 1985. 68 blz., afbn. (121 informatiebulletin, jrg. 13, juni 1985); Een verzameling van 14 officiële documenten over de RK houding ten opzichte van het Jodendom, te beginnen met Nostra Aetate (1965) van paus Johannes XXIII. Het geheel geeft een goed beeld van de stromingen en krachten die bij dit thema een rol spelen.

6.1.6 Huidige situatie — Protestantschristelijke visies

Omdat de literatuur die zich specifiek met de dialoog tussen Jodendom en christendom bezighoudt onder rubriek 6.1.3 is genoemd, vindt men in de rubriek 6.1.6 in verhouding veel titels die ten opzichte van Israël een 'getuigende' houding aannemen. Uit de annotatie blijkt meestal de tendens van het boek.

Boer, C. den, M. van Campen e.a. (red.)
Israël tussen gedenken en verwachten
Amersfoort, Echo, [1988]. 152 blz.; Neerslag van een serie lezingen die de EO uitzond bij het veertigjarig bestaan van Israël. Het gedenken van de sjoa, het messiaans verwachten en in het verlengde daarvan de stichting van de Staat Israël zijn de centrale thema's. Israël zou zich kunnen ontpoppen als leermeester van de volken als het aan de voeten zou zitten van Jezus Christus.

Boer, C. den, M. van Campen, J. v.d. Graaf (red.)
Israël, Israël, vraag en teken
2e dr. Vlaardingen, Bezinningscomité Israël, 1986. 112 blz.; Vragen rondom de Staat Israël. Uitgave in samenwerking met de Stichting Christenen voor Israël.

Boer, C. den, M. van Campen e.a. (red.)
Zicht op Israël
Israël in het licht van de bijbel en in de traditie van de reformatie
's-Gravenhage, Boekencentrum, 1983. 184 blz.; Een bundel artikelen van predikanten behorende tot de protestantse orthodoxie, als achtergrond voor de dialoog met Israël.

Boer, C. den, M. van Campen e.a.
Zicht op Israël, **2**, voortgaande reformatorische bezinning op de verhouding van Kerk en Israël in bijbels perspectief
's-Gravenhage, Boekencentrum, 1988. 192 blz.; Nieuwe aspecten als de relatie tussen van God en mens in Jodendom en christendom, de relatie tussen profetie en vervulling en de wijze waarop men in de geschiedenis is omgegaan met het Oude Testament. Ook deze onderwerpen kwamen eerder aan de orde voor de microfoon van de Evangelische Omroep.

Boer, C. den, M. v. Campen en J. v.d. Graaf (red.)
Zicht op Israël 3
's-Gravenhage, Boekencentrum, 1988. 224 blz.; De neerslag van radiolezingen over het joodse volk en het verbond in het licht van de heilige schrift, de reformatorische traditie en het moderne joodse en christelijke denken.

Boer, R. Th. de
Israël niet te vergeten, joodse volk en kerk in bijbels licht.
Goes, oosterbaan & Le Cointre, 1988. 240 blz.; Studie over de verhouding van de

kerk en het christendom in het algemeen ten opzichte van het volk Israël.

Brienen, T.
Leren in Jodendom en Christendom, wat kan de catechetiek als onderdeel van de theologie leren van het Jodendom?
(Verkenning en bezinning, 2). Kampen, Kok, 1991. 77 blz.; Als in de catechese over Jodendom wordt gesproken, gebeurt dat vrijwel uitsluitend in het historische deel en dan ook nog in de verleden tijd. De auteur pleit voor een integratie van wezenlijke gegevens uit het joodse leren in het christelijke leren.

Burg, L.J. v.d.
Kerk en Israël ... en politiek
Over een gereformeerde bezinning en gezamenlijke praktijk
Verkenning en bezinning, 21 (1987) 1. Kampen, Kok, 1987. 36 blz.; L. v.d. Burg, adviseur van het Deputaatschap voor Kerk en Israël van de Gereformeerde Kerken maakt de balans op van het politieke werk dat instellingen (moderamina) voor Kerk en Israël sinds 1975 hebben verricht. De discussie beweegt zich vooral rondom thema's als: de inzet voor het voorbestaan van Israël, de belofte van het land en de relatie van de kerken ten opzichte van de Palestijnen en de PLO.

Campen, M. van
Kerk en Israël in gesprek
(Pasmunt). Kampen, De Groot Goudriaan, 1988. 64 blz.; Ds. van Campen is secretaris van het Bezinningscomité Israël, een organisatie in de rechtervleugel van de Hervormde Kerk, die een getuigend gesprek met Israël zoekt. Na een korte historische schets volgen essentiële punten bij een gesprek tussen Kerk en Israël.

Campen. M. van
Kerken en Israël in gesprek
(Reformatiereeks, nr. 22). Kampen, Kok, 1989. 175 blz., afbn.; Geschrift over Messiasbelijdende Joden, en de houding die de kerk tegenover Israël dient in te nemen. Tevens een poging tot dialoog met o.a. Flusser en Lapide.

Cohen Stuart, G.H.
Land inzicht, inzichten in het theologisch denken over het land en de staat Israël
Kampen, Kok, 1989. 132 blz.; De auteur, theologisch adviseur van de NH kerk in Jeruzalem, bespreekt een aantal theologische visies die bij christenen leven met betrekking tot de Staat Israël: vervangingstheologie; eindtijdverwachting. Hij betrekt ook bij zijn bespreking joodse opvattingen zoals de afwijzing van de joodse staat en Israël als begin van de messiaanse tijd.

Delden, J.A. van
Israël is Gods volk
(Telos). Amsterdam, Buijten en Schipperheijn, 1985. 79 blz.; De auteur keert zich in dit boek tegen wat hij aanduidt als 'Israëlisme', de opvatting dat 'Israël naar het

vlees' nog steeds Gods volk is. Hij stelt dat het heil voor Israël slechts zal gelden voor hen die Jezus als Messias hebben aangenomen.

Driel, L. van
Over het lijden en God, tussen Kushner en Calvijn
(Pasmunt). Kampen, De Groot Goudriaan, 1988. 64 blz.; Geschreven voor mensen met vragen over lijden en verdriet. De auteur vergelijkt de opvattingen van de Amerikaanse rabbijn Kushner, als een soort binnenste cirkel, dicht bij de mens, met die van Calvijn.

Gerssen, S.
Grensverkeer tussen Kerk en Israël, een keuze uit het werk van Dr. S. Gerssen
Den Haag, Boekencentrum, 1986. 288 blz.; Dr. Gerssen was jarenlang secretaris van de Hervormde Raad voor Kerk en Israël. Ter gelegenheid van zijn afscheid werden artikelen van hem gebundeld, die zich voor een groot deel bewegen op het gebied van Kerk, Israël en Jodendom. Ze zijn verdeeld in rubrieken als: spanning van kerk en Israël; ontmoetingen, o.a. met Mozes Hess, Martin Buber, G. Scholem; oecumene; het 'grote schisma' tussen kerk en synagoge. Veel van deze artikelen zijn verschenen in Ter Herkenning.

Goudswaard, H.
Zeven armen naar de hemel, bidden voor de vrede van Jeruzalem
Hoornaar, Gideon, 1986. 87 blz.; H. Goudswaard is bekend als leider van de christelijke zendingsorganisatie Near East Ministry uit Voorthuizen, van waaruit zendingswerkers naar o.a. Israël worden uitgezonden. In dit boekje wijst hij met bijbelteksten en door bijbeluitleg op het belang van Israël in de heilsgeschiedenis.

Graaf, J. v.d.
De zaak van de Goerees en de leer der waarheid
Heinenoord, Van der Stoep, 1986. 26 blz.; Naar aanleiding van de zaak van de Goerees vraagt de auteur zich af of men de Jodenvervolging in de Tweede Wereldoorlog kan zien als een straf van God. In de bepaling van zijn standpunt is hij niet erg duidelijk.

Herik, J. van den
Een voorganger over Israël
K.H. Kroon, voortrekker bij het gesprek tussen de synagoge en de kerk
2e geh. herz. dr. Kampen, Kok, 1988. 117 blz.; Bewerking van een doctoraalscriptie uit 1986 over de in 1983 overleden Amsterdamse predikant die zich in preken en artikelen uitvoerig bezig hield met vragen rondom Israël en Jodendom.

Hoe maken we joodse mensen bekend met hun Messias?
Vert. uit het Amerikaans. Oudewater, Stichting Israël en de Bijbel, [1987]. 63 blz., afbn. (*Introducing the Jewish people to their Messiah*); De brochure is geschreven door voorstanders van zending onder Joden en wil hulp bieden aan christenen die

met joodse mensen willen spreken over de Messias, de Heere Jezus Christus. Veel informatie met feiten uit het O.T., een verklarende woordenlijst en nuttige wenken om te laten merken dat je je één voelt met het joodse volk en Israël.

Israël
Kok Educatief, Kampen, 1991. 107 blz.; Bundel lezingen gehouden op een studiedag van de Christelijke hogeschool op reformatorische grondslag De Driestar. De schrijvers zijn afkomstig uit joodse en christelijke kringen. Bijdragen o.a. van Ds. G.H. Abma, *Zending of gesprek?*; Ds. P. den Butter, *Israël en de bijbel*; Rabbijn L.B. v.d. Kamp, *Joden in Nederland*; Drs. R. Naftaniël, *Beschouwingen over antisemitisme*.

Kamp, H.R.
Israël en de openbaring, een onderzoek naar de plaats van het joodse volk in het toekomstbeeld van de Openbaring van Johannnes.
Kampen, Kok, 1990. 380 blz.; Gods voltooide Israël wordt blijkens het toekomstbeeld van de Openbaringen gevormd door het totaal van de gelovigen uit alle volken. Een aparte plaats voor leden van het joodse volk wordt niet beloofd. Dissertatie Kampen, Gereformeerde Kerken in Nederland.

Marchal, G.W.
Koopmans en de Joden
Verkenning en bezinning 20 (1986) 1. Kampen, Kok, 1986. 42 blz.; Dr. Marchal behandelt het leven en het werk van de Hervormde predikant Koopmans die in 1945 in Amsterdam door een verdwaalde kogel van een Duits executiepeleton dodelijk werd gewond. Het accent ligt enerzijds op zijn theologische opvattingen over de kerk als het ware Israël en anderzijds op zijn onverdachte solidariteit met en inzet voor het vervolgde joodse volk.

Méroz, Chr.
Waren zij vrije vrouwen?
Sarah, Hagar, Rebekka, Rachel, Lea: een essay op de wijze van een midrasj
Kampen, Kok, 1988. 76 blz. (*Des femmes libres*); Méroz, feministisch theologe, filosofe, verbonden aan de gemeenschap van GrandChamps, beschrijft het leven van de aartsmoeders in de patriarchale maatschappij van hun tijd. Om hun innerlijke rijkdom te tonen, maakt zij gebruik van het genre van de midrasj.

Molenaar, W.
Dominee, priester, rabbijn, wat denken ze wel
Weesp, De Haan, 1986. 210 blz., afbn.; Acht interviews, waarvan één met de augustijner monnik M. Schrama, één met rabbijn A. Soetendorp en zes met predikanten waarvan drie uit orthodox-protestantse hoek. Speculaties over de eindtijd en terugkeer tot de reformatorische belijdenis drukken een belangrijk stempel op deze bundel.

Poll, E. van der
Israël, de gemeente en het verbond
(Kijk op Sion, 1). Sliedrecht, Merweboek, 1988. 79 blz.; De gemeente van Jezus heeft als geheel alles met Israël te maken. Ondanks onderlinge verschillen die zich toespitsen op de persoon van Jezus, leven Israël en de gemeente van Jezus samen onder het verbond tussen God en Israël.

Poort, J.J.
Kom en zie waar Jezus was
Houten, Den Hertog, 1986. 265 blz., afbn.; Meditatieve en stichtelijke beschouwingen bij plaatsen in Israël die voorkomen in verhalen over Jezus.

Ringelberg, A.
Israël waarom vervolgd, de vreselijke vervolging der Joden in het licht van de Bijbel en de bijbelse oplossing van het plan Gods met Israël
Herdruk. Zeist, Internat. Zendingsgenootschap der Z.D.A. Reformatiebeweging, 1985. 64 blz., afbn.; In dit omstreeks 1960 voor het eerst verschenen boek meent de auteur, een vertegenwoordiger van een orthodoxe stroming van de Zevendedagsadventisten, dat de vervolging van de Joden het gevolg is van hun schuld aan de dood van Jezus. Daarom zijn ze door God verworpen.

Kuiper, H.
Met Israël het jaar rond
Kampen, Kok, 1990. 160 blz., afbn.; 52 korte hoofdstukken over feesten, gedenkdagen en andere gebeurtenissen in het dagelijkse joodse leven. De auteur, gereformeerd predikant, wil daarmee zijn gemeenteleden laten zien hoeveel verbindingslijnen er lopen tussen Jodendom en christendom.

Roos, G. (samenst.)
Vrijheid van christelijk getuigenis?
Over de botsing tussen Joden en de gereformeerde gezindte
Houten, Den Hertog, 1986. 120 blz., afbn.; Artikelen en interviews gepubliceerd in het Reformatorisch Dagblad over de vraag naar het verband tussen anti-judaisme en antisemitisme. De Stiba diende klachten in tegen boekhandelaren die boeken verkochten van bekeerde Joden en tegen het Reformatorisch Dagblad.

Schoon, S.
Is het nieuwe testament anti-joods?
(Toerusting, nr. 508). Driebergen, Centrale voor Vormingswerk, 1986. 43 blz.; Door een toelichting bij de traditionele verklaring van zes nieuwtestamentische bijbelgedeelten laat de auteur zien hoe anti-joodse exegese in de loop van de hele geschiedenis van het christendom is gegroeid, maar niet altijd de oorspronkelijke bedoeling van de tekst weergeeft. Dit laatste is bijvoorbeeld het geval bij de uitleg van de wijngaard die aan andere pachters wordt gegeven.

Jongh, E. de
Van tweeën één; over éénheid en dubbelzinnigheid in bijbel en joodse traditie (Ter Sprake, nr.19). Delft, Meinema, 1984. 48 blz.; Dit boekje behandelt het thema van de éénheid als kern van het joodse denken. De auteur maakt daartoe gebruik van citaten en verhaalfragmenten uit de geschriften van joodse schrijvers en denkers tot op heden.

Verkuyl, J. en J.M. Snoek
Intern beraad in verband met de relatie tussen Kerk en Israël
Kampen, Kok, 1988. 134 blz.; De auteurs, beiden gereformeerd, willen bijdragen tot de consensus voor christenen temidden van de polarisaties rondom de relatie Kerk en Israël. Zij maken zich zorgen dat in de gevoerde dialoog aan het christelijk getuigenis tekort wordt gedaan.

Versteeg, A.G.
Met het oog op het woord, met een open bijbel naar het bijbelse land
Goes, Oosterbaan & Le Cointre, 1989. 208 blz., afbn.; De schrijver is een emeritus predikant van de Gereformeerde Kerken Vrijgemaakt, die tijdens zijn vele reizen naar Israël vaak geboeid werd door dingen die hem een lichtje deden opgaan over teksten uit de bijbel. Hij schrijft daarover in korte artikelen, gerubriceerd naar thema: geografie, klimaat, joodse godsdienst. Hij eindigt met een oproep tot evangelieverkondiging onder Israël.

Vlaardingerbroek, J.
Jezus Christus tussen Joden en christenen
(Bij-tijds geloven). Kampen, Kok, 1989. 140 blz.; De auteur is van mening dat het gesprek tussen Joden en christenen zal moeten gaan over Jezus en zijn Messiasschap. De toenadering van Joden en christenen gaat volgens hem vaak ten koste van de christelijke belijdenis.

Vliet, H. van
Israël als vraag aan de christenheid
Voorburg, Lectuurfonds Stichting voor Boete en Verzoening m.b.t. Israël, 1981. 50 blz.; De auteur van deze reeds enige tijd geleden verschenen brochure is van mening, dat het de christenen zelf zijn die het de Joden onmogelijk maken Jezus als Messias te aanvaarden. Zij moeten opkomen voor het land en volk van Israël en het Arabische volk ervan overtuigen dat Israël meer ruimte nodig heeft.

Vollenhoven-Meijer, M.
Geen toekomst zonder Israël, Gods heilsplan voor Israël en de volken
(Verbo). Den Haag, Voorhoeve, 1988. 95 blz.; Uitgaande van het veertigjarig bestaan van Israël benadrukt de schrijfster de betekenis van het uitverkoren volk Israël. Vanuit de bijbel wordt duidelijk dat het volk Israël een aparte weg moest gaan maar ook een aparte toekomst zal hebben. Ze gaat in op de verhouding Israël en de kerken en de positie van de Messiasbelijdende Joden.

Vreekamp, H.
Een onbedachte verhouding, de plaats van Israël in de kerkelijke dogmatiek. (Verkenning en Bezinning, 3). Kampen, Kok, 1991. 86 blz.; De dialoog met het levende Israël noopt ook de kerkelijke dogmatiek tot een nieuwe bezinning. De auteur, secretaris voor de Raad voor Kerk en Israël van de Hervormde Kerk, maakt de balans op van het denken over Israël dat tot nu toe slechts een plaats kreeg in een ver verleden of in een verre toekomst.

Vreekamp, H.
Zonder Israël niet volgroeid
Visie op de verhouding tussen kerk en joodse volk van hervormde zijde
Kampen, Kok, 1988. 113 blz.; De ingrijpende ontwikkeling in het denken binnen de NH kerk vanaf 1939 tot heden. Het boek wil een hulp zijn bij het zoeken naar goede omgangsvormen voor de ontmoeting tussen Israël en de volken van deze tijd. Het is van belang voor alle gemeenteleden die zich bewust zijn dat de kerk zonder Israël nooit volgroeid kan zijn.

Vreekamp, H.
Gedachten over gedenken
Liturgie met een hart voor Israël als bron van inspiratie voor de dogmatiek
Baar, Ten Have, 1991. 148 blz.; Het woord *gedenken* staat voor het samenkomen van de christelijke gemeente in de eredienst. Daar stuit men op de joodse wortels van de christelijke traditie. Zo kan de christelijke geloofsleer zich door de eredienst laten inspireren om in gesprek te raken met Israël.

6.2 Verhouding Jodendom — Islam

In deze rubriek konden geen nieuwe Nederlandstalige referenties worden opgenomen.

7 *Jeugdboeken*

De produktie van jeugdboeken over het Jodendom is veel minder omvangrijk is dan voor volwassenen. De meeste verhalende literatuur handelt over de oorlogsperiode. Het element van spanning is blijkbaar voor vele kinderboekschrijvers aantrekkelijk.

De aanduiding van de letters bij de verhalende boeken geeft de leeftijdscategorie aan: A = 6-8 jaar, B = 8-12 jaar, C = 12 jaar en ouder.

7.1 Jodendom

7.1.1 Jodendom algemeen — Informatief

Ajchenbaum, J.
In de tijd van het oude Palestina
Vert. [uit het Frans] en bew. door M.J. d. Weijer; (Serie: Een kijkje in het verleden). Dronten, Casterman, 1988. 46 blz., afbn.; Aan de hand van een verhaal over de jongen Noach wordt een toelichting gegeven over het joodse leven in de eerste eeuw van de jaartelling. De illustraties sluiten goed aan bij de tekst. Het boek is vooral geschikt voor niet-joodse kinderen.

Charing, D.
De wereld van de Joden
Vert. uit het Engels door E. Tak; bew. door Z. v. Mersbergen; (*Godsdiensten van de wereld*). Gorinchem, De Ruiter, 1988. 40 blz., afbn. (*The jewish world*, 1983); Duidelijke en beknopte informatie over het joodse leven en de joodse godsdienstige gebruiken. Fraaie foto's, waarop vaak kinderen zijn afgebeeld geven een indruk van het joodse leven over de hele wereld.

Hausdorff, D.
Jom jom, voor de joodse jeugd in Nederland
4e dr. Amsterdam, Nederlands-Israëlietisch Kerkgenootschap, 1984. 8-392 blz., afbn.; Op de joodse jeugd gerichte beschrijving van het joodse leven, de bijzondere dagen, waarbij ook wordt ingegeaan op de diepere zin van de voorschriften en het wezen van de joodse levensbeschouwing.

Fig. 7: Bladzijde uit een materiaalboek:
'Jewish Clip Book' (Jat Achad)

Jalink, B.
Wat geloven zij eigenlijk, lees- en kijkboek voor 10 tot 14 jaar over Christendom, Hindoeisme, Islam en Jodendom
Delft, Meinema, 1986. 96 blz.; In verhaalvorm maken kinderen kennis met de beginselen van verschillende godsdiensten, waaronder het Jodendom. In de kantlijn staan daarbij blokjes met informatie over de betreffende godsdienst. Duidelijke informatie voor niet-joodse leerlingen.

Lesgeven over Jodendom
Cursusmateriaal bij 'Jodendom in de godsdienstige vorming'
Amsterdam, OJEC, 1988. 37 blz.; Deze syllabus kan beschouwd worden als een aanvulling op de bundel 'Jodendom in de godsdienstige vorming' en bevat lesmateriaal en suggesties voor docenten in het voortgezet onderwijs.

Lesgeven over Jodendom II
Cursusmateriaal bij Jodendom in de godsdienstige vorming
Bedoeld voor het basisonderwijs. Amsterdam, OJEC, 1989. 54 blz., afbn.; Uitgewerkt lesmateriaal met veel verhalen o.a. over het Jodendom in de tijd van het NT; over Israël (kibboets, Tsefat), het dageljks joodse leven en de joodse feesten Poeriem en Pesach.

Loumaye, J. en V. Boiry
Chagall, de schilder en zijn verhaal
Vert. uit het Frans door B. van Laerhoven. Dronten, Casterman, 1991. 64 blz., afbn. (*Chagall*, 1989); Het jongetje Geert leert door een Russische vriend het werk van de schilder Chagall kennen. Hij gaat zich interesseren voor de schilder en zijn levensverhaal en voor de joodse traditie en gebruiken. Langzamerhand dringt hij door tot de symboliek van Chagall's schilderijen.

Pearl, Ch. en R.S. Brookes
Wegwijs in het Jodendom
Vert. uit het Engels en bew. door H. Boas en Y. Colthof. Amsterdam, Stichting Jad Achat, 1985/5746. 154 blz. (*A guide to Jewish knowledge*); Populaire gids voor het Jodendom. Eenvoudig, duidelijk en beknopt wordt ingegaan op belangrijke joodse onderwerpen: godsdienst, gebruiken, joodse geschiedenis en literatuur, basisideeën, kasjroet, Erets Jisraeel.

Post, P.
Jodendom
Serie: Inzicht in godsdienst en levensbeschouwing. Groningen, Wolters-Noordhoff, 1988. 64 blz., afbn.; Goed geillustreerde en duidelijk beschreven inleiding op het Jodendom voor leerlingen van het voortgezet onderwijs. Behandeld worden: rituelen, feesten, geschiedenis, Tenach, talmoed, richtingen, Chassidisme.

Prager, J. en A. Lepoff
Anders dan anderen?, wat het betekent Joods te zijn
Amsterdam, Nederl. Israël. Kerkgen., 1991. 74 blz., afbn.; Eenvoudig gepresenteerde informatie over voorschriften en gebruiken uit de joodse traditie en over de joodse feesten voor jongeren vanaf een jaar of twaalf. De auteurs leggen ook uit waarom Joden zich aan deze traditie moeten houden. Geschreven vanuit een orthodox joods standpunt.

Samuels, R.
Toledot 'Am Jisraeel
Verkenningstocht door de geschiedenis van het joodse volk
Vert. uit het Engels door W.J. Engelsman en bew. voor Nederland door K. Caneel (dl. 1) en F. v.d. Sluis-Ryxman (dl. 2). Amsterdam, Nederl. Israël. Kerkgen., 1986 - 1988, 152+XIII en 196 blz., afbn., krtn.; Een speciaal op de joodse middelbare schooljeugd gericht overzicht van de joodse geschiedenis vanaf het vertrek van Avraham uit Oer tot heden. In deel 1 en 2 wordt de geschiedenis tot ca. 1800 beschreven. Voor de oudtestamentische periode is de tekst van Tenach uitgangspunt van de geschiedenis. Het hoofdstuk 'De Joden in Nederland werd speciaal voor deze bewerking geschreven.

Weisbrod, E.
Van Boskoop naar Bethlehem, hoe kinderen in Israël leven en andere verhalen
Amsterdam, Ark-boeken, 1987. 44 blz., afbn, krtn.; Boek naar de gelijknamige serie die in 1987 werd uitgezonden door de NCRV. Het gaat vooral over het leven van kinderen in Israël. De prettig geschreven tekst geeft veel informatie en is goed op kinderen afgestemd. De illustraties zijn aantrekkelijk en functioneel.

7.1.2 Jodendom algemeen — Verhalend

C
Bograd, L.
De zaak Kolokol
Vert. uit het Amerikaans door T. van Beek. Amsterdam, Bakker, 1983. 176 blz., (*The Kolokol papers*); Lev, een zoon van een dissidentenechtpaar in Moskou, is bevriend met een joods meisje. Doordat zijn vader wordt gearresteerd wordt het leven ook voor hem onmogelijk. Eerst neemt hij zijn ouders hun handelwijze kwalijk, later deelt hij hun opstandigheid.

B
Bosma, N.J.
De brief van de sultan
Nijkerk, Callenbach, 1980. 174 blz.; Door de vervolgingen in Portugal in de 17de eeuw lukt het de familie Rodrigo te vluchten. Na veel omzwervingen en ontberingen bereiken de kinderen Esther en Jacob de Lage Landen waar zij hun ouders terugvinden.

B
Dickinson, P.
De stad van goud en andere verhalen uit het Oude Testament
Vert. uit het Engels door W.v.d. Toorn. Amsterdam. Querido, 1987. 216 blz. (*City of gold*); De auteur stelt zich voor hoe de oudtestamentische verhalen reeds in oude tijden werden verteld: door veehoeders op de jaarmarkt, op feesten aan het hof of in liederen door vrouwen bij de bron. Hij laat de verhalen opnieuw klinken, met een verrassende, soms onthutsende kijk op lang voorbije periodes. The Tjong King verbeeldde op fijnzinnige wijze de bedoeling van de schrijver.

B
Duinen, S.J. van
Waarom toch Wim?
3de dr. Houten, Den Hartog, 1990. 92 blz. (Eerste dr. 1982); Uit jaloezie scheldt Wim een klasgenoot uit voor lelijke Jood. Als hij tenslotte zijn fout inziet, verontschuldigt hij zich. Het verhaal speelt in een traditioneel christelijk milieu.

B
Eykman, K., F. Henstra
David, bijbelse jeugdroman
Ede/Antwerpen, Zomer en Keuning, 1986. 140 blz., afbn.; Het boeiende verhaal van de herdersjongen die koning wordt, en de hoogte- en dieptepunten van zijn koningschap, verteld in de stijl van de bijbelverhalen uit Woord voor Woord.

C
Hartman, E.
De droom in de woestijn
Rotterdam, Lemniscaat, 1989. 264 blz., krtn.; Vervolg op: Het bedreigde land. Het leger van David waarbij Mattanja zich heeft aangesloten, wordt opgejaagd door het leger van Saul. David trekt Filistijns gebied binnen en krijgt de stad Ziklag in handen. Mattanja trekt zich terug in zijn geboortedorp. Net als hij daar tot rust komt, roept David hem opnieuw op.

C
Hartman, E.
Het bedreigde land
Rotterdam, Lemniscaat, 1988. 241 blz., krtn.; Mattanja's dorp wordt door de Filistijnen overvallen, waarbij zijn vader wordt gedood en zijn moeder en zusje gevangen worden genomen. Samen met Uria gaat hij eerst naar koning Saul; later komen ze in Ekron waar de vrouwen naartoe gevoerd zijn. Bijbelse roman in joods perspectief.

B
Offringa, B.
Verhalen om nooit te vergeten, bij de feesten en gedenkdagen van het gehele jaar

Delft, Meinema, 1987. 176 blz., afbn.; Verhalenbundel met veel aandacht voor joodse feesten. Een aantal joodse verhalen werd speciaal voor deze bundel vertaald en bewerkt.

A
Orlev, U.
Moedertje Brei
Vert. uit het Engels door J. Herzberg. Amsterdam, Querido, 1986. 32 blz., afbn. Moedertje brei wil in de stad wonen en breit van wol een huisje, huisraad en twee kindertjes. Maar: ... wollen kindertjes bestaan niet, ze worden niet toegelaten. Ze haalt alles uit en gaat weg. In verhaalvorm wordt zo duidelijk dat mensen elkaar niet verdragen.

C
Posell, E.
Thuiskomst
Vert. uit het Engels door A. Rutgers van der Loeff. Amsterdam, Ploegsma, 1985. 157 blz.; Wanneer in Rusland in 1917 de revolutie uitbreekt wordt een welgesteld joods gezin door de gemeenschap verstoten. Nadat de vader gevlucht is en de moeder overleden lukt het de kinderen uiteindelijk te vluchten en Amerika te bereiken.

C
Sachs, M.
Je moet Ruth zeggen
Vert. uit het Engels door E. Pelgrom. Amsterdam, Querido, 1985. 136 blz. (*Call me Ruth*); Verhaal over een Russisch-joods meisje dat samen met haar moeder aan het begin van deze eeuw naar New-York emigreert, waar haar vader dan al woont. Centraal staan de aanpassingsproblemen en de strijd van de joodse emigranten voor een menswaardig bestaan in het land van hun dromen.

B
Santos, H.
Het lam van Kaleb
Vert. uit het Engels G.L. Medema-Boom. Vaassen, Medema, 1986. 119 blz. (*Caleb's lamb*); Het verhaal van de uittocht uit Egypte vormt de achtergrond van deze fictieve vertelling over Kaleb, een herder, die een lam redt van de dood. Dit lam wordt geslacht bij de uittocht. In de inleiding wordt gewezen op Jezus als goede herder.

B
Schoot-van Dam, F. van der
Tot ziens Jehuda
Utrecht, De Banier, 1990. 68 blz.; Een Nederlands gezin op reis in Israël heeft een ontmoeting met Jehuda. Deze vertelt zijn levensverhaal en geeft een pakje mee naar

Nederland voor de mensen waar hij in de Tweede Wereldoorlog was ondergedoken.

A
Smelik, K.A.D.
Het bijbelverhaal opnieuw naverteld; (*Verhalen uit het Oude Israël*); Met illustraties van J. Naftaniël - Joels. Kampen, Kok, 1986 - .... afbn.; In deze serie worden verschillende bijbelverhalen verteld met gevoel voor humor en actualiteit. Een belangrijk accent ligt op het joodse karakter van de verhalen. De bijbelverhalen worden aangevuld met gegevens uit de joodse traditie. Tot nu toe zijn verschenen Esther (1986), Daniël (1986), Jona (1988) en Mirjam (1989).

C
Speare, E.G.
De bronzen boog
Vert. uit het Engels door R. de Jonge; 2de dr. Haarlem, Holland, 1986. 200 blz.; De ouders van Daniël en Lea zijn door de Romeinen vermoord. Beide kinderen worden door hun grootmoeder opgevoed, maar Daniël loopt weg om zich bij de bende van Rosh, in wie hij een bevrijder ziet, aan te sluiten. Hij komt in contact met Jezus.

B
Taubes, H.
De Nikanordeuren
Verhalen en legenden uit vroeger tijden voor kinderen naverteld
Antwerpen, De Vries-Brouwers, 1981. 94 blz., afbn.; Bundel joodse verhalen en legenden in eenvoudig taalgebruik, naverteld voor kinderen vanaf ca. 10 jaar. Het titelverhaal gaat over de beroemde bronzen deuren van de tempel in Jeruzalem.

C
Visser-Sluiter, C.
Flavius Josephus, de bevelhebber van Galilea
Houten, Den Hertog, 1990. 144 blz.; Historisch verhaal over de verwoesting van Jeruzalem en de tempel in het jaar 70, gezien door de ogen van de joodse geschiedschrijver Flavius Josephus. De auteur gebruikte het verslag van Josephus als leidraad voor haar eigen verhaal.

A
Whelchel (ed.)
ABC, the alef-bet book
Intr. by M. Weyl. New York etc, Harry N. Abrams Inc., 1989. Niet gepagineerd, afbn.; Archeologische voorwerpen uit het Israëlmuseum in Jeruzalem vormen het basismateriaal voor de kleurenfoto's in dit originele ABC. Met synonieme Hebreeuwse en Engelse verklarende tekst over de herkomst en betekenis van de afbeeldingen.

7.2 Periode voor 1940

Boas, H.
Het Chanoekahverhaal voor onze kinderen verteld
2e dr. Amsterdam, WIZO, 1986. 47 blz. afbn. (Eerste dr. 1937); Verhaal over de oorsprong van het Chanoekahfeest. Moeilijk voor jongere kinderen: veel informatie, onbekende namen en woorden. Aan een verteller biedt het voldoende aanknopingspunten voor een origineel Chanoekah-verhaal.

C
Herzberg, A.J.
Mirjam
Amsterdam, Querido, 1985. 95 blz.; Mirjam, de zuster van Mozes, staat centraal in dit boek over de uittocht uit Egypte. Een vroegere versie van dit verhaal is in 9 afleveringen verschenen in nrs. van Tikvath Israël, Maandelijksch Tijdschrift voor de Joodsche jeugd, 5de jrg. no. 11 (29 juni 1924) - 6de jrg. no. 8 (mei 1925).

7.3 Periode 1940-1945

7.3.1 Periode 1940-1945 — Informatief

Abram, I. (B.H.) en E. Bergman (samenst.)
Het verhaal op de plek zelf
(Project Interculturele Educatie, nr 8.). Amsterdam, Algemeen Pedagogisch Studiecentrum, 1988. 170 blz., afbn.; In 1986 organiseerde het Nederlands Auschwitz Comité een reis naar Polen. De deelnemers bezochten enkele voormalige vernietigingskampen. Onder hen waren oud-kampbewoners en nabestaanden, maar ook leerkrachten en geestelijken. In indringende verslagen geven zij hun indrukken weer. De berichten in deze bundel zijn bestemd voor gebruik in onderwijs of andere educatieve situaties.

Arnoni, M. (S.)
De universiteit van Auschwitz
Vert. uit het Engels door D. Veldhuizen; met een inl. van I. Abram; (Project Interculturele Educatie, 6). Amsterdam, Algemeen Pedagogisch Studiecentrum, 1986. 36 blz., afbn., Vijf verhalen door Arnoni speciaal geschreven voor dit project over Jodenvervolging in Europa, met als doel leerlingen bij het voortgezet onderwijs te informeren over de feiten in de Tweede Wereldoorlog, maar vooral om ze te laten nadenken over zaken als vooroordelen, discriminatie en moraliteit.

Kind in de oorlog
Onderwijspakket voor leerlingen van 10-14 jaar
Amsterdam, Anne Frankstichting, 1989; Het project laat de leerlingen zien wat oorlog, bezetting en vervolging voor kinderen betekenen. Leerlingen identificeren

zich met de persoonlijke verhalen en raken emotioneel betrokken. Op de videoband vertellen zeven mensen die destijds 10-14 jaar oud waren, over de gevolgen die de oorlog had voor hun persoonlijk leven. Hierbij zijn vier joodse vertellers.

Mulder, D.
Kamp Westerbork, voorportaal van de vernietiging
(AO) Lelystad, IVIO, 1991. 24 blz., afbn.; Brochure over het dagelijks leven in het deportatiekamp in de periode van gedwongen bewoning. Ook wordt ingegaan op de drijfveren van de bewakers en de leiding. Het materiaal is bruikbaar vanaf de hoogste klassen van het basisonderwijs.

Mulder, D. (red.)
Lesgeven over de holocaust, uitgangspunten, beperkingen en didactische mogelijkheden
(Educatieve Reeks, 1). Hooghalen, Herinneringscentrum Kamp Westerbork, 1989. 45 blz., afbn.; De tekst van vijf lezingen die werden gehouden op het gelijknamig symposium, voorafgaande aan de opening van het uitgebreide herinneringscentrum in 1987. De sprekers, waaronder Ido Abram, gingen in op de uitgangspunten, mogelijkheden en beperkingen bij het lesgeven over de holocaust

Nicholson, M. en D. Winner
Raoul Wallenberg
Vert. uit het Engels door M. Raiffa. 's-Gravenhage, NBLC, 1989. 64 blz. (Raoul Wallenberg); Het levensverhaal van de Zweedse diplomaat die een belangrijke rol speelde bij de redding van joodse kinderen en daarna spoorloos is verdwenen, wordt op een eenvoudige manier voor oudere kinderen beschreven.

Oorlogsgetuigen, onderwijspakket voor leerlingen van 14 jaar en ouder
Amsterdam, Anne Frankstichting, 1989; Het project Oorlogsgetuigen wil jongeren aan de hand van persoonlijke getuigenissen informeren over de wijze waarop mensen reageerden op de nazi-overheersing. Joodse stemmen spelen hierin een belangrijke rol. Het pakket omvat o.a. een videocassette met 8 filmportretten, het boek 'Sporen van de oorlog', de Anne Frankkrant 1990 en docentenmateriaal. De verschillende onderdelen zijn ook apart verkrijgbaar.

Prinsen, B. e.a.
Tot nader order vrijgesteld, de geschiedenis van Kamp Westerbork
(Lesbrieven Herinneringscentrum Kamp Westerbork, 3). Hooghalen, Stichting Voormalig Kamp Westerbork, 1989. 58 blz., afbn.; Lesbrief over het functioneren van kamp Westerbork als radertje in de vernietigingsmachine van de nazi's. Bij deze lesbrief hoort een docentenhandleiding, de dia-serie 'Transport' en een cassetteband 'Johnny en Jones.'

Stegeman, J.
Hiernaast zijn ze weggehaald
Vervolging en verzet in de Rivierenbuurt, 1937-1945
Amsterdam, Verzetsmuseum, 1985. 36 blz., afbn.; De geschiedenis van het wegvoeren van de joodse bewoners van de Amsterdamse rivierenbuurt, verteld door achttien ooggetuigen: onderduikers, buren, e.a. Informatief fotomateriaal. Bestemd voor leerlingen van het voortgezet onderwijs.

Stilma, L.
Pardon, het was gisteren, feiten en gevolgen van de jaren '33-'45 opgetekend voor jonge mensen van de jaren '80
Amsterdam, Ten Have, 1985. 96 blz.; In korte hoofdstukken wordt verteld over de onthutsende feiten en gevolgen van dertien jaar nationaal-socialisme. De beschrijvingen staan in chronologische volgorde. Een belangrijk accent ligt daarbij op de Jodenvervolging.

Stilma, L.
Woorden te kort
Kampen, Kok, 1990. 119 blz.; Wat ging er gebeuren toen voor en tijdens de Tweede Wereldoorlog toen de ene mens de ander ging verachten en tot zondebok van eigen falen uitriep? Een bespreking van thema's uit de Tweede Wereldoorlog, als informatie voor jonge mensen van nu. De Jodenvervolging neemt een belangrijke plaats in.

Tommy en de oorlog
Utrecht, Sichting Vredesopbouw, 1990.; Project voor negen- en tienjarigen over Tommy , een joods jongetje dat met zijn ouders gevangen zit in een Theresiënstad. Het project bestaat uit een boekje, achtergrondinformatie voor de leerkracht, lessuggesties.

Van verjaardagsfeestje tot deportatietrein
Over de geschiedenis van Kamp Westerbork
(Lesbrieven herinneringscentrum Kamp Westerbork, 4); Hooghalen, Stichting Voormalig Kamp Westerbork, 1989. 29 blz., afbn.; Lesbrief, samengesteld door de educatieve dienst van het Herinneringscentrum, over het systeem van valse hoop in kamp Westerbork aan de hand van een in facsimile opgenomen brief. Deze geïllustreerde brief is op 1 november 1942 geschreven. Bij de lesbrief hoort een docentenhandleiding en een videoband onder de titel: 'Hou je taai jongens, we komen terug.'

Voolen, E. van en J.C.E. Belinfante
De Jodenvervolging 40-45, van isolement tot moord
(AO 2315). Lelystad, IVIO, 1990. 24 blz., afbn.; Beknopte informatie over de Jodenvervolging in het algemeen, toegespitst op de vervolging in de Tweede Wereldoorlog. Het boekje is bruikbaar voor leerlingen vanaf de hoogste groepen in het

basisonderwijs.

Waarom de Oma van Annet in de oorlog staakte
Een informatief boekje over de februaristaking van 1941 tegen de Jodenvervolging
M.m.v. G. v.d. Burgwal, P. v. Dorp e.a. Amsterdam, Februari herdenkingscomité, 1980. 51 blz., afbn.; Informatie over de Februaristaking gericht op leerlingen van de hoogste klassen van de basisschool en de brugklas van het voortgezet onderwijs.

7.3.2 Periode 1940-1945 — verhalend

C
Aaron, Ch.
Gideon
Vert. uit het Amerikaans door C. v. Splunteren. Bussum, van Holkema en Warendorf, 1983. 151 blz. (*Gideon*); Op documenten gebaseerde roman over een joodse jongen uit het getto van Warschau, die ten koste van alles wil overleven.

B
Banen, J.
Kinderen uit één straat, 1940-1945
Weesp, Van Holkema en Warendorf, 1985. 125 blz., afbn.; Een niet-joodse jongen en een joods meisje zitten samen in de klas en wonen in één straat. Door hun achtergrond komen ze in de oorlog, net zoals de volwassenen, tegenover elkaar te staan. Sober verteld voor kinderen die zich zo een beeld kunnen vormen over de ellende van een oorlog.

B
Beekman, W.
Schaduw over het rietland
Alkmaar. Kluitman, 1984. 125 blz., afbn.; Tijdens de Tweede Wereldoorlog komen drie vrienden die als hobby vogels bestuderen in een plassengebied in contact met een joodse jongen die in dat gebied verblijft.

B
Benson, B. (ps. van A.P.M. de Beer)
Vlucht naar de bevrijding
Alkmaar, Kluitman, 1985. 126 blz., afbn.; Herfst 1944 komt een Nederlandse jongen, lid van een ondergrondse organisatie, in contact met een half joods meisje. Na veel moeite lukt het hen het reeds bevrijde zuiden van Nederland te bereiken.

B
Berkt, H. van der
Verzet op de Veluwe, compleet

Kampen, Kok, 1990. 232 blz., afbn. (Bevat: Verraad aan alle kanten, en Vechten voor een toekomst; oorspr. uitg. in 2 dln. 1986); David, een joodse vluchteling, komt in de Tweede Wereldoorlog op zijn onderduikadres in aanraking met het verzet. Na verscheidene opdrachten te hebben uitgevoerd, neemt hij de plaats van iemand anders in en komt terecht in kamp Amersfoort, waaruit hij weer weet te ontsnappen.

B
Coster, K.
Rebecca, uit de onderduiktijd van een joods meisje
's-Gravenhage, Kruseman, 1983. 130 blz.; Belevenissen van de negenjarige Rebecca, die evenals haar ouders in de Tweede Wereldoorlog moet onderduiken om aan de Duitsers te ontkomen.

B
Daniëls, F.
Schimmen in het duister
Antwerpen enz., De Vries-Brouwers, 1989. 96 blz.; Het valt niet mee om als twaalfjarig jongetje in de Tweede Wereldoorlog ondergedoken te zitten. Verhaal gebaseerd op oorlogservaringen van de auteur.

C
David, K.
Hinkelen langs de afgrond
's-Gravenhage, BZZTôH, 1987. 115 blz.; Vijf joodse kinderen vertellen hun verhaal over de oorlog. Of ze nu in Nederland woonden, in Tsjechoslowakije of in Frankrijk - ze hebben allen de oorlog meegemaakt en overleefd.

B
Dooge-Verra, T.
De bange winter
2de dr. Nijkerk, Callenbach, 1977; Een klein boekje waarin de onderduiktijd van een joodse familie wordt beschreven, die in 1944 bij een gezin in een afgelegen huis aan het water wordt ondergebracht. Ze overleven er de oorlog en vieren de bevrijding mee.

B
Gils, A. van
De vos van de Biesbosch, een verzetsgroep in actie
Alkmaar, Kluitman, 1990. 193 blz., krt.; Een verzetsgroep van jonge jongens in de Biesbosch laat een joods meisje onderduiken en weet haar ouders en broertje uit het politiebureau te bevrijden. Vervolgens verzorgen zij een onderduikadres voor het hele gezin.

C
Hautzig, E.
De eindeloze steppe
2e dr. 's-Gravenhage, Leopold, 1989 (1e dr. 1969).; Over de lotgevallen van een joods meisje dat naar Siberië wordt verbannen.

C
Hermans, L.
Schoon herenhuis met hof te koop
Antwerpen enz., De Vries-Brouwers, 1983. 128 blz.; Vlak voor het begin van de Tweede Wereldoorlog maakt een Nederlandse jongen in Antwerpen van nabij mee hoe de bedreigde toekomst van zijn joodse vrienden omslaat in een onontkoombaar noodlot.

C
Hersh, G.
Gizelle red de kinderen, vier zusjes overleven Auschwitz
Vert. uit het Amerikaans door N. Rosenfeld. Alphen a/d Rijn, Sijthoff, 1983. 222 blz.; (*Gizelle, save the children*); Autobiografisch verhaal van een Hongaars-joods meisje dat samen met haar jongere zusjes diverse kampen overleeft. De laatste woorden van haar moeder geven haar de kracht om vol te houden.

B
Heylen, M.
Het meisje met de ster
Antwerpen, Standaard, 1982. 115 blz.; Na het uitbreken van de Tweede Wereldoorlog wordt een tienjarig meisje geconfronteerd met de ellende van een gevluchte joodse familie, die bij hen in komt wonen.

B
Hoogerwerf-Hollerman, R.
Rebecca van Exmorra
Utrecht, De Banier, 1990. 74 blz.; Het joodse meisje Rebecca wordt gedurende de oorlog als enige van haar familie bevrijd uit een concentratiekamp in Polen. Zij krijgt tot aan het einde van de oorlog een onderduikadres op een Friese boerderij in Exmorra.

B
Innocenti, R.
Roosje Weiss
Met aquarellen van R. Innocenti; tekst van Chr. Gallaz; Nederl. bew. naar het Frans door I. Nijkerk-Pieters.; Doornik, Casterman, 1985. 28 blz., afbn. (Roseblanche)
Aan de hand van 28 aquarellen, ondersteund door een korte tekst, wordt het verhaal verteld van Roosje Weiss, een ca. 10-jarig meisje dat tijdens de Tweede We-

reldoorlog in Duitsland een kamp van joodse kinderen ontdekt. Zij gaat er dagelijks heen om voedsel te brengen en bekoopt dit tenslotte met haar eigen leven.

C
Jong, U.G. de
De papieren ster
Drachten, FBP Uitgevers, 1990. 168 blz.; Doordat zij een joodse vriend hebben, worden drie jongens uit Friesland geconfronteerd met de anti-joodse maatregelen van de Duitse bezetters. Zij helpen hun vriend, die daardoor nog net op tijd weet te ontsnappen, maar zelf krijgen zij met de Sicherheitsdienst te maken.

B
Joustra, J.
Het verraad
Apeldoorn, La Rivière & Voorhoeve, 1990. 96 blz.; In een oud op de markt gekocht boek vindt Mark een briefje van de eerdere eigenaresse van het boek. Het blijkt een joods meisje te zijn, dat schrijft door wie hun onderduikadres is verraden. Met zijn vriendje gaat Mark op onderzoek uit.

B
Klausner, W.
Jupa en de sigeuner
Vert. uit het Duits [in het Fries] door J. de Jong. Leeuwarden, AFUK, 1987, 222 blz.; Een verhaal in het Fries over de vriendschap tussen een joodse jongen en een zigeunerjongen aan het einde van de oorlog in Hitler-Duitsland.

C
Kok, B.
Aan het goede adres
Met een nawoord van Max Arian. Utrecht, Sjaloom, 1985. 191 blz.; Verhaal van het werk van de verzetsgroep N.V., die zich tijdens de Duitse bezetting juist vanwege de jeugdige leeftijd van haar leden inzette voor het laten onderduiken van jonge kinderen.

C
Laird, Ch.
De schaduw van de muur
Vert. uit het Engels door Tj. Bos. Rotterdam, Lemniscaat, 1990. 136 blz. 1989 (*The shadow of the wall*); Twee joodse kinderen in het ghetto van Warschau wonen daar tijdens de oorlog in het joodse weeshuis van Janusz Korczak. De oudste sluit zich na verloop van tijd aan bij een joodse verzetsbeweging en verlaat het ghetto via een riool. Het laatste dat hij ziet is dat zijn zusje met Korczak en de kinderen uit het weeshuis wordt weggevoerd naar Treblinka.

A
Meter, L.
Lieve Barbara
Kampen, La Rivière & Voorhoeve, 1989. 64 blz., afbn.; Leo Meter moet als soldaat naar het oostfront. Zijn joodse vrouw en dochtertje zijn eerder uit Duitsland naar Nederland gevlucht. Hij schrijft brieven naar zijn dochtertje, die hij zelf illustreert met tekeningen over wat hij ziet en beleeft. Aandoenlijke tekstjes en plaatjes, die overigens nergens over Jodendom gaan.

B
Michels, T.
Vriendschap voor altijd
Vert. uit het Duits door H. Laurey. Haarlem, Holland, 1990. 128 blz.; Beschrijving van een vriendschap tussen een joods en een niet-joods meisje in de jaren dertig in Duitsland. Even plotseling als Esther in het leven van Susu komt, verdwijnt ze weer, als ze met haar ouders uit Duitsland wegvlucht.

C
Minsky-Sender, R.
Riva Minska nr. 55082
Vert. uit het Amerikaans door J. van Nieuwenhuizen. Zeist, Christofoor, 1987. 146 blz. (*The Cage*); De belevenissen van de joodse familie Minsky, eerst in het getto van Lodz en daarna in Auschwitz. Riva vecht ervoor samen met haar drie broers bij elkaar te blijven, maar Riva is de enige die de oorlog overleeft.

C
Orlev, U.
De man van de andere kant
Vert. uit het Hebreeuws door T. Herzberg. Baarn, Fontein, 1989. 166 blz.; Een veertienjarige, niet-joodse jongen die buiten het getto van Warschau woont, 'aan de andere kant', wordt geconfronteerd met de harde waarheid en de ellende die er in de Tweede Wereldoorlog in het getto heerst. Uiteindelijk vecht hij mee aan joodse zijde.

C
Orlev, U.
Het eiland in de Vogelstraat
Vert. uit het Hebreeuws door T. Herzberg. Baarn, Fontein, 1985. 139 blz.; Tijdens de oorlog houdt een 11-jarige Poolse jongen zich verborgen in een leegstaand huis in het verlaten getto van een Poolse stad om daar te wachten op de terugkeer van zijn vader.

C
Orlev, U.
Loden soldaatjes

Vert. uit het Hebreeuws door T. Herzberg. Baarn, De Fontein, 1988. 211 blz.; Vertaling van het debuut in 1956 van een inmiddels ook in Nederland bekende auteur. Lotgevallen van Jurek en zijn broertje Karik in het getto van Warschau, in Bergen-Belsen en tenslotte in Israël.

C
Ossowski, L.
Ster zonder hemel
Vert. uit het Duits door L. Tunderman. Amsterdam, Wildeboer, 1985. 162 blz. (*Stern ohne Himmel*); Aan het eind van de Tweede Wereldoorlog in Duitsland treffen enkele kostschoolleerlingen een joodse vluchteling aan in het gebombardeerde deel van de stad. Zij zetten zich in om hem te helpen overleven.

B
Prins, P. (ps. van P. Jongeling)
Daan en Sietze duiken onder
7de dr. Groningen, De Vuurbaak, 1991. 160 blz.; Daan en Sietze duiken onder op een boerderij en leren daar een joodse familie kennen.

B
Reuler, E.
Judith en Lisa
Vert. uit het Duits door I. Ris. Antwerpen enz., De Vries-Brouwers, 1988. Niet gepagineerd, afbn. (*Judith und Lisa*); Prentenboek over het joodse meisje Judith en de niet-joodse Lisa, twee vriendinnetjes in het Duitsland van 1938. De ouders van Lisa verbieden de vriendschap. In een nawoord wordt in het kort de geschiedenis van de Jodenvervolging verteld. De taal daarvan is moeilijker dan die van de rest van het boek.

B
Schollak, S.
Het meisje uit Harry's straat
Vert. uit het Duits door P. Nijmeyer (Zebraboeken, deel 2). Tilburg, Zwijssen, 1983. 60 blz.; Een Berlijnse jongen probeert in de Tweede Wereldoorlog een joods meisje uit een handen van de nazi's te houden.

B
Sevela, E.
Waarom er geen hemel op aarde bestaat
Vert. uit het Engels door G. Grunblatt; Antwerpen enz., De Vries-Brouwers, 1986. 131 blz. (*Why there is no heaven on earth*); Berele, een tienjarige joodse jongen in Rusland, wordt met zijn familie door Duitsers vermoord. Als herinnering aan hem vertelt de auteur in ik-vorm het verhaal van Berele.

C
Sydow, R. von
Ademnood, een jeugd onder Hitler
Vert. uit het Duits door H. d. Wit-Boonacker. Baarn, Hollandia, 1984. 143 blz. (*Angst zu atmen*); Een jongen van adel, opgevoed volgens pruisische tradities, ontdekt in het nationaalsocialistische Duitsland dat hij joodse voorouders heeft en er zodoende 'niet meer bij hoort'. Hij overleeft de oorlog als frontsoldaat, iedere keer ontsnappend aan een officiële ontdekking.

B
Tazelaar-de Ruiter, N.
Esther, het joodse meisje
Amsterdam, Ark boeken, 1987. 180 blz., afbn.; Een joods meisje moet tijdens de oorlog van het ene naar het andere onderduikadres vluchten. Gelukkig is er behalve verdriet ook wel eens reden tot vreugde. De christelijke auteur heeft zich goed weten te verplaatsen in de joodse achtergrond van het meisje.

C
Terlouw, J.
Oorlogswinter
27e dr. Rotterdam, Lemniscaat, 1990. 162 blz. (Eerste dr. 1972); Als de vader van Michiel als repressaillemaatregel door de Duitsers is vermoord gaat de jongen zelf een actieve rol in het verzet spelen, onder meer door Joden over de IJssel te helpen vluchten. In 1973 werd dit boek bekroond met de Gouden Griffel.

B
Troost, P.R.
De molen van Moerland
6e dr. Utrecht, De Banier, 1990. 155 blz.; Een molenaarsgezin verbergt gedurende een aantal jaren een joods meisje, dat zodoende de oorlog overleeft.

B
Venema, A.
Thomas en Esther, Esther en Thomas
Amsterdam, Van Goor, 1990. 132 blz.; Bij het uitbreken van de Tweede Wereldoorlog wonen de niet-joodse Thomas en de joodse Esther naast elkaar en zijn met elkaar bevriend. Thomass wordt zo geconfronteerd met de verboden voor Joden. Als Esther wordt weggevoerd naar Westerbork, is Thomas is ervan overtuigd, dat zij terug zal komen.

B.
Vos, I.
Anna is er nog
's-Gravenhage, Leopold, 1986. 151 blz., afbn.; Anna zat als joods meisje drie jaar alleen ondergedoken. Daardoor moet zij veel emoties verwerken en doet veel nieu-

we indrukken op. In samenhangende korte hoofdstukjes wordt het dagelijks leven van Anna verteld.

C
Vos, I.
Dansen op de brug van Avignon
Amsterdam, Leopold, 1989. 146 blz.; Sinds het oorlog is, is er voor Joden veel verboden. Toch slaat Rosa zich er aanvankelijk wel doorheen, omdat ze naar de joodse school kan en vioolles heeft van een joodse leraar. Dagdromen doet ze graag. Als de school sluit en later haar leraar wordt opgehaald, verliest ze bijna de moed. Uiteindelijk redt haar viool haar.

B
Wild, M. en J. Vivas
Het feesten kan beginnen
Vert. uit het Engels door A.E. Jansen. Dronten, Casterman, 1991. Ongepagineerd, afbn. (Let the celebrations begin, 1991); Dit prentenboek is gebaseerd op een waar verhaal: vrouwen in het concentratiekamp Bergen-Belsen maakten voor hun kinderen van stukjes van hun eigen kleding speelgoedbeesten voor het eerste kinderfeestje na de oorlog. Hieruit sprak de hoop op bevrijding: een overwinning op het naziregime dat hen nooit van hun dromen heeft kunnen beroven. Schokkende beelden van kale, armoedige kampbewoners illustreren deze hoop.

C
Wolf, E.
Voortijdig afscheid
Kampen, Kok Educatief , 1990. 75 blz., afbn.; Als dertienjarige duikt Ellie met haar moeder en broertje onder. Haar familie wordt naar Sobibor weggevoerd, maar zij ontkomt daaraan. Het verhaal over haar eenzaamheid en verdriet is terughoudend verteld.

7.3.3 Boeken van en over Anne Frank

Anne Frank is over de hele wereld bekend als symbool voor wat er in de oorlog met joodse kinderen is gebeurd. In deze rubriek zijn alle boeken opgenomen die in het Nederlands over Anne Frank zijn verschenen, dus ook boeken uit deze rubriek in Bibliografische Verkenningen deel I.

Anne Frank in the world; De Wereld van Anne Frank: 1929-1945
Tekst Anne Frank Stichting, J. Kniesmeyer; Engelse tekst: S.A. Cohen. Amsterdam, Bakker, 1985. 144 blz., afbn.; De Anne Frankstichting stelde veertig jaar na de bevrijding dit fotoboek samen als catalogus bij de gelijknamige tentoonstelling in Amsterdam, de V.S. en West-Duitsland. Het toont de lotgevallen van de familie Frank tegen het decor van de wereldgeschiedenis. Met informatie over nationaal-

socialisme met het accent op de bezetting in Nederland.

Anne Frank
Samenstelling Anne Frank Stichting Amsterdam enz., Keesing, 1979. 24 blz., afbn. Fotoboek, verschenen ter herdenking van Annes 50ste verjaardag. Met een beschrijving van haar leven en haar wereld, gevolgd door een overzicht van het werk van de Anne Frank-Stichting, die zich inzet voor de strijd tegen fascisme, rascisme, antisemitisme en discriminatie.

Bouhuys, M.
Anne Frank is niet van gisteren
Amsterdam, Bakker, 1982. 143 blz.; Wat gebeurde in de tijd van Anne Frank, gebeurt nog steeds. De schrijfster vertelt het leven van Anne Frank, deel verzonnen, deels naar beschrijvingen uit haar dagboek en verbindt aan de verhalen beschouwingen over het waarom van de ellende. Zo wil ze waarschuwen tegen het hernieuwde fascisme van onze tijd.

De Anne Frank Krant 1991
10+; samenst. en eindred. A. Duin, R. v.d. Rol en R. Verhoeven. Voorburg, Prisma Lectuurvoorlichting, 1991. 16 blz. + 24 blz.; afbn.; De Anne Frank Krant is een geactualiseerd onderdeel van het project *Kind in oorlog*, dat in 1990 werd samengesteld (zie onder 7.3.1). Hierbij verscheen ook een vernieuwde docentenhandleiding.

Dichter bij Anne, dichters geïnspireerd door Anne Frank
Samengest. door H. van Zuiden. Den Haag, Leopold, 1985. 127 blz., afbn.; Zestig dichters reageerden op het verzoek mee te werken aan een bundel ter herdenking van de veertigjarige sterfdag van Anne Frank. Niet alle bijdragen zijn geschreven vanuit de betrokkenheid met het thema. Men treft o.a. werk aan van Mies Bouhuys, Judith Herzberg, Herman van Veen.

Frank, A.
De dagboeken van Anne Frank
Ingel. door H. Paape, G. v.d. Stroom en D. Barnouw. 's-Gravenhage enz., Staatsuitgeverij enz., 1986. 714 blz., afbn.; Nieuwe uitgave van 'Het Achterhuis'. De tekst vormt een integrale en letterlijke weergave van hetgeen Anne Frank gedurende meer dan twee jaar als dagboek bijhield. Deze editie geeft de samenhang weer tussen Anne's handschriften en 'Het Achterhuis'. Het Rijksinstituut voor Oorlogsdocumentatie verzorgde een inleiding over de belevenissen van de familie Frank: het verraad, de arrestatie, de gevangenschap en de deportatie, en over de lotgevallen van het dagboek: de vertalingen, het toneelstuk en de aanvallen op de echtheid van het boek. Het Gerechtelijk Laboratorium heeft daarover in een afsluitend hoofdstuk het laatste woord.

Frank, A.
Het Achterhuis, dagboekbrieven 14 juni 1942 - 1 augustus 1944
60e dr. Amsterdam, Contact, 1981. 273 blz., afbn.; Het inmlddels in vele landen bekende, in vele talen verschenen dagboek waarin een meisje dat van haar 13e tot haar 15e jaar samen met zeven anderen zit ondergedoken, haar gevoelens en belevenissen beschrijft. Eerste druk: 1947.

Frank, A.
Het korte leven van Anne Frank, het dagboek 'Het Achterhuis' — Verhalen — Haar laatste levensmaanden (door E. Schnabel)
Amsterdam, Contact, 1970. 304 blz., afbn.; Aan de hand van interviews met mensen die Anne hebben gekend is het mogelijk wat meer over haar achtergrond en persoon te weten te komen.

Frank, A.
Verhaaltjes, en gebeurtenissen uit het Achterhuis
Amsterdam, Bakker, 1982. 160 blz. Een aantal door Anne Frank geschreven herinneringen en verhaaltjes, die voor een deel nog niet eerder verschenen waren.

Gies, M.
Herinneringen aan Anne Frank
Amsterdam, Bakker, 1987. 256 blz.; Miep Gies was werkneemster van Otto Frank en verzorgde de onderduikers in het Achterhuis. Zij vertelt over haar herinneringen aan Anne en de anderen en spreekt over de vele problemen en gevaren die het verbergen van Joden met zich meebracht.

Hartogh, J. den en R. van der Rol
Over Anne Frank
Den Haag, NBLC, 1982. 25 blz., afbn., krt.; Informatie, lessuggesties en opgave van literatuur en audiovisueel materiaal over het leven en dagboek van Anne Frank en de thematiek van fascisme en antisemitisme. Voor leerlingen en leerkrachten Mavo/LBO.

Houwaart, D. (red.)
Anne in het voorbijgaan, Emoties, gedachten en verwachtingen rondom het huis en het Dagboek van Anne Frank
Amsterdam, Keesing, 1982. 123 blz., afbn.; Ter gelegenheid van het 25-jarig bestaan van de Anne Frank-Stichting werd een selectie samengesteld uit reacties van bezoekers die in de loop der jaren het Achterhuis kwamen bezichtigen.

Maarsen, J. van
Anne en Jopie, leven met Anne Frank
Amsterdam, Balans, 1990. 113 blz.; De auteur van dit boek Jaqueline van Maarsen is als 'Jopie de Waal' bekend uit het dagboek van Anne Frank. Zij beschrijft haar vriendschap met Anne en vertelt over Anne en haar belevingswereld. Ze zet zich af

tegen de publiciteit rondom Eva Schloss als vriendin van Anne, omdat ze meent dat zij meer aanspraak op die benaming kan maken.

Mong, F. du
Omtrent 'Het Achterhuis' van Anne Frank
Antwerpen enz., Manteau, 1980. 52 blz., afb.; Een voor middelbare scholieren bedoelde handleiding, met een korte duidelijke toelichting over de tijd en de situatie waarin het boek is geschreven. Met taken en opdrachten.

Ramaker, W. (red.)
Dag Anne Frank, een groet in woorden.
's-Gravenhage, Omniboek, 1982. 153 blz.; Schrijvers geven, daartoe uitgenodigd door NCRV Literama, hun persoonlijke reactie op Anne Frank en haar dagboek. Daarnaast is er ook een selectie gemaakt uit een prijsvraag waarin aan scholieren werd gevraagd hun mening te geven.

Schloss, E.
Herinneringen van een joods meisje 1938-1945
Vert. uit het Engels door R. Dorsman. Amsterdam, SUA, 1989. 188 blz. afbn. (*Eva's story*). Eva Schloss vlucht in 1938 met haar ouders en broertje voor de nazi's uit Wenen naar Amsterdam. In 1944 worden zij naar Auschwitz weggevoerd. Eva en haar moeder overleven. In 1953 trouwt Eva's moeder met Otto Frank, de vader van Anne. Zo werden Eva en Anne 'posthuum' stiefzusjes. Het boek is eenvoudig geschreven en erg geschikt voor LBO en MAVO.

Steenmeijer, A.G.
Weerklank van Anne Frank
Geredigeerd in samenwerking met O. Frank en H. van Praag. Amsterdam, Contact, 1970. 120 blz., afbn.; Documentatie over de weerklank die het dagboek van Anne Frank over de hele wereld ondervond, aangevuld met materiaal over de hoofdpersonen uit het boek.

Zee, N. van der
De kamergenoot van Anne Frank
Amsterdam, Lakeman Publishers, 1990. 104 blz., afbn. Anne deelde in het Achterhuis gedurende een jaar een kamer met tandarts Dussel, in werkelijkheid Fritz Pfeffer. In 1987 kwamen op het Waterlooplein foto-albums met afbeeldingen van hem te voorschijn. Nanda van der Zee zocht naar meer gegevens over deze man. De beschrijving van een innemende, vriendelijke man die zij op grond daarvan maakte verschilt nogal van die van Anne in haar dagboek.

7.4 Israël

7.4.1 Israël — Informatief

McDowall, D.
De Palestijnen
Vert. uit het Engels door C. v. Splunteren; (*Waard om te weten*). Baarn, La Rivière & Voorhoeve, 1988. 32 blz., afbn. (*The Palestinians*, 1986); Informatief jeugdboek over de situatie van de Palestijnen. Aan de orde komen onder meer het leven in de kampen en de situatie van de Palestijnse arbeiders in Israël.

7.4.2 Israël — Verhalend

C
Asscher-Pinkhof
Tirtsa
5e dr. Kampen, Kok/Voorhoeve, 1990. 208 blz., afbn.; Herdruk van dit in 1952 voor het eerst verschenen boek over een joods meisje dat opgroeit in een kibboets in Israël.

B
Swartenbroekx, R.
Belofte aan Mozes
Antwerpen, Sikkel, 1972. 32 blz.; Nadat ze het getto van Warschau hebben overleefd proberen een elfjarige jongen en zijn vader met een groep andere Poolse Joden illegaal Palestina binnen te komen.

Seynave, K.C.
Vrede nu?
(Top-reeks). Apeldoorn, Altiora, 1985, 160 blz.; De 18-jarige Anne volgt een vakantiecursus Hebreeuws in Jeruzalem. Ze wordt verliefd op een uit Libanon gevluchte christen-arabier. Dit heeft een confrontatie met de tegenstelling tussen Joden en arabieren tot gevolg.

8 *Enige adressen van belangrijke instellingen op joods gebied*

Anne Frank Stichting
Prinsengracht 263-265 1016 GV Amsterdam
020-6264533

B. Folkertsma Stichting voor Talmudica
Burg. Lambooylaan 18
1217 LD Hilversum 035-19406

Bibliotheca Rosenthaliana Universiteitsbibliotheek
Singel 425 1012 WP Amsterdam 020-5252366 gespecialiseerde bibliotheek Judaica

Bureau Kerk en Israël
Dienstencentrum Gereformeerde Kerken
Postbus 202 3830 AE Leusden 033-43244

Centrum voor Informatie en Documentatie Israël
Postbus 11646 2502 AP 's-Gravenhage 070-646862

Documentatiedienst voor Joods-Christelijke betrekkingen Zusters van Zion
F. Delhassestraat 2 1016 Brussel 02-5378417

Ets Haim, Livreria Monterinos
Mr. Visserplein 3 1011 RD Amsterdam 020-6226188 (6245351) gespecialiseerde bibliotheek Sefardica

Herinneringscentrum Kamp Westerbork
gevestigd nabij Hooghalen, Oosthalen 8 Postbus 5 9414 ZG Hooghalen 05939 546 of 600; Het centrum ontwikkelt educatief materiaal.

Jad Achat
Stichting tot bevordering van het welzijn der Joden in Nederland. Van der Boechorststraat 26, 1081 BT Amsterdam, 020-6461905 De stichting houdt zich bezig met het verstrekken van informatie over Jodendom. Voor het inwinnen van informatie over het lenen van materiaal is het kantoor van maandag tot en met donderdag tussen 9-13 uur ook telefonisch bereikbaar.

Joods Historisch Museum
Jonas Daniel Meyerplein 2 - 4 1011 RH Amsterdam 020 - 6245229 Door de afdeling mediatheek van het Joods Historisch Museum wordt audiovisueel materiaal op het gebied van de godsdienst, de cultuur en de geschiedenis van de Nederlandse Joden systematisch verzameld. Geluid- en beeldmateriaal kan ter plaatse worden geraadpleegd. Foto's en dia's kunnen worden besteld of geleend.

Nederlands Israëlietisch Kerkgenootschap
Boeken-afdeling A.B.N. Davidsplein 4 3039 KA Rotterdam 010-669765

OJEC, Overlegorgaan van Joden en Christenen in Nederland
Keizersgracht 104b 1015 CV Amsterdam 020-6205605

Rijksinstituut voor Oorlogsdocumentatie
Herengracht 474 1017 CA Amsterdam 020-6243312

Tarboetstichting
Israëlisch cultureel centrum, J. Vermeerstraat 22, 1071 DR Amsterdam, 020-6717718. De Tarboetstichting is een instelling die de joodse en Israëlische cultuur in Nederland actief wil stimuleren. Het pedagogisch centrum van deze stichting geeft een catalogus uit met een uitvoerig aanbod van onder meer audiovisuele programma's, dia's, films, cassettes. Het materiaal is tegen geringe vergoeding te huur.

PERSONENREGISTER